NAi Uitgevers
i.s.m.
Dutch Design Awards

Redactie
Antoine Achten
Hans van der Markt
Timo de Rijk (eind-
redactie)

NAi Publishers
with
Dutch Design Awards

Edited by
Antoine Achten
Hans van der Markt
Timo de Rijk (editor-
in-chief)

Dutch Design Jaarboek 2011

Dutch Design Yearbook 2011

Inhoud

Contents

Inhoudsopgave op categorie

Index of Content by Category

Interieur en publieke ruimte / Interior and Public Space

Communicatie / Communication

Product / Product

Evenement en debat / Events and Debate

Design van de toekomst

Stelt u zich een middag voor met een klein gezelschap dat mag discussiëren over de toekomst van het bedrijf waar u de baas bent. Aan het einde van de dag zijn tientallen nieuwe producten en strategieën de revue gepasseerd, en er is nog net voldoende geld in kas om een van de mogelijkheden goed uit te werken. De laatste beslissing is aan u. Welk product wordt het? De goede beslissing zal veel geld opleveren en het voortbestaan van uw bedrijf garanderen, maar de ontwikkeling van de meeste andere, zo weet u uit ervaring, is weggegooid geld en zorgt met een beetje pech voor een financiële catastrofe.

Een dergelijke situatie is maar een beetje overdreven. Natuurlijk is de toekomst van grote multinationals niet afhankelijk van één product, maar veel scheelt het soms niet. Ook heel grote bedrijven kunnen door een trage productontwikkeling of simpelweg een verkeerde keuze voor de nieuwe modellen met een enorme terugval in verkopen te maken krijgen. Het grootste telecombedrijf ter wereld, Nokia, was vorig jaar te laat met de introductie van smartphones en verloor in nauwelijks een halfjaar de helft (!) van zijn beurswaarde. Het digitale *Wirtschaftswunder* uit Finland staat te koop en het is nog maar de vraag of iemand het wil hebben. En het is nauwelijks voorstelbaar, maar ook het Apple van oprichter Steve Jobs bevond zich nog maar een decennium terug in precies dezelfde situatie als die hierboven is geschetst, met dit verschil dat er nauwelijks voldoende geld was om nog een laatste product goed in de markt te zetten. Maar het lukte de oprichter om na jarenlange afwezigheid en met een haast vooruitziende blik van Apple een van de grootste bedrijven van de nieuwe tijd te maken.

Professionalisering

Op de keper beschouwd kan Steve Jobs heel weinig: hij kan geen computers ontwerpen en geen software schrijven. Wat hij wel heel goed kan, is de mensen kiezen die briljante producten en diensten bedenken en daarover met hen op het scherpst van de snede discussiëren. En Jobs schijnt in die discussies vooral uit te blinken in nee zeggen. Nee tegen al die plannen die op tafel komen en die in potentie een hit zouden kunnen zijn. Jobs heeft het meest gezochte talent in Silicon Valley: hij is de perfecte *product picker* die

The Design of the Future

Imagine you are the head of a company and you invite a small group of people to spend the afternoon discussing its future. At the end of the day, dozens of new products and strategies have been suggested, and there is just enough money at hand to properly develop one of the possibilities. The final decision is up to you. Which product will it be? The right decision will bring in a lot of money for your company and guarantee its continued existence, but as you know from experience, developing most of the other options would simply be a waste of money, and, with a bit of bad luck, spell financial ruin.

Such a situation is only slightly exaggerated. The future of big multinationals is not dependent on just one product, naturally, but sometimes it's pretty close. Very big corporations can also face a tremendous drop in sales because of the slow development of a product or simply because of choosing the wrong new models. The largest telecom company in the world, Nokia, was too late in introducing its smartphones last year, and in barely six months' time lost almost half (!) its stock market value. That digital economic miracle from Finland is presently on the shelves, and the question now is whether anyone wants it. And although it's scarcely imaginable nowadays, only a decade ago the company founded by Steve Jobs, Apple, also found itself in precisely the same situation described above, the only difference being that there was barely enough money in the coffers to bring one last product on the market properly. But after years of absence, and with an almost prescient gaze, the company's founder managed to turn Apple into one of the biggest businesses of the new era.

Professionalization

When all is said and done, Steve Jobs isn't capable of much: he can't design computers and he can't write software. But he is very good at choosing people who think up brilliant products and services, and he is also very good at discussing their ideas without pulling any punches. And in those discussions, Jobs apparently excels most of all in saying 'no'. No to all the plans that are put on the table and that potentially could be a hit. Jobs has the most highly-prized talent in Silicon Valley: he is the perfect product-picker, who always

steeds het goede voorstel uitkiest en met het succes ervan in de toekomst lijkt te kunnen kijken.

Het lijkt vanzelfsprekend dat Jobs een intense relatie heeft met de ontwerpafdelingen van zijn bedrijf, maar voor de hand ligt een dergelijke nauwe samenwerking tussen raad van bestuur en ontwerpafdeling in het internationale bedrijfsleven geenszins.

De prestaties van *design-driven* bedrijven als Apple, en ook van autofabrikanten als BMW, lijken de aandacht niet alleen op het belang van innovatieve producten en diensten te vestigen, maar ook op de kwaliteiten van de ontwerpers die ze maken. Een van die kwaliteiten van de ontwerper, of in ieder geval de verwachting die zijn kennis en kunde met zich meebrengen, is de uitspraak die de ontwerper over de toekomst kan doen. Als geen ander heeft de ontwerper te maken met wat nog komt, met de volgende collectie, de nieuwe catalogus, anticiperend op de mode van het seizoen of ideologisch inspelend op de materialisering van de gedroomde samenleving. Tegelijkertijd met die vaststelling lijken ontwerpers de afgelopen jaren de grootste moeite te hebben met de toekomstgerichte visie die misschien van hen verwacht mag worden. Het is het paradoxale resultaat van het proces van professionalisering van het designvak, zoals dat in Nederland bijvoorbeeld in eerste instantie is ingezet door bureaus als Total Design. De ontwikkeling van een gestroomlijnde projectontwikkeling inclusief secure urenadministratie heeft geleid tot een naadloze aanpassing van de positie van de ontwerper aan de bedrijfsvoering van de opdrachtgever, in plaats van tot een volwaardige en eigenstandige inbreng van de ontwerper. Veel servicegerichte ontwerpers verwarren een toekomstvisie dan ook niet zelden met de marketingstrategie van hun opdrachtgever.

Symbool van de creatieve industrie

Al met al kan gesteld worden dat de modernistische aanpak van de ontwerpingenieur uiterst succesvol is gebleken, maar uiteindelijk ook geheel ten koste is gegaan van een idealistische positie, een ontwikkelde toekomstvisie of de mogelijkheid tot het verkennen van nieuwe ideeën en experimenten. De auteursontwerper heeft een dergelijke bagage ogenschijnlijk wel, maar bij de laatste generatie ontwerpers van de academies, die van de Design Academy voorop, is het idealisme vaak zonder context en wordt het experiment niet zelden om het experiment uitgevoerd. Natuurlijk is er helemaal niets mis met een professionele en profijtelijke bedrijfsvoering noch met design dat zich als een artistieke discipline probeert te ontplooien. Beide kunnen gezien worden als het resultaat van

chooses the right proposal and, when it invariably succeeds, appears capable of looking into the future.

That Jobs has an intensive relation with his company's design department would seem self-evident, but such a close collaboration between the board of directors and the design departments of international corporations is by no means a matter of course. The achievements of design-driven companies like Apple and car manufacturers such as BMW appear to draw attention not only to the importance of innovative products and services, but also to the capacities of the designers who make them. And one of those capacities, or in any case expectations, attendant on a designer's knowledge and expertise is the statement that a designer can make about the future. More than anybody else, a designer deals with what is yet to come, with the next collection, the new catalogue, anticipating the fashion of the season or ideologically capitalizing on the materialization of an imagined society.

Yet, having made that conclusion, designers seem to have had the greatest difficulty over the past several years with the future-oriented vision that perhaps may be expected of them. This is the paradoxical result of the process of professionalization that has taken place in the design world, such as was initiated in the Netherlands, for example, by studios like Total Design. The evolution of a streamlined product development, including a strict accounting of working hours, has led to a seamless assimilation of the designer's position within the client's operational management, instead of to a fully autonomous contribution by the designer. Not surprisingly, then, many service-oriented designers often confuse a vision of the future with their client's marketing strategy.

Symbol of the Creative Industry

All in all, one can say that the modernist approach taken by the design engineer has proven extremely successful, but that this success ultimately has also been entirely at the expense of an idealistic position, a developed vision of the future or the possibility of exploring new ideas and experimenting. The signature designer apparently does have such baggage, but with the latest generation of designers at the academies, particularly the Design Academy, idealism is often without context, and experiment not uncommonly carried out for the sake of experiment. Of course, there is nothing wrong with a professional and profitable business management, nor with design that tries to develop itself as an artistic discipline. Both can be considered the result of years of emancipation of the design profession. Yet, now that even the government is consequently knocking at

jarenlange emancipatie van het ontwerpvak. Toch, nu als gevolg van dat proces zelfs de overheid aan de deur van de creatieve industrie klopt en als symbool daarvan de ontwerper op zijn meerwaarde in het economische proces aanspreekt, blijken de geloofsbrieven van het kleine jongetje dat om aandacht vroeg ineens wat mager. Op de momenten dat de creatieve industrie bij monde van de ontwerpgemeenschap haar bijdrage mag toelichten aan Nederland als kennisland, zijn de aantrekkelijke vergezichten immers schaars. Het succes van de vele reizen door tegen betaling meereizende ontwerpbureaus naar India en China, bestaat hooguit uit het binnenhalen van enkele opdrachten. De directie van een vooraanstaand ontwerpbureau gaf recent toe dat niet alleen de reizen maar ook de opdrachten nog alle onder de post representatie worden geboekt.

Drie essays over de toekomst

Het *Design Yearbook 2011* heeft in drie essays ontwerpers en afgevaardigden van de creatieve industrie gevraagd naar hun relatie met de toekomst en de verandering die het ontwerpen mogelijk zal ondergaan. Een van de beproefde manieren in de technische en culturele disciplines om een voorschot te nemen op nieuwe mogelijkheden en de beroepsuitoefening van de toekomst is het experiment. Vooral enkele grafisch ontwerpbureaus ontwikkelden de laatste jaren werkwijzen en modellen om experimentele condities te creëren die nog op afstand staan van de praktijk. Criticus Max Bruinsma schrijft er over in zijn essay 'Langs ongebaande paden', waarin hij onder andere de agenda van de overheid ten aanzien van creatieve industrie, en het onderzoek dat in naam van innovatie wordt verricht de maat neemt. Die overheid heeft meer belangstelling dan ooit voor de kracht van de creatieve industrie. Het boegbeeld van die ambitie en samensteller van een rapport over de creatieve industrie als een van de speerpunten van het Nederlandse industriebeleid is Victor van der Chijs, managing partner van het architectenbureau OMA van Rem Koolhaas. Voor het *Design Yearbook* sprak hij met ondernemend kunstenaar Daan Roosegaarde over de mogelijkheden van de creatieve sector en hoe cross-overs tussen verschillende disciplines tot resultaten kunnen leiden. Of de huidige economische crisis meehelpt aan mogelijkheden voor ontwerpers valt te bezien, maar architect Rem Koolhaas ziet zeker kansen voor jonge architecten. Hij stelde tijdens een Nederlands televisie-interview dat ze weliswaar moeilijk een baan kunnen vinden bij een bureau, maar in plaats van tot laat in de avond toiletten in te moeten tekenen, kunnen ze nu voor zichzelf beginnen en eigen plannen maken. Iets soortgelijks speelt in de modebranche,

the door of the creative industry and addressing the designer as its symbol in terms of added value to the economy, the credentials of the little guy who asked for all that attention suddenly appear rather poor. For whenever the creative industry gets a chance to exemplify its contribution to the Netherlands as a country of knowledge and expertise through the designers' community, attractive prospects are scarce. The success of the many self-paid trips to India and China taken by design studios consists at most of landing a few assignments. The management of a prominent design agency recently admitted that not only these trips but also the assignments are still itemized as 'promotion' in its accounts.

Three Essays on the Future

The *Dutch Design Yearbook 2011* features three essays in which designers and representatives of the creative industry were asked about their relation to the future and the changes that might be confronting the design profession. In the technical and cultural disciplines, one of the tested methods of taking an advance on new possibilities and professional practices in the future is to experiment. Over the last few years, graphic design studios in particular have developed working methods and models in order to create experimental conditions that are still removed from actual practice. In his essay 'Off the Beaten Track', critic Max Bruinsma writes among other things about the government's agenda regarding the creative industry, and how the research that is being carried out in the name of innovation takes the measure of things. The government has more interest than ever in the power of the creative industry. The standard bearer of that ambition, and the compiler of a report on the creative industry as one of the spearheads of Dutch industrial policy, is Victor van der Chijs, managing partner of OMA, Rem Koolhaas's architecture firm. For the yearbook, he spoke with the enterprising artist Daan Roosegaarde on the possibilities of the creative sector and how crossovers between disciplines can produce results.

It remains to be seen whether the present economic crisis provides possibilities for designers, but Rem Koolhaas certainly sees chances for young architects. During an interview on Dutch television, he stated that budding architects might have difficulty finding a job at an agency, but instead of having to draw toilets until deep in the night, they now can start a business for themselves and draw up their own plans.

Something comparable is taking place in the fashion branch, where the customary sales channels offer little solace for beginning fashion designers. Fashion journalist Georgette Koning analyses the

waar de geijkte verkoopkanalen weinig soelaas bieden voor startende modeontwerpers. Modejournalist Georgette Koning analyseert de kansen die een jonge modegeneratie schept door af te wijken van de gebaande paden en in scherp contrast met de conventionele catwalk en het warenhuis, nieuwe formats voor ontwerp, financiering, productie en verkoop ontwikkelt.

Een verandering in aandacht

Naast de voorbeelden en wensdromen in de beschouwende essays zijn in de ruime selectie aan ontwerpen, projecten, tentoonstellingen in dit jaarboek voorzichtig veranderingen in aandacht wat betreft ontwerpthematiek en -behandeling te zien. Onder auteursontwerpers is de enigszins naïeve verwondering over (oude) ambachten en materialen voor een deel verwerkt. De vele pseudo-experimenten die een paar jaar geleden nog vooral getuigden van voortschrijdend inzicht van de jonge ontwerper in plaats van een bijdrage te vormen aan de ontwerpkennis, raken langzaam in de minderheid en uit de *spotlights*. Een generatie ontwerpers waartoe bijvoorbeeld Aldo Bakker, Iris van Herpen, Bart Hess en Anne Holtrop behoren, specialiseert zich in een perfecte beheersing van materiaal en techniek, dat van een eertijds symbolisch nu veel meer een technisch karakter heeft. Wars van intellectueel theater bouwen deze ontwerpers aan visueel ijzersterke oeuvres die vorm en beeld als uitgangspunten hebben. Daartegenover staat een ontluikende aandacht voor het ontwerpen om zijn toekomst-verkennende kwaliteit. Bij Philips bijvoorbeeld heeft Marzano's multidisciplinaire denktank met projecten als Vision of the Future (vanaf 1996) inmiddels een opvolger gekregen met de aantrekkelijke, onderzoeksgerichte Design Probes. Dit jaar waren verschillende grote conferenties gewijd aan de betekenis van design, met als meest spraakmakende wellicht What Design Can Do, waar als vanouds veel voor eigen parochie werd gepreekt, maar toch ook doorkijkjes naar de toekomstige rol van het ontwerpen werden gegeven. En aan de Technische Universiteit Delft ontstond gedurende de afgelopen jaren de toekomstgerichte onderzoeks- en ontwerpmethode Vision in Productdesign (ViP), die dit jaar in boekvorm verscheen met als veelzeggende ondertitel *A Guidebook for Innovators*.

Misschien moet de toekomst zoals altijd onder de afstudeerders gezocht worden. Waar het boegbeeld van de creatieve industrie Victor van der Chijs oproept tot cross-overs om de ontwerpkennis toe te passen in gebieden die veelal onbekend terrein zijn voor de designwereld, daar lijkt een eerste poging al geformuleerd door ontwerper Lieke Jildou de Jong.

opportunities that a young generation of fashion designers is creating by going off the beaten path and, in sharp contrast with the conventional catwalk and department store, developing new formats for design, financing, production and sales.

A Change in Interest

In addition to the examples and fantasies in the reflective essays, the broad selection of designs, projects and exhibitions in this yearbook reveal careful changes in interest concerning the themes and treatment of the designs. Among signature designers, the somewhat naive amazement at (old) craftsmanship techniques and materials has been partly assimilated. The many pseudo-experiments that a few years ago primarily testified to the young designers' advancing insight rather than forming a contribution to their design skills, slowly have become outnumbered and are falling out of the *spotlights*. A generation of designers, including for example Aldo Bakker, Iris van Herpen, Bart Hess and Anne Holtrop, are specializing in a perfect command of materials and techniques, which now has evolved from a formerly symbolic character to a much more technical one. Averse to intellectual theatre, these designers are building up visually strong oeuvres based on form and image.

On the other hand, there is a burgeoning interest in the futuristic-exploratory aspect of designing. At Philips, for example, Marzano's multidisciplinary think-tank, with projects like Vision of the Future (since 1996), has now been followed up by the attractive, research-oriented Design Probes. This year, various large conferences were dedicated to the meaning of design, with perhaps the most bespoke being 'What Design Can Do', where there was a lot of preaching to the converted, as per usual, but where views of design's future role were also presented. And the future-oriented research and design message 'Vision in Productdesign (ViP)', developed over the past few years at Delft University of Technology, was published this year as a book with the revealing subtitle *A Guidebook for Innovators*.

Perhaps the future must be sought, as always, among the graduating students. The standard-bearer of the creative industry, Victor van der Chijs, has called for crossovers in order to apply design expertise in areas that are often uncharted territory for the design world, but a first attempt at that appears to already have been formulated by designer Lieke Jildou de Jong. In her rich drawings for her graduating project 'Reis van re-boot' she re-created a world of new possibilities for logistics, the home, and cultivation of food. Naive? Perhaps. Over-ambitious? Without a doubt. But with all of the characteristics of

In haar rijke, getekende afstudeerproject 'Reis van re-boot' herschiep ze een wereld aan nieuwe mogelijkheden voor logistiek, wonen en het verbouwen van voedsel. Naïef? Wellicht. Overambitieus? Zonder twijfel. Maar met alle kenmerken van het experiment en de toekomstverkenning die de opvallende aanwezigheid van het ontwerpen binnen de creatieve industrie voor de nabije toekomst legitimeren.

Timo de Rijk
namens de redactie

experimentation and exploring the future that legitimize the remarkable presence within the creative industry of design for the near future.

On behalf of the editors,
Timo de Rijk

Volgende / Next
P 16 >>

Dutch Design Week 2010

Eindhoven
23 – 31 oktober 2010

De sfeer tijdens Dutch Design Week begint te lijken op die van de Zona Tortona tijdens de Salone del Mobile van Milaan, schreef de correspondente van het Italiaanse designmagazine *Domus* in haar verslag over de Eindhovense manifestatie. Zona Tortona is het voormalige industrieterrein in Milaan waar ontwerpers en bedrijven die niet op de officiële meubelbeurs willen staan, hun werk tonen. De laatste jaren is dit gebied zo populair geworden dat sommigen daar weer vandaan zijn getrokken. Op Strijp S, het voormalige fabrieksterrein van Philips dat het hart is van de DDW, is de verzadiging nog lang niet bereikt. Hoewel, ontwerper Piet Hein Eek heeft ervoor gezorgd dat het iets verderop gelegen terrein Strijp R ook deel is gaan uitmaken van het parcours.

Met name voor de Italiaanse designpers was deze DDW bijzonder, want in het centrum van Eindhoven zijn recent twee projecten van de Italiaanse architect Massimiliano Fuksas opgeleverd. Een ondergrondse fietsenstalling, recht tegenover het door Gio Ponti ontworpen Bijenkorf-filiaal, en De Blob. In dat laatste bouwwerk, dat zijn naam ontleent aan zijn vorm, zijn winkels en kantoren gevestigd.

Een andere design hotspot was het Muziekgebouw Eindhoven, dat na een ingrijpende verbouwing in oktober weer opengin. Studio Van Eijk & Van der Lubbe ontwierp het interieur, de meubels, het servies en de kleding van de medewerkers. De grote, glazen gevel met lichtsculptuur komt ook van dit bureau.

De grote publiekstrekker tijdens de DDW, wat de tentoonstellingen betreft, was zoals gebruikelijk de Graduation Show van de Design Academy. Daarnaast was er onder meer een retrospectief van de Finse ontwerper Oiva Toikka met veel werk in glas. Werk in hout was te zien op de tentoonstelling van het ontwerperscollectief Dutch Invertuals. De ontwerpers hadden van de stadsarcheoloog restanten gekregen van de houten stadspoort van Eindhoven, die zeshonderd jaar in de grond hadden gezeten, met de vrije opdracht iets met het hout te doen. Het leverde even bizarre als ingenieuze objecten op.

Traditiegetrouw gaat de Dutch Design Week van start met de uitreiking van de Dutch Design Awards. De vormgeving van de show die de uitreiking omlijst, was ook in 2010 in handen van Studio Dumbar. De lichteffecten, de zang en de declamatie van de monumentale awardshow met het thema 'De hand van de meester' konden de commotie die ontstond vanwege het niet toekennen van een prijs voor de categorie mode, even niet overstemmen. **MV**

Dutch Design Week 2010

Eindhoven
23 – 31 October 2010

The ambience during the Dutch Design Week is beginning to resemble that at the Zona Tortona during Milan's Salone del Mobile, wrote the correspondent for the Italian design magazine *Domus* in her report on this Eindhoven event. Zona Tortona is the former industrial zone in Milan, where designers and firms who do not want to exhibit at the official furniture fair showcase their work. Over recent years Zona Tortona has become such a popular venue, that some exhibitors have already moved on. However, Strijp S, the old Philips industrial site at the heart of DDW, has yet to achieve this level of saturation. Designer Piet Hein Eek has also brought a neighbouring site, Strijp R, into the event.

DDW 2010 was particularly special for the Italian design press because Italian architect Massimiliano Fuksas recently completed two projects in the centre of Eindhoven: an underground bicycle park directly opposite the Bijenkorf department store designed by Gio Ponti, and De Blob, named after its form, which houses shops and offices.

Another design hotspot was the Muziekgebouw Eindhoven, which reopened in October following a radical overhaul. Studio Van Eijk & Van der Lubbe designed the interior, the furniture, the crockery and the employees' clothing. The large, glass façade with light sculpture was also the work of this design firm.

As usual the chief crowd puller during DDW in terms of exhibitions was the Design Academy's Graduation Show. Other exhibitions included a retrospective by the Finnish designer Oiva Toikka that showcased a great deal of Toikka's work in glass. Work in wood was displayed at a show by the Dutch Invertuals design collective, whom the Eindhoven municipal archaeologist had presented with remains from the wooden city gate, unearthed after some 600 years in the ground; the accompanying commission to 'make something' with this wood produced bizarre yet ingenious objects.

True to tradition, the Dutch Design Week kicked off with the presentation of the Dutch Design Awards. The design of the show accompanying the presentation was also in the hands of Studio Dumbar in 2010. The lighting effects, singing and recitation of that year's grandiose award show, 'The Hand of the Master', could momentarily not drown out the commotion that arose when the audience learned that no award would be granted in the category of fashion. **MV**

Evenement en debat /
Events and Debate

Foto's/Photos
1-4 Bram Saeys
5, 6 Sjoerd Eickmans
7 Boudewijn Bollmann
8 Sjoerd Eickmans

1 / Iris van Herpen ontvangt de/ receives the RADO Young Designer Award 2010

2 / John Körmeling ontvangt de Golden Eye Award en reageert via beeldscherm vanuit Shanghai/John Körmeling accepts the Golden Eye Award via live video-feed from Shanghai

3 / Tentoonstelling/Exhibition 'Dutch Design Awards 2010'

4 / Studio Dumbar, presentatie/ presentation Dutch Design Awards

5 / Design Academy Graduation Show
6 / Design Academy, Yuya Ushida, *XXX*
7 / Tentoonstelling/Exhibition 'Oiva Toikka'
8 / Machinekamer/Engine room, Strijp S

5

6

7

8

Dutch Design Week 2010 in cijfers

150.000 bezoekers
360 evenementen
65 locaties

herkomst van bezoekers
50% Noord-Brabant
40% rest van Nederland
10% buitenland

reden bezoek
23% beroepsmatig
59% algemeen geïnteresseerd
10% studie
8% overig

Dutch Design Week 2010 in Figures

150,000 visitors
360 events
65 locations

origin of visitors
50% province of Noord-Brabant
40% rest of the Netherlands
10% abroad

reason for visit
23% professional
59% general interest
10% study
8% other

Vorige / Previous
<< P 12

Volgende / Next
P 25 >>

What Design Can Do!

Symposium Stadsschouwburg, Amsterdam
26 en 27 mei 2011

Draaide het bij 'Creative Amsterdam 2011' vooral om daadkrachtige creatieven, bij 'What Design Can Do!' hielden ontwerpers naar voorbeeld van de Icograda-conferentie een tweedaagse bijeenkomst over meer activistisch design. De designer als voorzichtige wereldverbeteraar – veertig jaar nadat het invloedrijke boek *Design for the Real World* van Victor Papanek verscheen – brengt design terug tot essentiële vragen, zoals de kwestie hoe derdewereldlanden te bewegen om in geasfalteerde wegen en deugdelijk sanitair te investeren en niet alleen in duur betaalde mobieltjes.

Architect Jacob van Rijs (MVDRV) en productontwerpster Julia Lohmann toonden de consequenties van de wereldwijde verstedelijking: varkensflats en bio-industriële meubels. In een *breakout*-sessie peilde Philips Design de opvattingen over wat design voor voedsel kan betekenen: moleculaire gastronomie, 3D food printing of een zichzelf onderhoudende kas annex aquarium voor de stadsbewoner. Italiaanse ontwerpers lijken juist door te óntregelen te ageren. Giorgio Camuffo maakt een eigen tijdschriftje óver zijn merkwaardige, door toeristen overspoelde woonplaats Venetië.

Daarna beklom een jeugdheld van mede-organisator Richard van der Laken het podium: Oliviero Toscani, de inmiddels 70-jarige art director van de Benetton-campagnes en het tijdschrift *Colors*. Als een Italiaanse Anthon Beeke liet hij weten lak te hebben aan marketeers die (jouw) creativiteit dwarsbomen. Ondertussen trok op het scherm zijn levenswerk voorbij. Een afvaardiging Nederlandse senior-ontwerpers, ereleden van de BNO, beloonde hun generatiegenoot juichend met een staande ovatie. **CR**

What Design Can Do!

Symposium Stadsschouwburg, Amsterdam
26 and 27 May 2011

Where 'Creative Amsterdam 2011' was principally concerned with creative enterprise, designers at 'What Design Can Do!', the two-day symposium modelled on the Icogrado Conference, considered more activist design. Designers cautiously improving the world – 40 years after the publication of Victor Papanek's influential book *Design for the Real World* – reduce design to essential questions, such as how to encourage Third World countries to invest in asphalted roads and sound sanitation, not just in expensive mobile phones.

Architect Jacob van Rijs (MVDRV) and product designer Julya Lohmann presented the consequences of worldwide urbanization, in the form of pig flats and bio-industrial furniture. In a breakout session Philips Design gauged opinions on what design can mean to food, focusing on molecular gastronomy, 3D food printing and a self-maintaining greenhouse-cum-aquarium for city dwellers. Italian designers appear to be taking an activist role by introducing *disorder*. Giorgio Camuffo produces his own magazine about his remarkable, tourist-flooded home city, Venice.

A boyhood hero of Richard van der Laken, one of the symposium's organizers, then ascended the podium. Oscar Toscani, now 70 years old, art director of the Benetton campaigns and *Colors* magazine, assumed the role of an Italian Anthon Beeke; as his life's work passed review on the screen, he clearly communicated his contempt for marketeers who thwart creativity. A delegation of senior Dutch designers, honorary members of the BNO (Association of Dutch Designers), jubilantly rewarded their contemporary with a standing ovation. **CR**

Evenement en debat /
Events and Debate

1 / Philips Design – Probe Project
2 / Oliviero Toscani

1

2

Van *crowd-funding* tot lekkere gehaktballen

Hoe modeontwerpers hun voordeel uit de crisis halen

Jaarlijks studeren er gemiddeld tachtig modestudenten af aan de zeven Nederlandse modeacademies. En dan? De mogelijkheden zijn overzichtelijk: een baan zoeken in de mode-industrie of een eigen label opzetten. Hoe realistisch is het voor jonge ontwerpers om te verwachten dat zich een investeerder aandient die geld wil steken in een label? Sarah Mower, toonaangevend Brits modejournaliste en voorzitter van NEWGEN, een initiatief dat opkomend talent ondersteunt, geeft een ontluisterend antwoord op die vraag: 'Investeerders *never happen*. Ga gewoon werken!' In Londen ziet ze designers alles doen om *consultancy*-banen te krijgen, ze moeten immers ergens van leven. 'Eigenlijk doen ze dat liever dan dat ze te maken krijgen met een investeerder die hen binnen een paar jaar uitzuigt.'

In Nederland zijn in totaal om en nabij de vijftig ontwerpers als designerlabels gepositioneerd. Wie daarvan naam hebben gemaakt, zijn Viktor & Rolf, Klavers van Engelen, Jan Taminiau en Monique van Heist. Van de nieuwste generatie heeft Iris van Herpen al een zekere bekendheid bereikt, maar van Marga Weimans, Ado Les Scents, Pauline van Dongen en Jan Boelo hebben nog maar weinig mensen gehoord.

En dat is een probleem waar alle beginners mee worstelen. Kies je de traditionele weg, dan begin je een eigen label en show of presenteer je twee keer per jaar een mooie collectie, bijvoorbeeld tijdens de Amsterdamse modeweek, of in het buitenland. En als je geld hebt, schakel je een bureau in dat contacten heeft met de Nederlandse en internationale pers. En dan begint het wachten op publiciteit en bestellingen. Want je moet verkopen om een volgende collectie te kunnen ontwerpen. En winkels houden niet van de risico's die bij een onbekende naam horen.

Daarom zoeken diverse ontwerpers mogelijkheden buiten de commercie. Marga Weimans en Francisco van Benthum bijvoorbeeld werken soms voor musea. Klavers van Engelen en Iris van Herpen doen veel voor theater. Anderen zien af van de halfjaarlijkse collectiedwang en komen met creatieve oplossingen waarbij ze hun aanbod regelmatig vernieuwen en uitbreiden zonder de dure

Georgette Koning

From Crowd-funding to Delicious Meatballs

How Fashion Designers Are Taking Advantage of the Crisis

Each year, some 80 students graduate from the seven Dutch fashion academies. And then? The possibilities are clear enough: look for a job in the fashion industry or set up your own label. How realistic is it for young designers to expect that an investor who wants to put money into a label will turn up? Sarah Mower, authoritative British fashion journalist and chair of NEWGEN, an initiative that supports upcoming talent, gives a shocking answer: 'Investors never happen. Just go get a job!' In London, she sees designers scrambling to land consultancy jobs – they have to eat, after all. 'Actually, they'd rather do that than have to deal with an investor who will bleed them dry within a few years.'

In the Netherlands, a total of roughly 50 designers are positioned as designer labels. Those who have made a name for themselves are Viktor & Rolf, Klavers van Engelen, Jan Taminiau and Monique van Heist. Of the latest generation, Iris van Herpen has already achieved a certain reputation, but only a few people have heard of Marga Weimans, Ado Les Scents, Pauline van Dongen and Jan Boelo.

And that's a problem all beginners have to face. If you go the traditional route, you start a label of your own and show or present a good collection twice a year, for example during the Amsterdam fashion week or somewhere abroad. And if you have money, you hire an agency with contacts with the Dutch and international press. And then the waiting for publicity and orders begins. For you have to sell in order to be able to design you next collection. And stores don't like the risks that go with an unfamiliar name.

That is why a number of designers have sought possibilities outside of the commercial world. Marga

1 Lotte Mosterd
2 - 5 And Beyond, Series # 1

shows en compleet nieuwe collecties. Er zijn ook ontwerpers die buiten de winkels om direct contact zoeken met afnemers, iets wat door de sociale media steeds makkelijker wordt. En weer anderen gaan werken voor andere labels en bewaren hun eigen plannen voor later, als ze misschien meer en geld en ervaring hebben.

Mentaliteitsverandering

Tegenwerkende kracht is de kredietcrisis die eind 2008 inzette en blijft voortkabbelen, waar de bezuinigingen op kunstsubsidies nog eens bijkomen. Je zal nu modeontwerper zijn, al dan niet pas afgestudeerd. Wat dan? De kredietcrisis heeft ervoor gezorgd dat retailers in het midden- tot hoogsegment – jonge designermode is altijd prijzig – hun inkoopbudget voor tachtig procent spenderen aan de bekendste internationale modemerken. Verder bestaat hun merkenpakket voor slechts twintig procent uit latent talent. In het midden- en laagsegment steken nog minder winkeliers hun nek uit voor onbekende merken die hun succes nog moeten bewijzen.

Deze muurvaste status quo noopt niet alleen tot organisatorische vernieuwingen, maar ook tot een nieuwe ontwerptaal, collectieopbouw, financiering en inspelen op de vraag naar ethische productie. De afgelopen twee jaar groeide het aantal ontwerpers dat creativiteit koppelt aan ondernemerschap. In opkomst is *crowdfunding*, sponsoren en soms ook potentiële klanten die meebetalen aan een collectie, waarbij driftig gebruik wordt gemaakt van sociale media als Facebook.

De kostbare productie van duurzame mode vergt een specifieke bedrijfsvoering. Dat geldt ook voor de arbeidsintensieve vervaardiging van autonome stukken en het moderne seriematige opbouwen van collecties. Beide werkwijzen staan bovendien los van de modeseizoenen. Ze komen vaak voort uit een afkeer van massaproductie, en de hoge tijdsdruk die samengaat met halfjaarlijkse presentaties.

Synoniem aan een dergelijke bedrijfsvoering is het kleinschalige karakter, iets wat al langer gangbaar is in de designwereld. Kleinschaligheid wordt tegenwoordig geaccepteerd in de modebranche. Dat besef groeit ook onder modestudenten, met als gevolg een verandering van mentaliteit. Net zo beroemd en gewaardeerd worden als Viktor & Rolf oké, maar net zo groot? Dat hoeft niet per se.

Op kleine schaal

Neem Lotte Mostert, in juli 2011 studeerde ze af aan de Koninklijke Academie van Beeldende Kunsten in Den Haag. De truien en vesten met grafische patronen die zij tijdens haar afstudeershow liet zien, werden zo goed ontvangen dat ze het breigoed ging produceren. Op kleine schaal. Pas zodra Mostert (1987) voelt dat het nodig is, zal ze een aantal nieuwe ontwerpen aan de collectie toevoegen. Winkels moeten haar vinden. Dat kan via internet. 'Dat is de manier nu om je werk te tonen. Vooral als je niet elk half jaar een collectie uitbrengt', zegt Mostert. Een wereldwijde verspreiding van haar breisels is voor Mostert niet het hoogste goed. 'Het gaat om het type winkels, dat moet kloppen, en ik zit daar bovenop.'

Mostert bestiert haar kleine bedrijf naast een baan in Antwerpen bij de gevierde ontwerper Haider Ackermann, die sinds twee jaar booming is. Ze liep eerder stage bij de ontwerper, en constateerde toen al dat de halfjaarlijkse showmomenten en de bijbehorende tijdsdruk haar tegenstonden.' Ik wil niet gebonden zijn aan twee collecties per jaar. Ik wil de grote verantwoordelijkheid niet dragen die dit met zich meebrengt. Ik ben ervan overtuigd dat het niet meer nodig is om de continue snelheid van het modesysteem te volgen. Er zijn andere manieren. Al is de tijd niet gemakkelijk voor jonge ontwerpers.'

Koersverandering

Of de aanpak van Mostert en haar generatiegenoten exemplarisch is, de tijd zal dat uitwijzen. Maar in deze realistische tijd waarin goud niet meer aan bomen groeit, worden ontwerpers gedwongen open te staan voor verandering.

Het Amsterdamse label And Beyond, in 2007 opgericht door Jolanda van den Broek (1977) en Brigitte Hendrix (1978), veranderde in 2011 van koers vanwege het uitblijven van voldoende verkooppunten en productiemogelijkheden. Ze besloten geen modecollecties meer te ontwerpen, maar zich te concentreren op

2

4

1

Weimans and Francisco van Benthum, for example, sometimes work for museums. Klavers van Engelen and Iris van Herpen do a lot for theatre. Others have rejected the semi-annual obligation to produce a collection and come up with creative solutions in which they regularly renew and expand their lines without worrying about expensive shows and completely new collections. And there are also designers who bypass the shops and seek direct contact with buyers, something that is becoming easier and easier because of the social media. Still others work for already existing labels and save their own plans for later, when they have more experience and hopefully more money.

Change of Mentality

Working against all this is the ongoing credit crisis that started at the end of 2008 and lately has led to cutbacks in subsidies for art. Supposing you are a fashion designer right now, recently graduated or not. What to do? As a result of the credit crisis, retailers in the middle to high segment (young designer fashion is always pricey) spend 80 per cent of their purchasing budget on the most famous international brands. The rest – a mere 20 per cent of their portfolio – comprises potential talent. In the middle to lower segment, even fewer shopkeepers stick their necks out for unknown brands that still have to prove themselves.

This unyielding status quo not only prompts organizational innovation, but also a new language of design and new ways of developing and financing a collection. And it encourages designers to capitalize on the demand for ethical production. Over the past two years, the number of designers engaging in creative business practices has grown. Crowdfunding – sponsors and sometimes also potential clients who help pay for a collection – is on the rise, with avid use being made of social media like Facebook.

The production of sustainable fashion is costly and requires a specific operational management. This is also true for the labour-intensive manufacture of autonomous pieces and for the modern, serial development of collections. Moreover, both of these working methods are unrelated to the fashion seasons. They often evolve out of an aversion to mass production and to the necessity of working against the clock that goes with semi-annual presentations.

The small-scale approach is synonymous with such ways of operating, and has been prevalent in the design world for some time now. Nowadays, 'small scale' is acceptable in the fashion branch. This realization is also growing among fashion students, resulting in a change of mentality. Becoming just as famous and esteemed as Viktor & Rolf – great. But just as large? You don't necessarily have to be.

On a Small Scale

Take Lotte Mostert. In July 2011 she graduated from the Royal Academy of Art in The Hague. The pullovers and cardigans with graphic patterns that she showed for her final exam were so well received that she started producing that knitwear. On a small scale. Not until Mostert (b. 1987) feels it is necessary will she add a few new designs to the collection. Shops have to find her. That is possible via the Internet. 'That's the way to show your work now. Especially if you're not bringing out a new collection every six months,' says Mostert. For this designer, distributing her knitwear across the globe is not the highest good. 'It's all about what kind of shops they are, that has to work, and I'm right on top of that.'

Mostert runs her small business while working in Antwerp for the celebrated designer Haider Ackermann, whose business took off two years ago. She had previously done a work placement under this designer, and realized even then that she could not stand the pressure of deadlines that goes with semi-annual shows. 'I don't want to be tied down to two collections a year. I don't want the huge responsibility that goes with it. I am convinced that it is no longer necessary to follow the continuous speed of the system in the fashion world. There are other ways. Even if times are not easy for young designers.'

'Series', met een bepaald product dat per seizoen uitgebracht gaat worden. 'Wij streven naar het creëren van innovatieve en zinvolle ontwerpen die hun waarde behouden. Ontwerpen die niet wegzinken in de beeldpulp van de "mediacratie" waarin we leven. Om met meer concentratie te kunnen werken, hebben wij gekozen voor een, voor ons, nieuwe werkwijze. In plaats van het collectiematig werken, waarbij we het concept vertaalden in verschillende silhouetten die samen een modecollectie vormden, ontwerpen we nu in Series waarbij de focus ligt op één item.' In Series #1 stond de bedrukte zijden sjaal centraal, in de volgende Series zou dat een jurk kunnen zijn.

6

Collectieopbouw

Modestudenten leren al tijdens hun opleiding dat je één verhaal in zowel een rok, jasje, broek en tas kan gebruiken. Het zorgt dat een serie kledingstukken bij elkaar gaat horen. Collectioneren is in het modevak vanzelfsprekend.

De kunst van het collectioneren wordt tegenwoordig nog enkel uitgebreid beoefend door de allergrootsten, zoals Chanel en Dior. Ze bouwen, zonder hun handschrift te verliezen, hun collecties ieder seizoen naar een hoogtepunt. Het begint met eenvoudige jurken en blouses. Voor op straat zijn er casual outfits en hoe later op de dag, hoe frivoler en feestelijker de kleding zoals glimmende cocktailjurken. Voor de avond zijn de creaties extravagant en gewaagd. Tegenwoordig zijn kleedregels minder dwingend en hoeft een modelabel niet meer voor werkelijk iedere gelegenheid een passend modelletje in huis te hebben.

Compacte collecties

Gefocust op een compacte collectie is modelabel Sophie#1234567+, een initiatief van Saskia Kruis (1964) en Roald van Dijk (1964). Het label bestaat sinds 2010 en presenteerde voor winter 2011 een geconcentreerde garderobe bestaande uit zeven kledingstukken. Elegante, zuivere, moderne klassiekers, aldus de ontwerpers. Uitgangspunt van het label is elk seizoen zeven nieuwe stukken aan de lijn toe te voegen, terwijl de eerdere garderobes beschikbaar blijven. 'Lichtelijk aangepast en misschien verder geperfectioneerd om te voldoen aan de continu veranderende tijd- en omgevingsfactoren.' Elk stuk wordt gecodeerd met een serienummer, zodat de ontwikkeling van Sophie kan worden gevolgd.

Sophie#1234567+ is een afgeleide van Hello Fashion, opgezet in 2009 door Monique van Heist (1972). Idee achter het project: kleding moet langer meegaan dan één seizoen. Oftewel, alles wat Van Heist op de markt brengt, moet op de markt blijven. 'Net als design', zegt Van Heist, 'daar blijven goede producten ook lange tijd leverbaar.' Het uitgangspunt van Hello Fashion is een garderobe waaraan Van Heist regelmatig nieuwe ontwerpen toevoegt.

Om te voorkomen dat winkeliers snel uitgekeken raken op de Hello Fashion-collectie – de herhaalde ontwerpen worden door Van Heist 'klassiekers' genoemd – voert ze die elk seizoen uit in nieuwe materialen, kleuren en dessins. 'Dat geeft elke collectie een heel andere uitstraling.' Hello Fashion wordt als een groeiende losbladige catalogus gepresenteerd. Elk ontwerp is genummerd en wordt – voor het persoonlijke karakter – gefotografeerd terwijl het wordt gedragen door 'gewone' mensen (geen modellen).

Hello Fashion telt ondertussen drieënzeventig items, van bandplooibroek tot sieraden, maar ook beddengoed en een recept voor lekkere gehaktballen. Het project is meer dan kleding. 'Het is ook een wijze van leven en daar hoort voedsel bij', aldus Van Heist.

Slow fashion

Haar tegendraadse houding tegenover het modesysteem brengt Van Heist ook commercieel succes in de vorm van een twintigtal verkooppunten. Ze heeft hoop dat er meer winkels zullen volgen: 'Er zijn veranderingen gaande in de denkwijze over mode, ik merk waardering voor iets wat zich traag ontwikkelt. Mensen hebben tijd nodig om aan het idee te wennen dat je kledingstukken meer tijd dan één seizoen moet gunnen.'

Voorloper van Monique van Heist is Saskia van Drimmelen, die in 1994, onder de groepsnaam 'Le Cri Néerlandais', in Parijs showde met onder anderen Viktor &

New Direction

Time will tell whether the approach taken by Mostert and her contemporaries is worth following. But in these realistic days in which gold no longer grows on trees, designers are forced to be open to change.

The Amsterdam label And Beyond, started in 2007 by Jolanda van den Broek (b. 1977) and Brigitte Hendrix (b. 1978), embarked on a new direction in 2011 because of a lack of sufficient sales outlets and production possibilities. They decided to stop designing collections and instead concentrate on series, with a specific product that is brought out per season. 'We want to create innovative and meaningful designs that hold their value. Designs that don't get lost in the visual pulp of the "mediacracy" in which we live. In order to be able to work with more concentration, we chose a mode of operation that is new for us. Instead of first creating a broad concept and then translating it into different silhouettes in order to form a collection, we now design in series, with the focus being put on a single item. Series #1 revolved around the printed silk scarf; in the next series, this could be a dress.'

Collection Build-Up

Fashion students are taught that you can use one and the same story for a skirt, jacket, pair of pants and handbag. That way, a series of garments goes together. The making of collections is self-evident in the fashion business.

Nowadays, the art of making collections is only practiced on a broad scale by the very biggest houses, such as Chanel and Dior. Without losing their signature, they build up their collections to a climax each season. It begins with simple dresses and blouses. There are casual outfits for the street, and the later the time of day, the more frivolous and festive the clothing, such as glittery cocktail dresses. For the evening, the creations are extravagant and daring. These days, clothing rules are less peremptory and a fashion label no longer has to have a suitable creation in house for virtually every occasion.

Compact Collections

7

One fashion label that focuses on compact collections is Sophie#1234567+, an initiative of Saskia Kruis (b. 1964) and Roald van Dijk (b. 1964). The label has been in existence since 2010, and for winter 2011 it presented a concentrated wardrobe of seven garments: elegant, pure, modern classics, according to the designers. The label's basic principle is to add seven new pieces to the line each season, while the previous wardrobes remain available, 'slightly adapted and perhaps further improved in order to satisfy the continually changing factors of time and the world around us'. Each piece is coded with a serial number, so that the development of the label can be followed.

Sophie#1234567+ is a derivative of Hello Fashion, founded in 2009 by Monique van Heist (b. 1972). The idea behind the project is that clothing should last for more than one season. That is to say, everything that Van Heist puts on the market should stay on the market. 'Just like product design,' says Van Heist, 'well-designed products also remain available for a long time.' The starting point for Hello Fashion is a wardrobe to which Van Heist regularly adds new designs.

In order to prevent retailers from soon getting tired of the Hello Fashion collection – 'classics' is the name Van Heist gives to the repeated designs – she produces them each season in new materials, colours and patterns. 'That gives each collection a totally different look.' Hello Fashion is presented as a growing, loose leaf catalogue. Each design is numbered and photographed – for the personal touch – while being worn by an 'ordinary' person (not a model).

By now, Hello Fashion has 73 items, ranging from pleated trousers to jewellery, but also bedding and a recipe for delicious meatballs. The project is more than just clothing. 'It is also a way of life, and food is part of that,' according to Van Heist.

Slow Fashion

Her contrary approach has also brought Van Heist commercial success by way of 20 sales outlets. She hopes that more shops will follow: 'The way we think

8 Jan Taminiau, foto Peter Stigter
9 Iris van Herpen, foto Michel Zoeter
10 YOUASME MEASYOU
11 Nieuw Jurk

Rolf. In 2008 presenteerde Saskia van Drimmelen (1968) haar project *Painted by*, waaraan ze anderhalf jaar had gewerkt – je zou het *slow fashion* kunnen noemen.

Vanaf 2005 groeide Van Drimmelens weerstand tegen het repeterende-collectie-idee: 'Het voelde als een gevangenis.' Met haar nieuwe project wilde ze een paar dingen: samenwerking, haar eigen ritme bepalen en mensen blij maken met mode op een andere manier dan volgens het modesysteem. Met deze uitgangspunten – plus haar verdriet over verdwijnende handwerktechnieken – ontstond het concept *Painted by*, een samenwerking tussen creatieven en enkele Bulgaarse vrouwen, die ze in Bulgarije liet meewerken aan uit Nederland meegenomen kleding, waar ze ter plekke ragfijne details aan toevoegden.

De oplage van de stukken bleef beperkt, zo creëerde Van Drimmelen schaarste. 'Het gaat er nu om dat de kleding waardevol is en geen voorbijgaande modegril. Van Drimmelen ziet het doorlopende project niet als tegenreactie op het modesysteem, maar als een nieuwe, niet vastomlijnde benadering die vrijheid biedt en steeds kan veranderen.

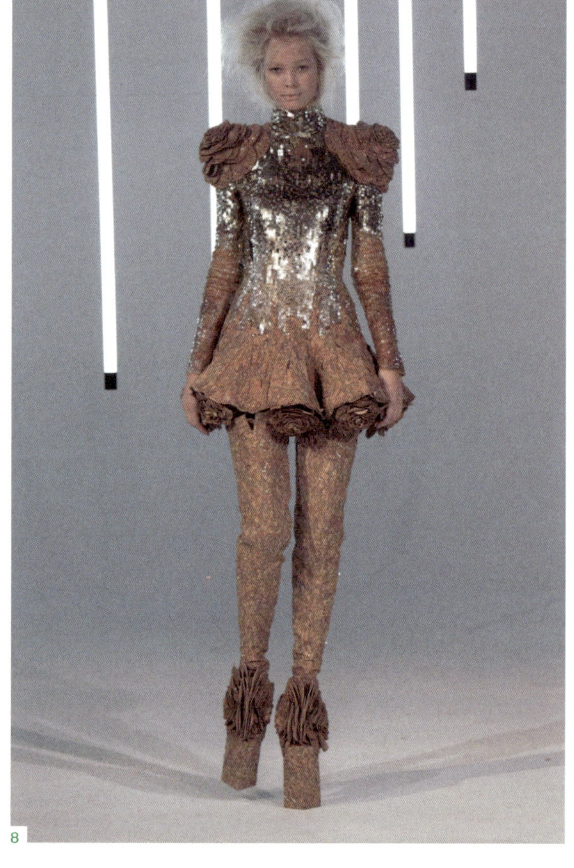
8

Couture comeback

De nieuwe generatie ontwerpers beschouwt het beproefde, oude couturemodel (het showen van unieke, arbeidsintensieve ontwerpen die vervolgens op maat worden besteld) niet langer als iets stoffigs. Mede doordat ze zich realiseren dat unieke en opvallende creaties ook garant staan voor aandacht, en internationale naamsbekendheid generen. De bekendste en meest geslaagde voorbeelden hiervan zijn Jan Taminiau en Iris van Herpen.

Specialiteit van Jan Taminiau (1975) zijn avondjurken en extravagante creaties, waaronder ook schoenen. De ontwerpen zijn altijd gemaakt van bewerkte (geborduurde) en zelfontworpen stoffen en werden gedragen door wereldsterren als Lady Gaga en Beyoncé. Verkopen doet Taminiau aan vaste klanten, onder wie prinses Máxima, maar ook aan de vele bruidjes en (zaken)vrouwen die hij kleedt in gelegenheidskleding, altijd kostbaar maatwerk.

Taminiau showt zijn couture ieder halfjaar in Parijs tijdens de coutureweek, net als Iris van Herpen (1984), die sinds juli 2011 het voorrecht heeft dat ze op uitnodiging van de Franse Chambre Syndicale de la Haute Couture als gastlid is toegelaten tot de officiële 'Haute Couture-kalender'. Volgens de Chambre bevat haar onconventionele couture de elementen die overeenkomen met de door de Chambre gestelde criteria waaronder vakmanschap en ambachtswerk. Als gastlid is Van Herpen, die werkt vanuit Arnhem, niet gebonden aan regels, zoals de elf geregistreerde couturiers, onder wie Chanel, Valentino en Dior. Zij moeten minstens zestien personeelsleden in dienst hebben en minimaal veertig stuks tonen. Van Herpens ontwerpen zijn evenmin gemaakt in de traditie van een couturehuis als Chanel. 'Het is fijn', zegt Van Herpen, 'dat de Chambre nu couture in een ander licht kan zien, het geeft aan dat ze openstaan voor nieuwe vormen van handwerk.'

Iris van Herpen staat aan het hoofd van een klein bedrijf. Ze heeft twee mensen in dienst en huurt freelancers in voor bijvoorbeeld het vervaardigen van haar autonome jurken, die ze veelvuldig exposeert en waarvan ze er vijf verkocht aan het Centraal Museum Utrecht. Andere inkomstenbronnen zijn bestellingen van privé-klanten en subsidies van het Fonds voor beeldende kunsten, vormgeving en bouwkunst, die onder meer haar shows sponsorde. Inkomsten komen ook uit de meerjarige samenwerking met het Nederlandse schoenenmerk United Nude, en een deal met het Franse Paco Rabanne voor het ontwerpen van accessoires. Verdere groei in haar bedrijf zal moeten voortkomen uit meer samenwerkingen. Het wachten is op een investeerder.

10

Betrokken consumenten

YOUASME MEASYOU heet het *knitwear label* van Mark van Vorstenbos (1967) en Twan Janssen (1968), dat is gespecialiseerd in hoogwaardige knitwear en jerseys voor vrouwen (YOUASME) en mannen (MEASYOU). Het bestaat uit seizoenoverschrijdende ontwerpen. Opzet: vijfhonderd mensen (de 'Family of Founders') elk vijfhonderd euro in de opbouw van de twee merken laten financieren. *Crowdfunding* dus. 'Family'-leden krijgen na vijf jaar hun inleg met vijf pro-

8 Jan Taminiau, photo Peter Stigter
9 Iris van Herpen, photo Michel Zoeter
10 YOUASME MEASYOU
11 Nieuw Jurk

9

11

about fashion is changing; I notice an appreciation for something that develops slowly. People need time to get used to the idea that garments should be allowed to have a longer life than just one season.'

Monique van Heist's forerunner is Saskia van Drimmelen, who in 1994, under the group name 'Le Cri Néerlandais', showed in Paris with Viktor & Rolf and others. In 2008, Saskia van Drimmelen (b. 1968) presented her project *Painted by*, on which she worked for a year and a half – you could call it 'slow fashion'.

Van Drimmelen's resistance to the idea of recurring collections had been growing since 2005: 'It felt like being in a prison.' With her new project, she wanted to realize a number of goals: working with a team, determining her own rhythm and making people happy with fashion in a different way than according to the regular system. These goals – plus her distress at the disappearance of handicraft techniques – led to the concept of *Painted by*, a collaboration between creatives and a number of Bulgarian women who work on clothing that she sends from the Netherlands to Bulgaria, where they add subtle details.

By producing the garments in limited editions, Van Drimmelen created scarcity. 'It's about the fact that this clothing has value and is not a passing trend.' Van Drimmelen does not see this ongoing project as a counteraction to the fashion system but as a new, unbounded approach that offers freedom and can keep changing.

Comeback of Couture

The new generation of designers no longer sees the tested couture business model (the showing of unique, labour-intensive designs that are subsequently ordered as custom-fitted garments) as something that is stuffy. Part of this is because they realize that unique and striking creations also guarantee attention and generate international name recognition. The most famous and successful examples of this are Jan Taminiau and Iris van Herpen.

Jan Taminiau (b. 1975) specializes in evening gowns and extravagant creations, including shoes. The designs are always made out of worked (embroidered) and self-designed fabrics and are worn by international stars like Lady Gaga and Beyoncé. Not only does Taminiau sell to steady customers, including Princess Máxima, but also to the many brides and (business) women that he clothes in formal dress, always expensive tailor-mades.

Taminiau shows his couture once every six months in Paris during the couture week, just like Iris van Herpen (b. 1984), who since July 2011 has the honour of being invited by the French Chambre Syndicale de la Haute Couture as a guest member of the official 'Haute Couture Calendar'. According to the Chambre, her unconventional couture contains the elements that meet its criteria, including craftsmanship and handcraft work. As a guest member, Van Herpen, who works from Arnhem, is not bound by regulations, as are the eleven registered couturiers, including Chanel, Valentino and Dior. They must have at least 16 staff members in their employ and show a minimum of 40 pieces. Nor are Van Herpen's designs made in the tradition of a couture house like Chanel. 'It's great that the Chambre can now see couture in a different light,' says Van Herpen, 'it shows that they are willing to accept new forms of handwork.'

Iris van Herpen heads up a small business. She employs two people and hires freelancers to make her autonomous dresses, for example, which she exhibits frequently, and of which she has sold five to the Centraal Museum Utrecht. Other sources of income include orders from private clients and subsidies from the Netherlands Foundation for Visual Arts, Design and Architecture (Fonds BKVB), which has sponsored her shows, among other things. Income also comes from her several-year collaboration with the Dutch shoe brand United Nude, and a deal with the French label Paco Rabanne for designing accessories. Further growth in her business will have to come from more collaborative efforts. What she is waiting for is an investor.

Involved Consumers

YOUASME MEASYOU is the name of the knitwear label of Mark van Vorstenbos (b. 1967) and Twan Janssen (b. 1968), which is specialized in high-quality

cent rente terug, en privileges zoals vijftig procent korting op kledingstukken en uitnodigingen voor exclusieve previews. 'De collecties worden mede mogelijk gemaakt door consumenten die meer betrokken willen zijn bij de producten die ze gebruiken', zegt Twan Janssen.

Verkoop van YOUASME MEASYOU gaat onder andere via virtuele 'Park Stores'. Via de smartphone kan de winkel worden bezocht, de kleding is direct te koop. 'Met de Park Stores willen we winkels openen op plekken waar meer zintuigen worden aangesproken dan in een winkelstraat.' De eerste Park Store opende in juli 2011 in het Vondelpark, in september volgde de tweede in het Palais Royal in Parijs. Deze plekken worden door Vorstenbos en Janssen 'gekraakt' en voorzien van virtuele flagship stores.

Een charmante crowdfunding-variatie werd in mei 2011 gelanceerd door modemerk Nieuw Jurk. Gefotografeerd in een vuilniszak vroeg Nieuw Jurk-oprichter Esther Meijer haar Facebookvrienden om een bedrag tussen de 25 tot 2000 euro te doneren voor haar zomercollectie Krisis. Binnen een maand meldde haar website tegen de veertig bijdragen; de ontwerpen werden in juli 2011 tijdens de Berlijnse modeweek getoond.

Ethiek en duurzaamheid

Diederik Verbakel (1977) en Marieke Holthuis (1975) zegden in 2010 hun banen op en startten Died, een mode- en sieradenlabel dat op ethische wijze (geen kinderarbeid) produceert en collecties maakt in samenwerking met de lokale bevolking in India. 'Onze nieuwe werkwijze is een droomscenario voor elke ontwerper. Het is fantastisch om in Indonesië naast een goudsmid te zitten die een bepaalde techniek beheerst, of in India een borduursel voor je ogen te zien ontstaan', zegt Verbakel. Hun eerst collectie viel meteen in de smaak bij inkopers. 'Er is een omslag bezig van massaproductie naar een hang naar mooie producten met een verhaal dat voor een meerwaarde zorgt. Maar wat ook telt: een sjaal van zijde om je nek draagt toch veel prettiger dan één van polyester', aldus Marieke Holthuis.

Sociale betrokkenheid staat hoog in het vaandel bij Studio Jux, het modelabel van Jitske Lundgren en Carlien Helmink. In het voorjaar van 2011 zetten zij een fabriek op met een lokale partner in Nepal. Zij produceren voor hun eigen label en voor andere. Doel: productie en werkzaamheden overzien en de fabrieksarbeiders uit de anonimiteit halen door kledingstukken te nummeren zodat de koper kan zien – via de Studio Jux-website – wat hen bezighoudt.

Deze voorbeelden geven aan dat de positionering van jonge labels tegenwoordig divers is. Er gaat bijna evenveel creativiteit zitten in het bedenken van nieuwe manieren om mode te maken, te verspreiden en te financieren als in de ontwerpen zelf. Kiezen voor een zelfstandig label is steeds meer de actieve keus om zelf een weg te vinden in het modelandschap. Niet meer wachten tot de winkels en de tijdschriften bij je komen, maar zelf initiatieven nemen en bereid zijn de grondslagen van het systeem ter discussie te stellen. Soms al met succes.

network and jerseys for women (YOUASME) and men (MEASYOU). The label consists of designs that go beyond one season. The setup: having 500 people (the 'Family of Founders') each invest 500 euros in the development of the two brands – crowdfunding, in other words. 'Family' members get back their investment with 5 per cent interest after five years, and privileges like a 50 per cent discount on clothing and invitations to exclusive previews. 'The collections are partly made possible by consumers, who want to be more involved in the products they use,' says Twan Janssen.

The sale of YOUASME MEASYOU products takes place through virtual 'Park Stores', among other things. You can go to the store by smartphone, and the clothing is directly for sale. 'With the Park Stores, we want to open up places that appeal to more of the senses than do the stores in a shopping street.' The first one opened in July in Amsterdam's Vondelpark; the second followed in September, in the Palais Royal in Paris. Vorstenbos and Janssen 'squatted' these places by giving them virtual flagship stores.

A charming crowdfunding variation was launched in May 2011 by the fashion brand Nieuw Jurk. Photographed in a garbage bag, Nieuw Jurk founder Esther Meijer requested her Facebook friends to donate an amount from 25 to 2000 euros for her summer collection, Krisis. In a little over a month, her website reported almost 40 donations; the designs were shown in July 2007 during the Berlin fashion week.

Ethics and Sustainability

Diederik Verbakel (b. 1977) and Marieke Holthuis (b. 1975) quit their jobs in 2010 and started Died, a fashion and jewellery label that produces and makes collections in an ethical manner (no child labour) in collaboration with local people in India. 'Our new way of working is a dream scenario for every designer. It is fantastic to sit next to a goldsmith in Indonesia who has mastered a certain technique, or to see a piece of embroidery created before your eyes in India,' says Verbakel. Their first collection was an immediate hit with buyers. 'At present there is a switch in interest from mass production to a predilection for beautiful products with a story that gives added value. But what also counts is the fact that a silk scarf around your neck feels a lot nicer than a polyester one,' according to Marieke Holthuis.

Social involvement is considered very important at Studio Jux, the fashion label of Jitske Lundgren and Carlien Helmink. In the spring of 2011, they set up a factory with a local partner in Nepal. They produce for their own label and for others. The goal: to oversee production and operations and take the factory workers out of anonymity by numbering the garments so that buyers can see – through the Studio Jux website – what they are doing.

These examples indicate that the positioning of young labels is quite diverse nowadays. Almost as much creativity goes into thinking up new ways of making, distributing and financing fashion as into the designs themselves. Having an independent label is increasingly becoming the active choice for finding your own way in the fashion landscape. It's no longer about waiting for shops and magazines to come to you, but about taking the initiative and being prepared to question the principles of the system. Sometimes with immediate success.

Fashion & Technology

Symposium STRP, Festival for Art & Technology, Eindhoven
19 november 2010

Mode wordt steeds meer beïnvloed door nieuwe technologieën en materialen. Biometrie bijvoorbeeld maakt unieke (op ons lijf geschreven) kleding mogelijk. Kleding gemaakt van hergebruikte kunststoffen is duurzaam. Nanotechnologie met zelfregulerende stoffen gaat zelfs nog veel verder, tot diep in de weefselstructuur.

Maar wil dat allemaal lukken, dan moeten modeontwerpers zich toch meer aan technologie wagen. Ondanks producenten als Ten Kate en een vakopleiding in Gent blijven technologische experimenten met textiel in Nederland en Vlaanderen zeldzaam, zo werd duidelijk op een door de Premsela Stichting georganiseerd symposium. Ook toenadering tussen modeontwerpers en technologen is vooralsnog schaars. Ontwerpers werken te veel vanuit de belevingswereld van de consument; technologen leveren vanuit beschikbare kennis functies en oplossingen voor problemen.

Tijdens de discussiemiddag toonden alumnistudenten van de Haagse Koninklijke Academie van Beeldende Kunsten (KABK) hun projecten, waarbij technologie vooralsnog een toegevoegd gadget was en niet stilistisch geïntegreerd, zoals bijvoorbeeld bij de ledjes-jurken die beeldend kunstenaar Lucy McRae in 2009 voor Philips Design maakte.

Het produceren van kleding moet veel duurzamer, alleen al omdat we een kwart van de nieuwe kleding nooit dragen. De productie van kleding is schrikbarend milieubelastend. Hoogleraar textielkunde Paul Kiekens (Universiteit Gent) rekende op het symposium voor dat een simpel katoenen T-shirt bij het maken totaal 3000 liter water opslorpt. De universiteit onderzoekt daarom nieuwe bioweefsels als kenaf, een hennepvariëteit en Lyocell, gebleekte houtpulp. Andere polymeren ontstaan uit pulp van bamboe, houtsnippers, maïs, tarwe, rijst en melkzuur.

Een andere groep KABK-studenten toonde eind 2010 hun technofashioncollectie in Den Haag. Ook hier sensors en ledjes die reageren als je iemand (te) dicht nadert. Geshowd werden onder meer een futuristisch ogend korset van smart e-foils om sociale interactie te stimuleren, een regenjas met afluisterbare jeugdherinneringen en een muziekspelend vloertapijt met de mens als antenne. **CR**

Fashion & Technology

Symposium STRP, Festival for Art & Technology, Eindhoven
19 November 2010

Fashion is increasingly influenced by new technologies and materials. Biometrics, for example, have made unique (tailored to our body) clothing possible. Sustainability is achieved by clothing made from recycled artificial fabrics. Nanotechnology goes even further, deep into the fabric structure with self-regulating materials.

But for all these developments to succeed, fashion designers must take even more advantage of technology. Technological experiments with textiles in the Netherlands and Flanders are rare, despite producers like Ten Kate and professional training in Ghent. This much became evident at a symposium organized in Eindhoven by the Premsela Foundation. Rapprochement between fashion designers and technologists is still uncommon: designers base their work to an excessive degree on consumer experience, while technologists supply functions and solutions to problems derived from available knowledge.

During the afternoon discussion, graduates of the Koninklijke Academie van Beeldende Kunsten (KABK) in The Hague presented projects in which technology was still an additional gadget, rather than stylistically integrated in the manner of the LED light dresses created by artist Lucy McRae for Philips Design in 2009.

The production of clothing has to be much more sustainable, particularly as we never wear a quarter of new garments. Clothing manufacture currently impacts alarmingly on the environment. At the symposium Paul Kiekens, professor of Textile Science at the University of Ghent, calculated that making a simple cotton T-shirt guzzles up a total of 3000 litres of water. This is why the university is researching new bio-fabrics, such as kenaf, a variety of hemp, and Lyocell, or bleached wood pulp. Other polymeres derive from bamboo pulp, wood chippings, maize, wheat, rice and lactic acid.

At the end of 2010 another group of KABK students presented their techno-fashion collection in The Hague. This featured sensors and LED lights which reacted when wearers approached other people. There was also a futuristic corset of smart e-foils to stimulate social interaction, a raincoat with audio childhood memories and a radio-playing rug that uses people as its aerial. **CR**

Foto's/Photos
1 Joost van de Brug
2 Philips Design
3 Chris Reinewald

1

2

1 / Iris van Herpen, Capriole
2 / Lucy McRae, Bubble Dress
3 / Stefan Zwegers, Adidas
stappenteller patroonverandering/
pattern changing pedometer

3

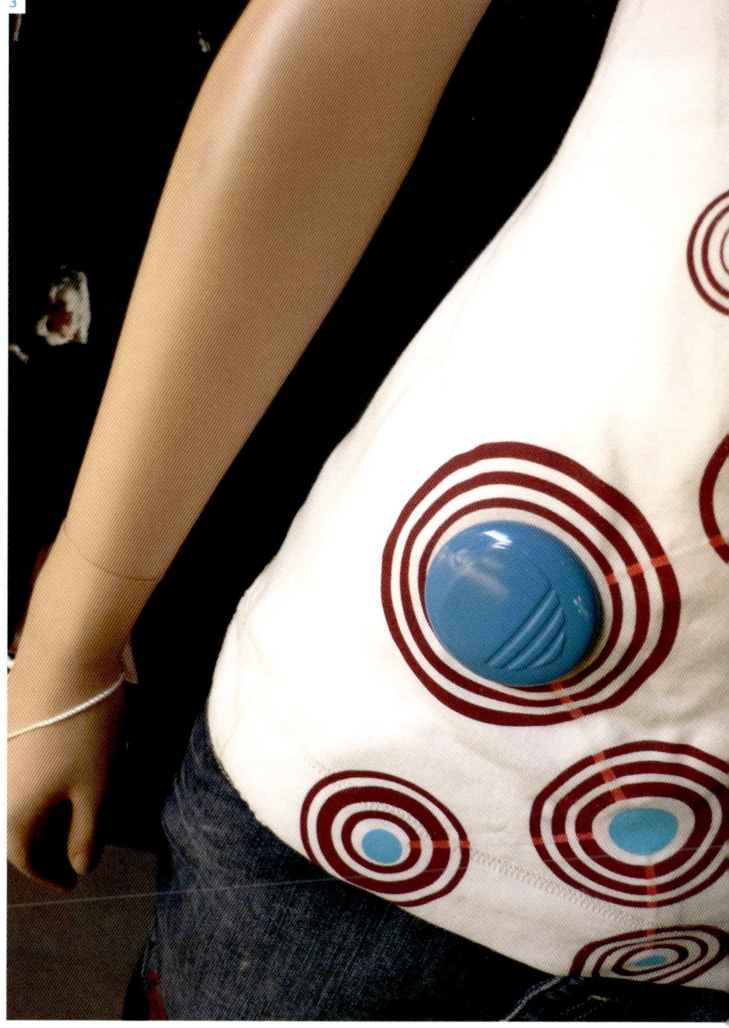

Vorige / Previous
<< P 25

Volgende / Next
P 30 >>

Vision in Design – A Guidebook for Innovators

Vijftien jaar werkten de Delftse hoogleraren Paul Hekkert en Matthijs van Dijk aan hun ViP-boek. ViP is een inmiddels onder verschillende ontwerpers, ontwerpdocenten en productmanagers ingeburgerde ontwerpmethode, met een afkorting die staat voor Vision in Product design.

Binnen ViP is een definitie van de toekomstige context waarin de te ontwerpen product-gebruiker-relatie zich zal openbaren cruciaal. Deze context is opgebouwd uit factoren die de fysieke omgeving beschrijven, maar ook uit niet-tastbare factoren als psychologische wetmatigheden of maatschappelijke ontwikkelingen. De keuze voor de cruciale, specifieke stellingname kan de ontwerper verbinden aan de identiteit van de opdrachtgever. Met zijn stellingname neemt de ontwerper expliciet de verantwoordelijkheid voor hetgeen hij of zij bijdraagt aan de wereld en het effect op de gebruikers.

Centraal in de methode staat vervolgens de interactie tussen mens en product. De te ontwerpen interactie dient de doelstelling als gedefinieerd in de persoonlijke stellingname te bewerkstelligen. Pas daarna kan uit de interactie een helder idee ontstaan over welke kwalitatieve eigenschappen het ontwerp moet krijgen om de gewenste interactie te doen laten ontstaan. Het uiteindelijk product, dienst of beleid moet uitdrukking geven aan dit productkarakter, wil het daarmee het beoogde effect in handelen en ervaren op mensen hebben.

Tijdens de presentatie van het boek op 30 juni 2011 had Lowie Vermeersch, voormalig designdirecteur van Pininfarina, warme woorden over voor de ViP-aanpak, waarmee hij als student op de Technische Universiteit in aanraking was gekomen. Dat niet alleen briljante ontwerpers wat aan ViP kunnen hebben, daarvan getuigde Hans Elffers van NS-dochter Servex, die ter gelegenheid van de drukbezochte introductie van het boek voor de ViP-aanpak graag de term *re-framing* gebruikte. Het boek is ontworpen door Irma Boom. **TdR**

Vision in Design – A Guidebook for Innovators

The Delft professors Paul Hekkert and Matthijs van Dijk spent 15 years working on their ViP book. ViP, which stands for Vision in Product design, has in the meantime become an established design method among various designers, teachers of design and product managers.

In ViP, it is crucial to define the future context in which the relation between the not-yet-designed product and the user will manifest itself. This context is comprised of factors that describe the physical surroundings, but also non-tangible factors such as psychological patterns or social developments. The choice of a critical, specific stance can link the designer with the identity of the client. By assuming such a stance, the designer explicitly takes responsibility for what he or she contributes to the world and its effect on users.

The next step in the ViP method is to conceptualize the interaction between user and product. This as-yet-to-be-designed interaction will serve to realize the objective, as defined in the designer's personal stance. On the basis of his or her vision of the interaction between user and product, the designer then defines the product parameters, that is the qualitative characteristics that the product has to embody. The ultimate product, service or policy should express this character if it is to have the intended effect on people in actual practice.

During the presentation of the book on 30 June 2011, Lowie Vermeersch, former design director of Pininfarina, spoke highly of the ViP approach, which he encountered as a student at Delft University of Technology. And ViP is not only for brilliant designers, as Hans Elffers of Servex, the NS subsidiary, testified: on the crowded occasion of the book's introduction he was pleased to use the term 'reframing'. The book was designed by Irma Boom. **TdR**

Evenement en debat /
Events and Debate

Foto's/Photos
BiS

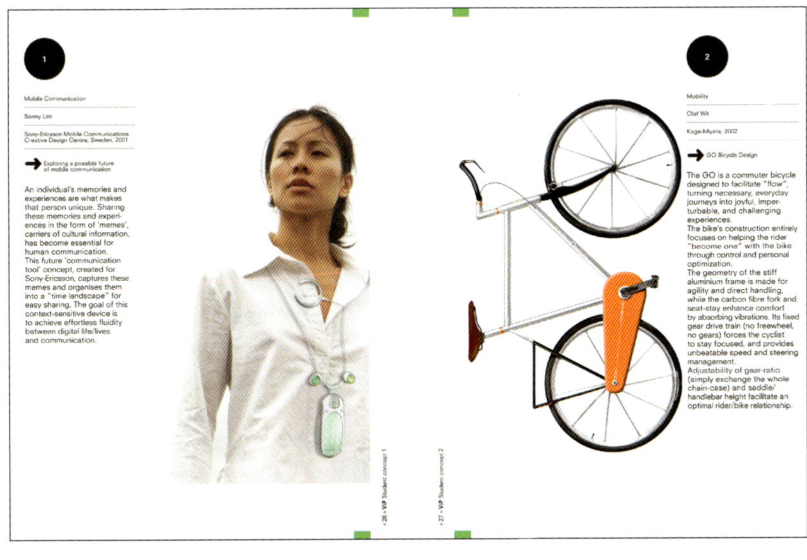

1

Mobile Communication

Sonny Lim

Sony-Ericsson Mobile Communications
Creative Design Centre, Sweden, 2001

→ Exploring a possible future of mobile communication

An individual's memories and experiences are what makes that person unique. Sharing these memories and experiences in the form of 'memes', carriers of cultural information, has become essential for human communication.
This future 'communication tool' concept, created for Sony-Ericsson, captures these memes and organises them into a "time landscape" for easy sharing. The goal of this context-sensitive device is to achieve effortless fluidity between digital life/lives and communication.

2

Mobility

Olaf Wit

Koga-Miyata, 2002

→ GO Bicycle Design

The GO is a commuter bicycle designed to facilitate "flow", turning necessary, everyday journeys into joyful, imperturbable, and challenging experiences.
The bike's construction entirely focuses on helping the rider "become one" with the bike through control and personal optimization.
The geometry of the stiff aluminium frame is made for agility and direct handling, while the carbon fibre fork and seat-stay enhance comfort by absorbing vibrations. Its fixed gear drive train (no freewheel, no gears) forces the cyclist to stay focused, and provides unbeatable speed and steering management.
Adjustability of gear-ratio (simply exchange the whole chain-cese) and saddle/ handlebar height facilitate an optimal rider/bike relationship.

>Solutions that fundamentally change the way people interact with products can only emerge if the designer wants to change the meaning of a product-user relationship<

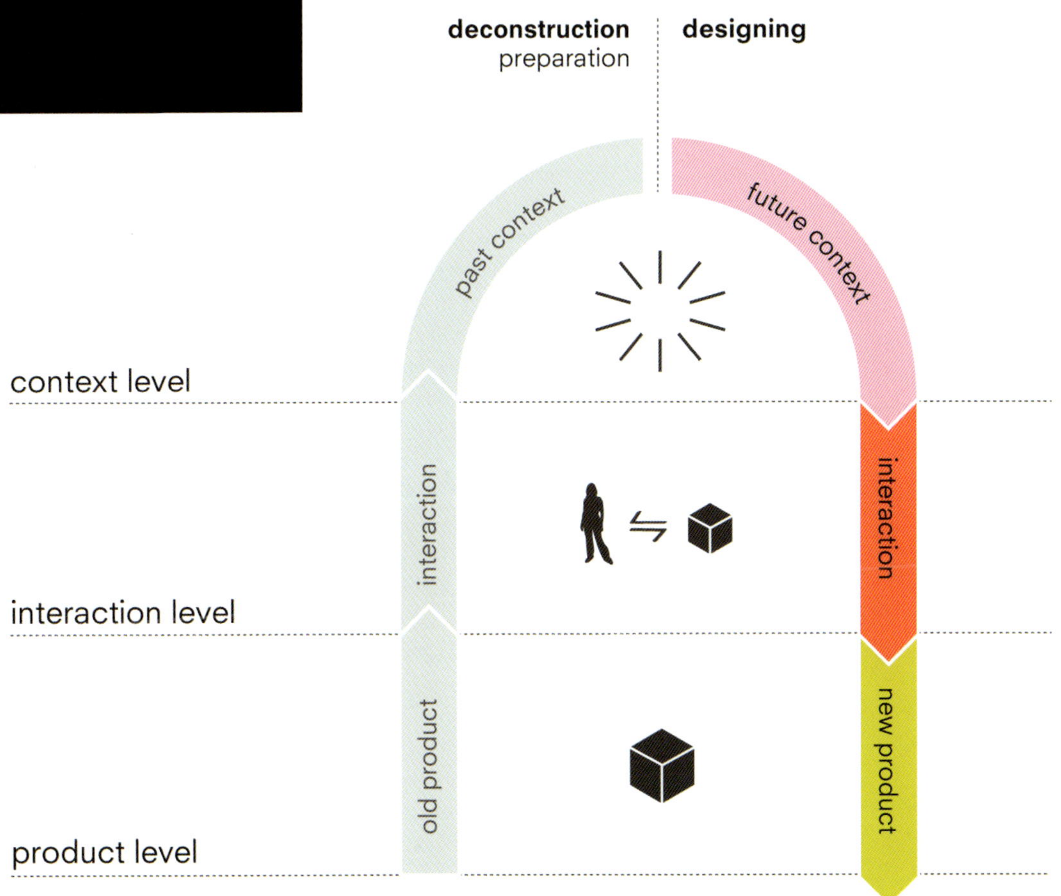

Vorige / Previous
<< P 28

Volgende / Next
P 31 >>

Creative Amsterdam 2011

Congres CCAA, Pakhuis de Zwijger, Amsterdam
11 – 13 mei 2011

Met twee ambitieuze conferenties waagden designers zich aan reflecties op hun vak, op hun stellingname maar ook op de commerciële waarde ervan. Niet onbelangrijk in deze tijden van crisis, waarin veel architecten zich bij gebrek aan Europese opdrachten al naar Azië begaven.

Bij 'Creative Amsterdam' stonden de ontwerpers centraal die zich als de spreekwoordelijke olievlek over de wereld verspreiden, zij het meestal westwaarts of – steeds meer – oostwaarts: China dus. Nederlanders kunnen met groot gemak van de ene naar de andere (design)cultuur switchen. Waar je je in de VS, met name in New York en de designclusters rondom Los Angeles of de Bay Area van San Francisco moet binnenvechten, lijkt het in China een kwestie van op het juiste moment iets beginnen. Gezien de booming economie van China zou dat moment overigens nu al voorbij kunnen zijn.

Niet altijd is er sprake van een 'bewuste keuze'. Zo belandde Rem D. Koolhaas in Guangzhou (Kanton), omdat daar de fabrieken van zijn bewerkelijke designschoenen staan. Dichter bij huis zijn de mogelijkheden voor ontwerpers om te werken in de nog weinig bekende groei-economie van Turkije.

Virtualiteit maakt dat je tegelijk op meerdere plaatsen kunt zijn en dus ook kunt werken. Claire Boonstra startte als experiment een bedrijf in digitale media, Layar. Door je mobiel op gebouwen of andere locaties te richten, krijg je op je beeldschermpje extra informatie. Boonstra ontwikkelde deze technologie met twee anderen die ze fysiek niet ontmoette. Eén in India, de ander in China. Inmiddels staan er multinationale investeerders op de stoep.

Toch weegt economische verdienste niet op tegen het plezier van creatief handelen en daarmee mensen aan werk te helpen. Zo laat Carlien Helmink van Studio JUX haar kleding produceren in Nepal. Delfts TU-ontwerper Jorg van den Hoven benut zijn kennis, creativiteit en technologische mogelijkheden in China en in een straatarm land verderop: Cambodja.

In dat kader past de Amsterdam Creative Award, die werd uitgereikt aan Jaap Spoorenberg en Merijn ten Thije van sneakermerk !SYOU. Zij ontwikkelden een sneakerconcept in samenspraak met 'co-designers' en creatieve denkers en ondernemers over de hele wereld. Inmiddels worden de eerste !SYOU-sneakers in Burkina Faso gemaakt, van lokale materialen, in samenwerking met lokale creatieve talenten. Een deel van de verkoopprijs vloeit naar hen terug. **CR**

Creative Amsterdam 2011

CCAA Congress, Pakhuis de Zwijger, Amsterdam
11 – 13 May 2011

Designers reflected on their profession, their position in this profession and its associated commercial value at two ambitious conferences. Commercial value is an essential consideration in these times of crisis when many architects have already headed to Asia for want of European commissions.

'Creative Amsterdam' focused on designers who have spread over the world like a proverbial oil stain, albeit mostly westwards or – increasingly – eastwards, in other words, to China. The Dutch are easily able to switch from one (design) culture to another. Unlike in the USA, where you have to battle your way in, especially in New York and the design clusters around Los Angeles or the Bay Area of San Francisco, in China it appears to be a matter of starting something at the right moment. Although that moment could already have passed, given China's currently booming economy.

Such relocations are not always the product of a 'conscious decision'. Rem D. Koolhaas, for example, ended up in Guangzhou (Canton) simply because this is where the factories are that make his elaborate design shoes. Closer to home, there are opportunities for designers in the, as yet, little known growth economy of Turkey.

The virtual world has made it possible to be, and therefore work, in several places at once. Claire Boonstra started Layar, a digital media company, as an experiment. Together with two other people, one in India, the other in China, whom she did not physically meet, she developed technology that allows mobile phone users to gain extra information on their phone when it is held up to buildings or other locations. Multinational investors are already beating down her door.

Yet economic gain cannot match the pleasure of establishing a creative business that provides other people with employment. Carlien Helmink of Studio JUX, for example, has her clothing produced in Nepal, while Delft University of Technology designer Jorg van den Hoven deploys his knowledge, creativity and technological skills in China and its poverty-stricken neighbour, Cambodia.

This is the category highlighted by the Amsterdam Creative Award, presented to Jaap Spoorenberg and Merijn ten Thije of sneaker brand !SYOU, who developed a sneaker concept in consultation with 'co-designers', creative thinkers and entrepreneurs all over the world. The first !SYOU sneakers have already been made out of local materials in Burkina Faso, in collaboration with local creative talents. A percentage of the sale price will flow back to these talents. **CR**

Nederlandse gaming-sector groeit hard

De gamingsector lijkt weinig last te hebben van de economische recessie. Dit is niet zo vreemd, want juist in tijden dat het tegen zit, bloeit het amusement. Dat is iets van alle tijden. Wereldwijd is de gamingsector al groter dan de filmindustrie. Volgens adviesbureau PricewaterhouseCoopers, dat de mondiale *gaming industry* in kaart heeft gebracht, ging er in 2010 niet minder dan 56 miljard dollar in om en dat zal 82 miljard zijn in het jaar 2015.

Ook de Nederlandse gamingsector is in opkomst. De sector heeft volgens ECP-ECN, het platform voor de informatiesamenleving, een omzet van één miljard euro. Volgens PricewaterhouseCoopers is de Nederlandse gamesector minder groot. Het adviesbureau stelde in 2006 de omzet op 368 miljoen euro en de jaarlijkse groei op ongeveer 8 procent.

De sector wordt gekenmerkt door vele kleine bedrijven en enkele grote zoals Guerrilla Games, Zylom, Triumph Studios en Spil Games, die enige tientallen tot een paar honderd mensen in dienst hebben. Van ROC tot universiteit worden er *game developers* en *game designers* opgeleid, en er wordt onderzoek gedaan naar gaming door gerenommeerde instituten als TNO. Gaming is veel meer dan spelletjes voor kinderen en jongeren. De *serious games*, die ingezet worden in het onderwijs, bij bedrijfstrainingen of voor therapeutische doeleinden, vormen een groeiende subsector.

Het paradepaardje van de Nederlandse gamingsector is het Amsterdamse Guerrilla Games, dat in 2005 in handen kwam van de divisie Computer Entertainment van Sony. Zijn belangrijkste game is *Killzone*, een *first-person shooter game* waarvan vorig jaar de derde versie op de markt kwam. In de game nemen de Helghast, een soort nazi's van een andere planeet, het op tegen een interplanetaire strijdmacht.

De ontwikkeling van *Killzone*, dat wordt gespeeld op Sony's PlayStation, gaat gelijk op met die van de hardware. Zodra Sony een nieuwe versie van zijn spelconsole op de markt brengt, krijgen de games ook een update. Van de twee vorige versies van *Killzone* werden meer vier miljoen exemplaren verkocht. *Killzone 3* werd goed ontvangen door de vakpers en is met 1,65 miljoen exemplaren (stand eind juni 2011) een commercieel succes. De geschatte 20 miljoen euro aan ontwikkelingskosten worden ruimschoots terugverdiend. **MV**

The Dutch Gaming Sector is on the Rise

The gaming sector appears to have suffered little from the economic recession. This is hardly surprising, for history has shown that entertainment flourishes during such periods. Worldwide the gaming sector is already larger than the film industry. According to PricewaterhouseCoopers consultants, who have charted the worldwide gaming sector, the industry turned over 56 billion US dollars in 2010, with 82 billion expected in 2015.

The Dutch gaming sector is also on the rise. According to ECP-ECN, the information society platform, turnover is currently one billion euros. Price-waterhouseCoopers' assessment of the Dutch gaming sector is considerably smaller, with a turnover of 368 million euros in 2006 and an annual growth around 8 per cent.

The sector is characterized by many small firms and several large companies, such as Guerrilla Games, Zylom, Triumph Studios and Spil Games, who employ between several dozen and several hundred people. Game developers and game designers are trained from ROC (Regionaal Opleidingscentrum, or Regional Training Centre) to university level, and research is conducted into gaming by renowned institutes such as the TNO. Gaming is much more than simply amusement for children and young people. Serious games, used in education, company training programmes or for therapeutic purposes, represent a growing subsector.

The Dutch gaming sector's flagship is Amsterdam-based Guerrilla Games, acquired by Sony's Computer Entertainment division in 2005. Its leading game is *Killzone*, a first-person shooter game, in which the Interplanetary Strategic Alliance battles the Helghast, Nazi-like beings from another planet. The third version was launched last year.

Killzone, which is played on Sony's PlayStation, is developed in conjunction with hardware: a new version of the game is introduced whenever Sony launches a new version of its games console. More than four million copies of the first two versions of *Killzone* have been sold. *Killzone 3* was well received by the trade press and has also been a commercial success, with 1.65 million copies sold by the end of June 2011. Development costs estimated at 20 million euro have been amply recovered. **MV**

Foto's/Photos
Guerrilla Games

STAHL WEAPONS
KZ3: SP5

Volgende / Next
P 38, 54, 116, 122, 148, 162 >>

Communicatie / Communication

Ontwerper/Designer
Rop van Mierlo

Opdrachtgever/Client
Rop van Mierlo

Website
www.ropvanmierlo.nl

Rop van Mierlo – Illustraties prentenboek *Wilde dieren*

Zoals je soms de wolken zou willen aanraken, zo zou je ook het tijgertje, de ezel en het konijn in het boek *Wilde dieren* van Rop van Mierlo willen voelen. De zachtheid van hun vachten is bijna tastbaar op de aquarelillustraties in dit in eigen beheer uitgegeven boek. Van Mierlo maakt handig gebruik van de waterverftechniek om de aaibaarheid van de afgebeelde dieren te verhogen. Uit de manier waarop hij de karakters van de verschillende dieren weet te treffen, blijkt hoezeer hij deze techniek beheerst.

Grafisch ontwerper en illustrator Van Mierlo studeerde eerst een jaar aan de Willem de Kooning Academie in Rotterdam en daarna aan de Design Academy in Eindhoven, waar hij in 2008 afstudeerde. *Wilde dieren* is het eerste project waarmee Van Mierlo de aandacht naar zich toe trekt. Het zijn niet alleen de tekeningen die dat doen, maar ook de verzorgde manier waarop ze worden gepresenteerd in het woordloze boek. *Wilde dieren* is charmant, vertederend en ook geestig. Een pareltje dat, zonder kinderachtig te zijn, appelleert aan het kind in iedere beschouwer. **BvL**

Rop van Mierlo – Illustrations Picture Book Wilde dieren

In the same way you would sometimes like to touch the clouds, you would also like to feel the tiger, the donkey and the rabbit in the book *Wilde dieren* (Wild Animals) by Rop van Mierlo. The softness of their coats is almost tangible in the watercolour illustrations in this book published by Van Mierlo himself. Van Mierlo has made skilful use of the watercolour technique to increase the cuddliness of the animals illustrated. From the way he manages to capture the characters of the different animals, you can see he has a thorough command of the technique.

Graphic designer and illustrator Van Mierlo studied first for a year at the Willem de Kooning Academy in Rotterdam and subsequently at the Design Academy in Eindhoven, where he graduated in 2008. *Wilde dieren* is the first project in which Van Mierlo has drawn attention to himself. It is not just the illustrations that do that, but also the careful way they are presented in this book without words. *Wilde dieren* is charming, endearing and also humorous. It's a little gem that appeals to the child in every observer, without being childish. **BvL**

12

15

Vorige / Previous
<< P 36

Volgende / Next
P 54, 116, 122, 148, 162 >>

Blommers & Schumm / Experimental Jetset – Kinderpostzegels 2010

Communicatie / Communication

Ontwerper/Designer
Anuschka Blommers, Niels Schumm & Experimental Jetset

Opdrachtgever/Client
PostNL

Website
www.experimentaljetset.nl
www.blommers-schumm.com

'Laat kinderen leren' is al enkele jaren het thema van de jaarlijkse Kinderpostzegelactie. Stichting Kinderpostzegels Nederland haalt daarmee geld op om kwetsbare kinderen te ondersteunen. De stichting ondersteunt projecten in binnen- en buitenland die de veiligheid en ontwikkeling van kinderen stimuleren.

Het fotografenduo Anuschka Blommers en Niels Schumm, in 2010 uitgenodigd om de postzegels te ontwerpen, besloot het overkoepelende thema letterlijk in beeld te brengen. Ze maakten portretten van jonge kinderen die zichtbaar door iets gefascineerd zijn. Iets buiten het beeld houdt hun aandacht vast, binnen het kader zie je alleen het lerende kind. 'Dát ze iets leren of opnemen, herken je in de expressie', vertelde Schumm in een interview. 'Eigenlijk zijn de foto's onderzoekende beelden, bijna wetenschappelijke benaderingen van observatie. Tegelijkertijd hebben ze een intieme en esthetische waarde.'

Blommers en Schumm zijn sinds hun afstuderen in 1996 veelgevraagde mode- en portretfotografen die worden gewaardeerd om hun eigenzinnige en hyperrealistische stijl van fotograferen. Hun foto's van bij voorkeur niet-professionele modellen in ongebruikelijke posities, zijn een verfrissend alternatief voor wat er doorgaans wordt gemaakt.

De kinderportretten – door de een gemaakt terwijl de ander de aandacht van de kinderen vasthield met rekensommetjes en verhaaltjes – zijn al even vernieuwend ten opzichte van alle eerdere series. Niet eerder werden kinderen zelf op zo'n indringende manier op de zegels in beeld gebracht.

Voor de typografie riepen Blommers & Schumm de expertise van Experimental Jetset in, bestaande uit Erwin Brinkers, Marieke Stolk en Danny van Dungen. Met werk dat voortbouwt op de modernistische traditie, plaatste het trio zich in de afgelopen jaren in de voorhoede van het Nederlands grafisch ontwerp. De typografie voor de kinderpostzegels is exemplarisch voor dit werk. De subtiele en terughoudende oplossing leidt de aandacht niet af van de foto's. **BvL**

Blommers & Schumm/ Experimental Jetset – Children's Stamps 2010

'Let children learn' has been the theme of the annual Children's Stamps campaign for several years now. Stichting Kinderpostzegels Nederland collects money in this way to support at-risk children. The foundation supports national and international projects that encourage the safety and development of children.

The photographer duo Anuschka Blommers and Niels Schumm, who were invited to design the stamps in 2010, decided to illustrate the umbrella theme literally. They made portraits of young children who are clearly fascinated by something. Something outside the picture is holding their attention; within the frame you see only the learning child. 'You recognize that they are learning or picking something up by their expression,' Schumm said in an interview. 'Actually the photos are investigative images, almost scientific approaches to observation. At the same time, they have an intimate and aesthetic quality.'

Blommers and Schumm have been greatly in demand since their graduation in 1996 as fashion and portrait photographers, appreciated for their whimsical and hyperrealistic style of photography. Their photos of preferably non-professional models in unusual positions are a refreshing alternative to what is usually made.

The children's portraits – made by one while the other held the children's attention with arithmetic sums and stories – are equally innovative in comparison with all the previous series. This is the first time that children have been illustrated in such a compelling way on the stamps.

Blommers & Schumm called in the expertise of Experimental Jetset for the typography: Erwin Brinkers, Marieke Stolk and Danny van Dungen. With work that builds on the modernist tradition, the threesome has placed itself on the leading edge of Dutch graphic design in recent years.

The typography for the children's stamps is illustrative of this work. The subtle, restrained solution does not distract attention from the photos and the addition of arithmetic symbols gives the result that extra bit of pithiness that would otherwise have been lacking. **BvL**

LAAT
KINDEREN
LEREN

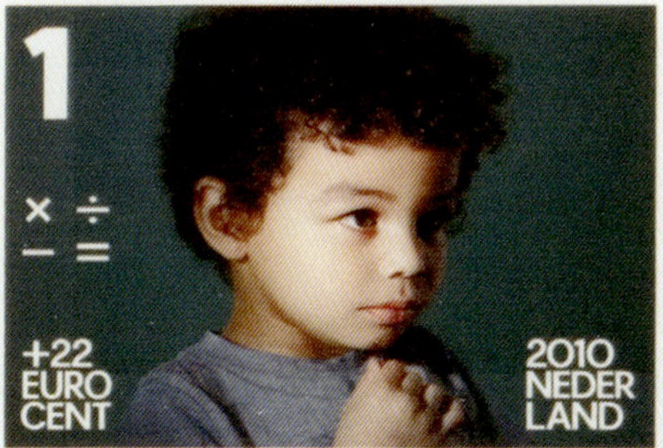

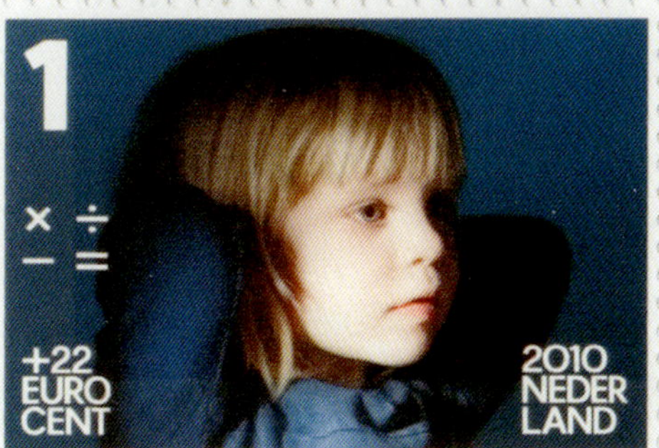

KINDER
POSTZEGELS
2010

Vorige / Previous
<< P 31
Volgende / Next
P 44 >>

Alle prijzen van de HEMA ontwerp-wedstrijd voor de TU Delft

Alle prijzen van de oudste designwedstrijd van Nederland werden deze editie gewonnen door studenten van de Technische Universiteit Delft. Al sinds 1983 schrijft de HEMA een wedstrijd uit onder Nederlandse en Belgische studenten design voor een typisch HEMA-product. Het Nederlandse warenhuis verstaat daar eenvoudig, vernieuwend en betaalbaar onder. Het verlangt een ontwerp voor een product dat het leven makkelijker maakt en liefst ook een beetje vrolijker. En het product zelf moet volgens HEMA duurzaam en tijdloos zijn. Ga er maar aan staan.

Het thema was dit jaar sport en spel, en dat maakt de grote Delftse oogst ogenschijnlijk nog onbegrijpelijker, simpelweg omdat de aankomende ontwerp-ingenieurs over het algemeen niet direct met entertainment worden geassocieerd. Maar schijn bedriegt, want de Delftse faculteit industrieel ontwerpen legt niet alleen de nadruk op vernuftig en goed en dus goedkoop te produceren, maar kent een lange traditie van het ontwerpen van hulpmiddelen en producten voor sport en spel voor mindervaliden.

Dat laatste was nu geen onderdeel van het programma van eisen, getuige ook de eersteprijswinnaar, het onthutsend eenvoudige Tjielp van Astrid Bontenbal. Het productje is een soort vrolijke wasknijper die gebruikt kan worden bij een speurtocht in het bos. De tweede prijs voor Vivian Baas noodt door middel van een kaartenbakje met foto-opdrachten juist tot een tocht door de stad of dorp. De derde prijs was voor Owen Thijssen met zijn 'verkeersbordbasket'. Het vernuftige idee om een net te ontwerpen dat aan een verkeersbord wordt gehangen om zo basketbal te kunnen spelen, verraadt de studentikoze omgeving waarin dit ontwerp tot stand moet zijn gekomen. En ook een beetje de angst van de jury om zo'n semi-illegaal, kwajongensachtig product niet een nog hogere prijs te gunnen. **TdR**

All Awards of the HEMA Design Competition Go to Delft University of Technology

This year, all of the awards of the oldest design competition in the Netherlands were won by students of the Delft University of Technology. Since 1983, the HEMA has organized a competition amongst Dutch and Belgian design students for a typical HEMA product. For the Dutch department store, 'typical' means simple, innovative and affordable. It also looks for a design that makes life easier and preferably a bit more fun, too. And the product itself, according to the HEMA, has to be durable and timeless. No easy matter.

The theme this year was sports and games, which would seem to make the large Delft harvest even more incomprehensible, simply because prospective design engineers are not usually immediately associated with entertainment. But appearances are deceiving, for the TU Delft industrial design department not only emphasizes ingenious and good, and therefore cheap production, but has a long tradition of designing devices and products for sports and games for the disabled.

The latter was not part of the brief, as witnessed by the winner of the first prize, the disconcertingly simple 'Tjielp' by Astrid Bontenbal. The product is a kind of cheerful clothespin that can be used while on a hunting expedition through the woods. The second prize, going to Vivian Baas, comprises an index box of cards with photo instructions that conversely invite you to take a walk through the city or town. The third prize went to Owen Thijssen for his 'road sign basket'. The ingenious idea of hanging a net on a road sign in order to play basketball betrays the student-like environment in which this design must have been conceived. And also a little bit, the jury's fear of awarding a higher prize to such a semi-illegal, mischievous product. **TdR**

ZONE

HEMA
Deel je feestje
anneis11.hema.nl
feestvanjoep.hema.nl
fotoslottesfeestje.hema.nl
foto safari

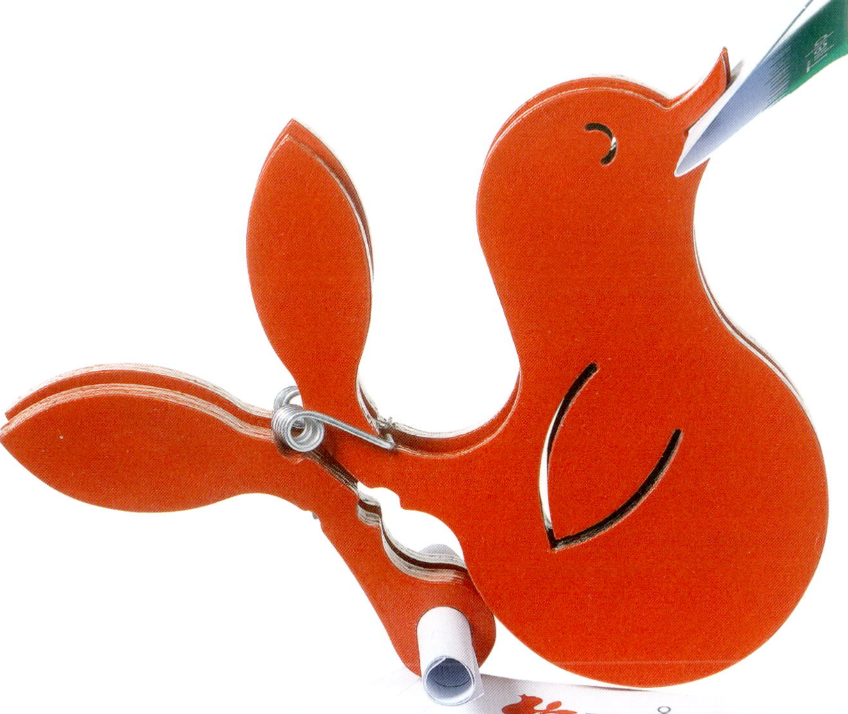
Vul dit bekertje met water en zorg dat het vol aan het einde van de speurtocht komt
Tjielp
HEMA

Volgende / Next
P 62, 110, 112 >>

Roel Wouters, Jonathan Puckey i.s.m. Dirk van Oosterbosch – Flitser.org

Roel Wouters, Jonathan Puckey with Dirk van Oosterbosch – Flitser.org

Communicatie / Communication

Ontwerper/Designer
Roel Wouters, Jonathan Puckey i.s.m./with Dirk van Oosterbosch

Opdrachtgever/Client
Nederlands Instituut voor Mediakunst

Website
www.roelwouters.com
www.jonathanpuckey.com
www.flitser.org

'Een hommage aan de ultieme amateurfoto', zo omschrijft Roel Wouters het sociale fotospeeltje dat hij samen met Jonathan Puckey voor de iPhone4 ontwikkelde. De app werd gemaakt in het kader van het jaarlijkse '5 Days Off'- festival voor elektronische muziek en audiovisuele kunst van het Nederlands Instituut voor Mediakunst (NIMk).

Flitser laat iPhone-bezitters spelen met een verzameling in de spiegel gefotografeerde zelfportretten met de flitser aan. Het programmaatje zet de foto's in zodanige volgorde dat de flitsen in elk beeld samen een animatie opleveren. Zo volgt de flits door de verzameling heen een vinger op het touchscreen of maakt vooraf ingestelde figuren, zoals een cirkel of een golf.

Met de app kunnen mensen ook zelf flitsfoto's aan de collectie toevoegen. Daarvoor moeten ze met hun telefoon een foto van zichzelf maken in de spiegel, waarbij de flits op een door de app aangegeven plek in de foto moet komen. Dat voor elkaar krijgen is een vrolijk spelletje op zich.

Het *Flitser*-project, ook gepresenteerd op de website flitser.org, past onder de noemer van het Conditional Design, waar Wouters en Puckey zich samen met Luna Maurer en Edo Paulus aan verbonden hebben. Daarin is het proces belangrijker dan het uiteindelijke product. Dat is hier zeker het geval. *Flitser* is op het eerste gezicht niet meer dan een betekenisloos speeltje voor de gelukkige bezitters van de nieuwste Apple-telefoon. Maar daarachter steekt een verkenning van de techniek die wel degelijk betekenisvol kan zijn voor toekomstige toepassingen die wellicht als meer relevant zullen worden ervaren. Met dat in het achterhoofd is *Flitser* een fundamenteel ontwerpproject. **BvL**

'A homage to the ultimate amateur photo,' is how Roel Wouters describes the social photo game he developed with Jonathan Puckey for the iPhone 4. The app was made on the occasion of the annual '5 Days Off' festival for electronic music and audiovisual art at the Netherlands Media Art Institute (NIMk).

Flitser allows iPhone owners to play with a collection of self-portraits taken in the mirror using flash. The programme puts the photos into a certain sequence so that the flashes in each image produce an animation. The flash follows a finger on the touchscreen through the collection or makes pre-programmed figures, such as a circle or a wave.

With the app, people can add their own flash photos to the collection. To do that, they have to take a photo of themselves in the mirror with their phone, and the flash has to appear in the photo at a position indicated by the app. Achieving that is a fun game in itself.

The *Flitser* project, also presented on the website flitser.org, falls under the header of Conditional Design, to which Wouters and Puckey have allied themselves together with Luna Maurer and Edo Paulus. For them, the process is more important than the end product. That is certainly the case here. At first sight, *Flitser* is nothing more than a meaningless toy for the lucky owners of the latest Apple phone. But behind it, there is an exploration of technology that really could be meaningful for future applications that will probably be deemed more relevant. With that idea in mind, *Flitser* becomes a fundamental design project. **BvL**

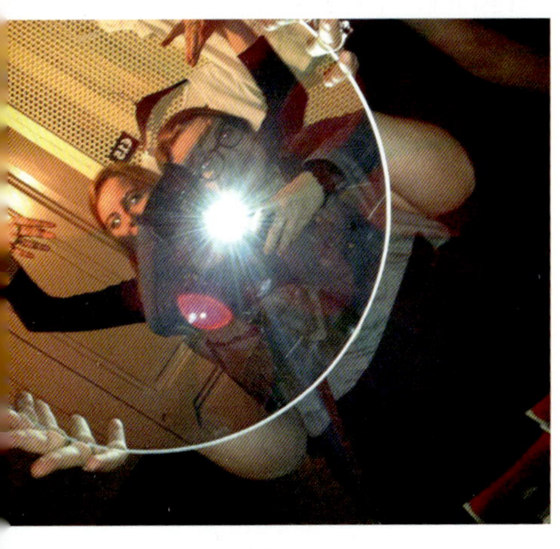

Vorige / Previous
<< P 40

Volgende / Next
P 53 >>

Nieuw instituut voor de creatieve industrie

Het jaar 2011 zal in de annalen van kunst en cultuur geboekstaafd worden als rampjaar, omdat het kabinet heeft besloten om met ingang van 2013 25 procent te bezuinigen op de cultuurbegroting. Dit percentage is een gemiddelde; sommige sectoren worden relatief ontzien, andere zoals de beeldende kunst, moeten meer inleveren. Voor de sectoren vormgeving en architectuur lijkt de schade beperkt, al zullen gerenommeerde postacademische opleidingen in de architectuur- en vormgevingssector, zoals de Jan van Eyck Academie en het Berlage Instituut, in de problemen komen. Ze verliezen namelijk hun subsidie, omdat de staatssecretaris van Cultuur vindt dat de sectoren hun postacademisch onderwijs zelf moeten organiseren en bekostigen. Ook Droog Design, Young Designers + Industry, De Waag en Mediamatic verliezen hun structurele financiële ondersteuning. Ze zullen vanaf 2013 voor ieder project subsidie moeten aanvragen bij het nieuwe Fonds voor de Creatieve Industrie, dat de ministeries van OCW en ELI oprichten. De creatieve industrie is door het ministerie van ELI aangewezen als een van de topsectoren waarin de overheid zal investeren.

Behalve een fonds zal er in 2013 ook een sectorinstituut voor de creatieve industrie worden opgericht, waarin de huidige sectorinstituten voor architectuur, vormgeving en nieuwe media (het Nederlands Architectuurinstituut, Premsela, Nederlands Instituut voor Design en Mode en het Virtueel Platform) zullen samengaan. Het onderbrengen van de drie organisaties in één instelling sluit volgens de staatssecretaris aan op ontwikkelingen in de sector, waarin de verschillen tussen de disciplines vervagen.

De directies van de instituten zijn nu in overleg over de vorm waarin de samenwerking plaatsvindt. Zij hechten eraan dat de staatssecretaris nadrukkelijk schrijft in zijn cultuurnota dat de kracht en de sterke merken van de instellingen behouden blijven, net als de zichtbaarheid van de afzonderlijke disciplines architectuur, vormgeving en nieuwe media. **MV**

New Institute for the Creative Industry

The year 2011 will go down in the history of art and culture as a catastrophic year, because the Dutch cabinet decided to cut 25 per cent of the cultural budget, starting in 2013. This percentage is an average; some sectors will remain relatively unscathed, while others, like visual art, will have to give up more. For the design and architecture sectors, the damage seems limited, although renowned post-academic schools in the architecture and design sector, like the Jan van Eyck Academy and the Berlage Institute will be in trouble. They are losing their subsidy, because the State Secretary of Culture thinks that these sectors should organize and finance their post-academic education themselves. Droog Design, Young Designers + Industry, De Waag and Mediamatic are also losing their structural financial support. As of 2013, they will have to ask for a subsidy for each project from the new Foundation for the Creative Industry, which the Ministry of Education, Culture and Science (OCW) and the Ministry of Economic Affairs, Agriculture and Innovation (ELI) are setting up. The Ministry of ELI has indicated that the creative industry is one of the top sectors in which the government will be investing.

In addition to a foundation, in 2013 a sector institute for the creative industry will be set up, which will absorb the present sector institutes for architecture, design and new media (the Netherlands Architecture Institute, Premsela, the Dutch Institute for Design and Fashion and the Virtueel Platform). According to the State Secretary, putting the three organizations under the umbrella of one institute ties in with developments in this sector, in which the differences between the disciplines are blurring.

The directorates of the institutes are now discussing the form in which the fusion will take place. They adhere to the fact that the State Secretary stated emphatically in his cultural memorandum that the power and strong brands of the institutes should be maintained, just like the visibility of the individual disciplines of architecture, design and new media. **MV**

Max Bruinsma

Langs ongebaande paden

Het design, de wetenschap, ja zelfs de ooit 'vrije' kunsten, worden steeds meer afgerekend – ook letterlijk – op hun bijdrage aan de markteconomie. De creatieve industrie, heet het dan, is een Research and Development-tak van het innovatieve bedrijfsleven. Klinkt mooi en nuttig, maar wat betekent het?

Onderzoek en ontwikkeling – twee begrippen die in de hedendaagse geëconomiseerde cultuur zozeer versmolten zijn dat je haast zou vergeten dat het hier om heel verschillende zaken gaat. Ze spelen zich af in nogal verschillende werelden. Het ene lijkt op het Afrika van Stanley en Livingstone in de negentiende eeuw. Het andere lijkt op Nederland in de vorige eeuw.

Livingstone was op zoek naar de bronnen van de Nijl en leek daarbij verdwaald geraakt te zijn; Stanley was op zoek naar Livingstone. Geen van beiden wist precies waar ze moesten zoeken, maar ze hadden een richting. De één vond iets anders dan wat hij zocht – niet de Nijl, maar de Kongo –, de ander vond na veel omzwervingen en diepgravend onderzoek wie hij wilde vinden: 'Dr. Livingstone, I presume?' Intussen brachten beiden onbeschreven land in kaart, vulden ze witte plekken in. Hun onderzoek was niet ongericht, ze hadden uitgesproken geografische, economische, journalistieke en ideologische motieven en doelstellingen. Maar als echte ontdekkingsreizigers hielden ze niet alleen hun einddoel voor ogen, maar keken ze ook onderweg goed om zich heen. Zo werden niet eerder vermoede meren ontdekt, nooit geziene bergketens beschreven en nieuwe routes opengelegd. Bijvangsten van een speurtocht in onbekend gebied. Belangrijker dan de hamvraag (waar ligt de bron van de Nijl, bijvoorbeeld), was de *what if*-vraag: wat als we die kant eens opgaan? Het feit dat bij die exploraties soms nieuwe en nuttige zaken aan het licht kwamen, leidt wel eens af van de kosten die daarvoor gemaakt zijn, de vele keren dat 'die kant' doodliep, ook letterlijk – het sterftecijfer van dergelijke expedities was bizar hoog, en ook Livingstone overleed uiteindelijk op zo'n *dead end.* Tot de kosten van succesvol onderzoek zou, kortom, ook moeten behoren wat je de 'afschrijving' van onsuccesvolle experimenten kunt noemen, de keren dat *what if*? een teleurstellend *nothing* opleverde.

Ontwikkeling begint pas als je ervan overtuigd bent dat je de goede kant op gaat. Er is een plan en een methode, en er is door onderzoek gestaafd bewijs dat het haalbaar moet zijn. Van Fokker, Philips en DAF tot Bugaboo en TomTom zijn bedrijven pas echt begonnen toen er zicht op was dat hun product ook echt zou verkopen. Geen honderd procent zekerheid natuurlijk, want ook ondernemen is risico's nemen, maar toch, een goede ondernemer koerst op meer dan vage aannames alleen. Het *what if*-moment is

Max Bruinsma

Off the Beaten Track

Design, science and even the once 'autonomous' arts are increasingly assessed – in the pecuniary sense – on their contribution to market economy. The creative industry, so the argument goes, is a research and development branch of innovative business. Sounds nice and useful, but what does it mean?

Research and development – two terms that in contemporary economized culture are so often used in conjunction that one could easily forget they are two quite different things. They occur in two rather different worlds. One looks like Stanley's and Livingstone's Africa in the nineteenth century, the other resembles the Netherlands of the past century.

Livingstone searched for the sources of the Nile and appeared to have gotten lost; Stanley was searching for Livingstone. Neither knew exactly where to look, but they had a direction. One found something other than what he was looking for – not the Nile but the Congo River – the other, after many detours and intensive research, did meet whom he set out to find: 'Dr Livingstone, I presume?' Meanwhile, both mapped uncharted land, filled in blank spots. Their research was not undirected, they had explicit geographical, economical, journalistic and ideological motives and ends. But as genuine explorers they did not merely focus on their final destination, but keenly observed what they passed along the way. Thus they discovered unknown lakes, described mountain ranges that no-one had ever seen and opened up new routes. Collateral gain of the exploration of unknown territory. More important than the central question (for example: Where is the source of the Nile?) was the question of 'what if': What if we went that way? The fact that such explorations sometimes yielded new and useful information tends to distract from the high costs involved, the many times they reached a dead end. Often quite literally – the death toll of such expeditions was bizarrely high and Livingstone himself ultimately died at such a dead end. In other words, the costs of successful research should include what one might call the write-down of unsuccessful experiments, the times when 'what if' resulted in a disappointing 'nothing'.

voor hem gepasseerd. Op vergelijkbare wijze ontstaat de idee van de 'maakbare samenleving', een ontwikkeltraject gestoeld op aannames die op hun beurt weer op onderzoek zijn gebaseerd, maar die voorbij het stadium van *what if*? zijn. Het verschil met de relatieve ongerichtheid van de ontdekkingsreiziger is niet dat de uitkomst zeker is – de Nederlandse samenleving kent tal van 'trajecten' die niet het beoogde doel hebben bereikt. Het verschil zit 'm er vooral in of je de exploratie met dan wel zonder kaart begint.

In het wetenschappelijk onderzoek zie je eenzelfde onderscheid, dat tussen 'fundamenteel' en 'toegepast' onderzoek. Fundamenteel onderzoek begint typisch met de *what if*-vraag. Wat zou er gebeuren als we deze twee stoffen bij elkaar gooien, bijvoorbeeld? Dat mag geklooi met de scheikundedoos lijken, maar ook hier zit (meestal) een vraag, een hypothese achter die het experiment richting geeft. In fundamenteel onderzoek is de *what if*-vraag altijd verbonden met een 'waarom'-vraag, gevolgd door de 'hoe'-vraag. Waarom is koolstof, dat bekendstaat als goede isolator, in laagjes van één atoom dun (grafeen) ineens een heel goede geleider? En vervolgens: hoe krijg je die laagjes zo dun? De vraag wat je eventueel van dat grafeen zou kunnen maken – geleidende coating voor touchscreens of supersnelle computerchips –, komt later. Een van de onderzoekers die de bijzondere eigenschappen van grafeen hebben uitgezocht en uitvonden hoe je dat materiaal op bruikbare schaal kunt maken, is de Russisch-Nederlands-Britse nanonatuurkundige Andre Geim. Hij kreeg voor zijn onderzoek in 2010 een Nobelprijs. Geim staat erom bekend dat hij een deel van de onderzoekstijd van zichzelf en zijn team besteedt aan zogenaamd zij-onderzoek: vrije excursies in onbekend terrein. In een interview zei hij ooit: 'In negenennegentig procent van de gevallen leiden die zijpaadjes nergens toe, maar als je maar vaak genoeg wat probeert vind je ineens gekko-tape uit. Of grafeen!'[1]

Geim bekritiseert de toenemende focus van Europese financiers van fundamenteel onderzoek op toepasbaarheid. 'Onderzoek dat alleen door nieuwsgierigheid wordt gedreven staat onder druk van mensen die menen te weten hoe je wetenschappelijk onderzoek het beste kunt inzetten voor de problemen die de samenleving als cruciaal beschouwt', schreef hij in een brandbrief in *Nature*.[2] Het klinkt mooi, cruciale problemen van de samenleving oplossen, maar in de praktijk komt het er vaak op neer dat toenemend wordt getoetst of onderzoek economisch nut heeft. De nieuwsgierigheid van een bevlogen onderzoeker is echter veel breder. Die antwoordt op de vraag naar het nut iets wat vergelijkbaar is met de beroemde respons van Edmund Hillary toen hem werd gevraagd waarom hij per se de Mount Everest wilde beklimmen: 'Because it's there.' Dat is verbonden met de *what if*-vraag. Je ziet dat die berg er is en vraagt je af hoe het zou zijn om er bovenop te staan. Niet of je daar rijk van wordt.

Metahaven, Affiche Frontière – CAPC Bordeaux

Ook in de kunsten is er sinds lange tijd een vergelijkbare *firewall* tussen 'vrije' en 'gebonden,' 'autonome' en 'toegepaste' gebieden. De autonome kunst houdt zich bezig met de vragen die de kunstenaar zichzelf stelt. De toegepaste kunst verbindt zich met het oplossen van 'cruciale problemen van de samenleving'. Nu is ook hier, net als bij ontdekkingsreizen en wetenschappelijk onderzoek, de grens niet altijd even scherp te trekken, maar grosso modo is hij goed te beschrijven. De autonomie van de kunst is misschien wel het scherpst geformuleerd door Frank Stella, die op de vraag naar wat zijn abstracte werk betekende ooit antwoordde: 'What you see is what you see.' Zijn kunst had geen andere bedoeling dan er te zijn. Daartegenover staat de nog kortere omschrijving van wat goed design is van een van de mannen die het vak in de jaren 1950 status gaven, Raymond Loewy: 'Good design sells.' Waarmee hij maar wilde zeggen dat het belangrijkste probleem dat een ontwerper voor zijn opdrachtgever moet oplossen dat van de verkoopbaarheid is.

Beide quotes zijn in dit verband natuurlijk clichés, maar wat me verontrust is dat vooral de laatste – design als verkoopargument – steeds meer letterlijk wordt genomen en steeds breder wordt toegepast. Zowel het design als de wetenschap, en zelfs de 'autonome' kunst, staan onder toenemende publieke druk om zich te concentreren op hun economisch potentieel. Economisch in de beperkte zin van geld verdienen. Dat is verontrustend, omdat de focus op geld

Metahaven, Affiche Frontière – CAPC Bordeaux

Development only starts when one is convinced that the direction taken is the right one. There is a plan and a method, and there is research-backed proof that the goal should be attainable. From Fokker, Philips and DAF to Bugaboo and TomTom, companies have only really started when there was a realistic perspective on their profitability. Not 100 per cent certainty, of course, for entrepreneurship involves taking risks, but still, a good businessman uses more gauging points than vague assumptions alone. He has passed the 'what if' moment. In a similar way, the idea of a 'makeable society' materializes, a development trajectory based on assumptions that in their turn are grounded in research, but which have passed the 'what if' stage. The difference with the relative undirectedness of the explorers is not that the outcome is certain – Dutch society knows many 'trajectories' that have not reached their intended goal. The difference is most of all whether one starts the exploration with or without a map.

In scientific research one can see a similar distinction, that between 'fundamental' and 'applied' research. Fundamental research typically starts with the 'what if' question. What if we mix these two elements together, for instance? This may look like messing with a chemistry set for kids, but here also there is, mostly, a question, a hypothesis that directs the experiment. In fundamental scientific research the question of 'what if' is always connected to a 'why' question, followed by the question of 'how'. Why is carbon, an element known for its excellent insulating qualities, when reduced to a one-atom-thin layer (graphene) all of a sudden a very good conductor? And subsequently: How can we make layers this thin? The question of what can eventually be made with this graphene – a conductive coating for touch screens, or high-speed computer chips – only comes later. One of the researchers who unveiled the peculiar properties of graphene and discovered how to make it on a usable scale is the Russian/Dutch/British nanoscientist Andre Geim. He received a Nobel Prize for his research in 2010. Geim is known for devoting part of his research and that of his team to 'lateral research', free excursions into unknown territory. In an interview he once said: 'Ninety-nine percent of the time, these lateral paths lead nowhere, but if you try out things often enough, you suddenly invent gecko-tape. Or graphene!'[1]

Geim criticizes the increasing focus of European funders of scientific research on applicability. 'Curiosity-driven research is under siege from those who claim that they know best how to . . . "engage research with the problems that society recognizes as central",' he wrote in a pressing letter to *Nature*.[2] It may sound good, solving 'central problems of society', but in practice, this mostly boils down to an increasing assessment of research in terms of its economical gain. The passionate researcher's curiosity, however, is much broader. It answers the question of gain with something comparable to Edmund Hillary's response when asked why he insisted on climbing Mount Everest: 'Because it's there.' This is linked to the 'what if' question: one sees there is a mountain and wonders what it would be like to stand on top of it. Not whether that's going to make one rich.

In the arts also, there is a similar and long-standing firewall between 'free' and 'committed', 'autonomous' and 'applied' areas. The autonomous arts are engaged with questions the artists ask themselves. The applied arts are committed to solving 'central problems of society'. Of course the boundaries cannot be drawn this easily all the time, in the arts nor in exploration and scientific research, but generally speaking they are well defined. Art's autonomy is perhaps most poignantly articulated by Frank Stella when, asked what his abstract work meant, he replied: 'What you see is what you see.' His art had no other intention than to be there. The contrasting statement on what is good design by one of the men who gave the profession its status in the 1950s, Raymond Loewy, is even more concise: 'Good design sells.' As far as Loewy was concerned, the main problem a designer should solve for his client was making his products sell.

Both quotes are of course clichés in this context, but what worries me is that especially the latter – design as sales argument – is taken more and more literally and is applied more and more widely. Both in design and in science, and even

verdienen, op afzet, meestal leidt tot een keuze voor gebaande paden, voor bekend terrein. En tot kopieergedrag, want de hoge kosten van onderzoek – de afschrijving van de keren dat de *what if*-vraag niets opleverde – kunnen vermeden worden door hen die voortborduren op bekende successen, die gebruikmaken van de kaart die door de echte ontdekkingsreizigers is getekend. Productie, en dus ook onderzoek en ontwerp, wordt meer dan ooit gedreven door opbrengst. Winstmaximalisering bij minimale kosten is het belangrijkste doel van de industrie geworden. De belangrijkste functie van een hedendaags product is zijn capaciteit om mee te liften op de golf van commercieel succes. Goedkope kopieën doen dat door de bank genomen beter dan dure originelen.

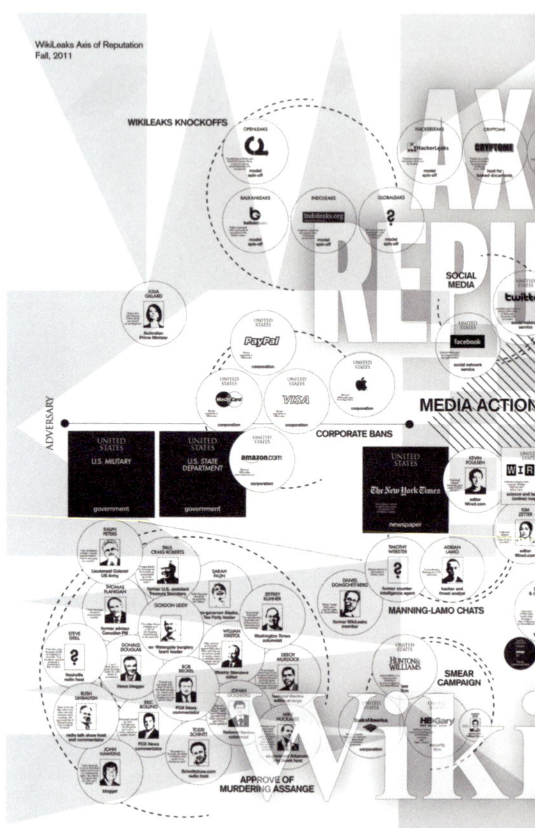

Deze versmalling – of verdomming – van wat in economische termen als functioneel beschouwd wordt, kan in elke supermarkt of interieurwinkel worden ervaren, maar nergens zo intens als op beurzen van consumptiegoederen: eindeloze liftplaatsen. Het meeste van wat hier als 'nieuw' wordt aangeprezen, is volkomen inwisselbaar met de noviteiten van vorig jaar. Het meeste is redundant. Op het eerste gezicht lijkt dit in flagrant contrast met de onderzoekende essentie van het design. Want de geschiedenis van het ontwerpen is toch stevig geworteld in het functionalisme, die culturele ideologie uit het begin van de twintigste eeuw die het uitwieden van redundantie als een van de cruciale opgaves van architectuur, design en productieprocessen zag. Dat kernconcept van het functionalisme lijkt geperverteerd te zijn tot zijn tegendeel: het vieren van redundantie als de meest kosteneffectieve manier om innovatie voor te wenden. In feite gaat het hier echter om een overgesimplificeerde interpretatie van precies die kernwaarde: alles wat vanuit het oogpunt van opbrengst redundant wordt geacht, wordt uit het ontwerp gefilterd. Variatie zonder vastomlijnd doel – dat essentiële mechanisme van de evolutie – wordt geminimaliseerd. Het verkennen van zijpaden wordt als te riskant afgeschaft. De dialectiek van trial-and-error komt schurend tot stilstand. Wat blijft is wat Freud ooit 'het narcisme van het kleine verschil' heeft genoemd.

Nu is onderzoek altijd een vrij marginale culturele activiteit geweest, althans als het gaat om het aantal mensen dat zich ermee onledig houdt en de bedragen die erin worden geïnvesteerd. Zowel in de wetenschap als in de kunsten zijn substantieel veel meer vakmensen bezig met doorontwikkeling, toepassing en vermarkting dan met fundamenteel onderzoek. Toch ligt aan al hun werk het onderzoek van die weinige anderen ten grondslag, de pioniersarbeid die voorheen onbekende gebieden in kaart heeft gebracht. Dat soort onderzoek is altijd maatschappelijk ondersteund geweest, want slechts zeer weinigen hadden middelen genoeg om het op eigen houtje te doen. En zelfs die rijke eenlingen wisten zich mentaal gesteund door de nieuwsgierigheid van hun tijd- en cultuurgenoten. Livingstone, een man van zeer eenvoudige komaf, was niet zomaar een zonderlinge avonturier – eerder een door kerk en overheid goed geoutilleerde representant van een christelijk-imperialistische samenleving die zich als het licht der wereld zag. De motieven achter de maatschappelijke ondersteuning van ontdekkingsreizen, fundamenteel onderzoek en de schone kunsten mogen soms twijfelachtig zijn – morele hybris, nationalistische trots, schaamteloos winstbejag –, een verbindend kenmerk is altijd nieuwsgierigheid naar het onbekende geweest.

Nieuwsgierigheid laat zich niet graag indammen door een gesloten systeem van criteria voor het nut ervan. Dat leidt socioloog en stedenbouwkundige Richard Sennett ertoe te stellen dat ook de keren dat een *what if*-vraag niets oplevert zeer functioneel zijn, niet alleen voor de maker – die het onderwerp van zijn betoog is – maar ook voor de samenleving als geheel: 'Als een experiment op niets uitloopt, zeggen we vaak "dat was nou echt nutteloos". Nu, dat is niet zo. Falen heeft zeer praktische gevolgen voor makers; het zet aan tot heroverweging en herschikking. Ik zou zeggen: alle ruis heeft waarde.'[13] Openstaan voor onvoorziene zijwegen, voor serendipische ontdekkingen, die in uitontwikkelde producten meestal zijn weggeretoucheerd, is een essentie van onderzoek, zowel in de wetenschap als in het design. Een spraakmakend onderzoeker in het gra-

in the 'autonomous' arts, there is a growing public demand that the profession concentrate on its economic viability. Economic in the limited sense of making money. That is worrying because the focus on making money, on sales, mostly leads to a choice for well-trodden paths, for charted territory. And to copying, because the high costs of research – the write-down of the times the 'what if' question yielded nothing – can be avoided by those who elaborate on proven accomplishments, using the maps drawn by the real explorers. Today, more than ever, revenue directs production and thus research and design. Maximizing sales while minimizing costs has become the industry's main goal. The contemporary product's core functionality is its capacity to hitch a ride on the bandwagon of commercial success. Cheap copies are generally better at that than expensive originals.

This narrowing – or dumbing down – of what is considered functional in economic terms can be experienced in any supermarket or retail outlet, but nowhere more intensely than at consumer goods fairs: an infinite switch yard of bandwagons. Most of what is hailed as 'new' here is completely interchangeable with last year's novelties. Most of it is redundant. At first sight, this seems to be in flagrant contradiction with the explorative essence of design. After all, the profession's history is firmly rooted in functionalism, this cultural ideology from the early twentieth century that saw it as one of its central concerns to weed out redundancy from architecture, design and production processes. This central concept of functionalism seems to have been perverted into its opposite: celebrating redundancy as the most cost-effective way to simulate innovation. In fact, however, it is an oversimplified interpretation of exactly this central concern: what is deemed redundant from a revenue point of view is filtered out of the design. Open-ended variation – this essential mechanism of evolution – is minimized. Exploring lateral paths is abandoned as being too risky. The dialectic of trial and error grinds to a halt. What remains is what Freud once called 'the narcissism of the small difference'.

Research, by the way, has always been a rather marginal cultural activity, at least when it comes to the number of people involved and the amounts of money invested. Both in the sciences and in the arts substantially more professionals are involved in further development, application and marketing than there are in fundamental research. Still, the origin of all their work lies in the research of these few others, the pioneering work that mapped previously uncharted territory. This kind of research has always been supported by society, for only very few possessed the means to do it on their own account. And even these rich individuals felt mentally supported by the curiosity of their contemporaries and cultural peers. Livingstone, a man of humble origin, wasn't any old adventurous eccentric – well-equipped by church and state, he was rather a representative of a Christian-imperialist society that considered itself the light of the world. The motives behind the social support for explorative missions, fundamental research and the fine arts may sometimes be dubious – moral hubris, nationalistic pride, blatant pursuit of profit – a binding feature has always been curiosity for the unknown.

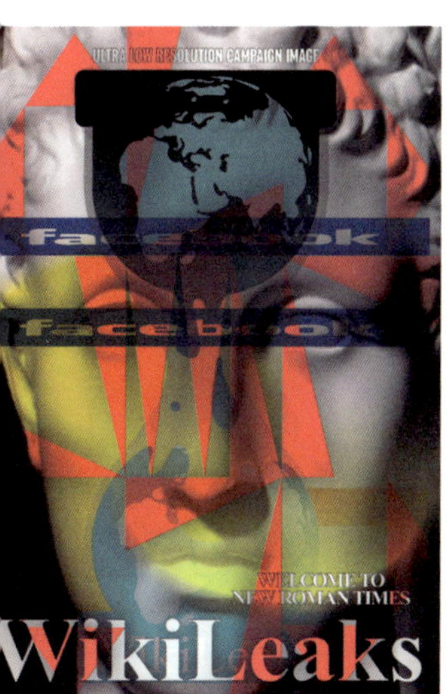

Curiosity tends to defy closed systems of criteria which rule its usefulness. This leads sociologist and urbanist Richard Sennett to state that even the instances the 'what if' question results in nothing are highly functional, not only for makers – the subject of his argument – but also for society at large: 'Oftentimes when we experiment and hit a dead end, we say "now that was useless". Well it isn't. Failure has very practical consequences for makers; it's a way of reconsidering and reconfiguring. I'd say all noise has value.'[3] Being open to unforeseen byways, to serendipic discoveries, which in developed products are often touched up, is an essence of research, in science as well as in design. A prominent researcher in graphic design, Daniel van der Velden – with partner Vinca Kruk founder of Metahaven – bemoans the lack of reflection on unrealized projects, on explorations that have not (yet) found a marketable application. Only architecture ascribes some value to unbuilt projects, as the profession's

fisch ontwerp, Daniël van der Velden (met partner Vinca Kruk oprichter van Metahaven), betreurt het dat in het ontwerpen zo weinig plek is voor reflectie op niet-gerealiseerde ontwerpen, op de exploraties die (nog) geen markttoepassing hebben gevonden. Alleen de architectuur kent enig belang toe aan nooit gebouwde projecten, als de logboeken van ontdekkingsreizigers in het vak. Maar in het grafisch ontwerpen – en voor de meeste andere ontwerpvakken geldt hetzelfde – draait alles om het tastbare eindresultaat, zegt Van der Velden: 'Schetsen zijn niet belangrijk, *pitches* worden weggegooid. Daarmee doet het grafisch ontwerpen zichzelf tekort, omdat het sommige kwaliteiten verliest die in het eindresultaat zijn afgeslepen of weg geargumenteerd.'[4]

Bij het werk van Metahaven krijg je wel eens het idee dat veel van die 'slijpsels' niet voor niets uit regulier grafisch werk zijn verwijderd. Te ver uitgerekte letters, een overdaad aan kleurverlopen, schaduwen en andere cliché-decoraties, gevoegd bij vaak nogal slecht beeldmateriaal uit onduidelijke bronnen – allemaal zaken die een geoefend ontwerper zal proberen te vermijden. Maar al levert Metahavens onderzoek vaak uitingen op die tegen de traditionele professionele en esthetische standaarden ingaan, het brengt wel iets in kaart: niet zozeer onbeschreven terrein als wel verschuivingen in het landschap. Van der Velden behoort intussen tot de meest erudiete kenners van typografie en grafisch ontwerp die ik ontmoet heb, dus hij weet waartegen hij zondigt. Metahavens mentaliteit is dan ook een schoolvoorbeeld van *what if*-denken: we kennen de gebaande paden – goed –, maar wat gebeurt er als we eens een andere kant opgaan? Die andere kant is in Metahavens geval de exploratie, analyse en herschikking van de beeldtalen en verhalen van de hedendaagse gemedieerde visuele cultuur, en die omvat zeer veel meer dan wat de gangbare designvertogen toelaten. Het is een mentaliteit die in eerste instantie gedreven wordt door professionele nieuwsgierigheid, door het verlangen om iets te doen met de enorme hoeveelheid materiaal die zich aan de ontwerper aanbiedt, ook en vooral buiten de grenzen van het welomschreven vakgebied. De potentie van dat materiaal onderzoeken, uit te vinden of je er iets mee kunt – *because it's there* –, is de drijvende kracht achter elk relevant onderzoek.

Metahaven, sjaals

Wie de motiveringen beziet die het huidige innovatie- en cultuurbeleid in Nederland moeten onderbouwen, komt tot de slotsom dat nieuwsgierigheid althans op beleidsniveau een uitgewerkte categorie is. Alle paden zijn beschreven. Wat rest is het verkeer erop zo efficiënt mogelijk te regelen en zo winstgevend mogelijk te maken. Experiment is een hobby geworden voor hen die het zich kunnen permitteren. De rest kan zijn ontdekkingen doen op Discovery Channel. Ondanks regeringsteksten over het belang van de 'creatieve industrie' betekent dit ook voor het design dat de maatschappelijke steun voor experiment is opgedroogd, voor zover de overheid die steun representeert. Want ook de creatieve industrie wordt in dit beleid vooral gezien als aanjager van de economie en minder als gebied waar zich vrij en fundamenteel onderzoek naar de middelen en media van het ontwerpen kan afspelen. Tegenover de disproportionele bezuiniging die de huidige regering op experimentele, onderzoekende en explorerende cultuuruitingen doorvoert, staat een massieve vergroting van de overheidsparticipatie in Research and Development voor het bedrijfsleven. De anderhalf miljard die het Rijk wil uittrekken voor negen 'topsectoren' uit de nationale economie, waaronder de creatieve industrie, gaan exclusief naar die takken van bedrijvigheid waarin Nederland al een voorsprong heeft. Dat het economische succes van die sectoren evenzeer te danken is aan een gedurende lange tijd opgebouwde infrastructuur van wetenschappelijk onderzoek, experimenterend design en kritische kunsten, als aan zakelijk ondernemerschap lijkt geheel vergeten. Dat is merkwaardig voor een cultuur die zich graag laat voorstaan op zijn openheid en nieuwsgierigheid. In zijn essay in *Dutch Heights #2* (2011) gaf de president van de Koninklijke Nederlandse Akademie van Wetenschappen, Robbert Dijkgraaf, blijk van verbazing: 'Vreemd genoeg staat in deze tijd, waarin zo'n beetje alles kan en mogelijk is, de diversiteit van kunst en cultuur onder druk. Er lijkt eerder een regressie naar het gemiddelde plaats te vinden, dan dat er gestimuleerd wordt nieuwe vormen te ontwikkelen.' Ook

explorers' logs. But in graphic design – as in most other design disciplines – everything revolves around a tangible final result. Van der Velden says: 'Sketches are not important, pitches are thrown away. Consequently graphic design deprives itself by losing some of the qualities that are honed or negotiated out of the final result.'[4]

Looking at Metahaven's work one can't help thinking that many of these 'honings' are negotiated out of regular graphic work for a reason. Letters stretched too far, a glut of colour gradients, shadows and other decorational clichés, combined with often rather coarse images from hazy sources – all things a qualified graphic designer will try and avoid. But although Metahaven's research often leads to statements that go against the grain of traditional professional and aesthetic standards, it does map something: not so much uncharted territory, but rather shifts in the landscape. Van der Velden, meanwhile, is one of the most erudite connoisseurs of typography and graphic design I've ever met, so he knows which sins he is committing. Metahaven's mindset is therefore a textbook example of 'what if' thinking: We know the beaten tracks – well – but what would happen if we took a different direction? In Metahaven's case this different direction is to explore, analyse and reconfigure the visual languages and narratives of contemporary mediated visual culture, which comprises rather more than what is admitted by accepted design discourses. It is a mindset that is first of all driven by professional curiosity, by the desire to do something with the enormous amount of material that presents itself to the designer, also and particularly outside the well-defined boundaries of the profession. To explore the potential of this material, to find out whether one can use it – because it's there – is the driving force behind any relevant research.

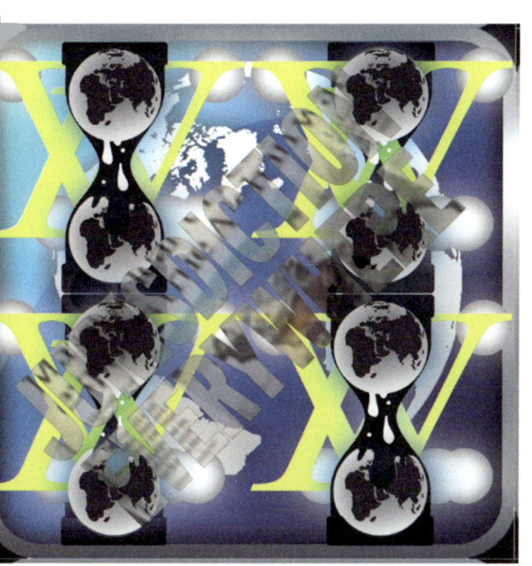

Metahaven, scarves

Anyone who observes the motives that support the current policies of innovation and culture in the Netherlands must conclude that curiosity is an exhausted category as far as policymakers are concerned. All roads have been charted. What remains is to regulate traffic on them as efficiently and profitably as possible. Experimentation has become a hobby for those who can afford it. The rest can engage in exploration on Discovery Channel. Despite government texts about the importance of the 'creative industry' this means that – also for design – the social support for experimentation has dried up, insofar this support is represented by the Dutch government. For in this policy the creative industry is considered mainly as enhancer of the economy rather than as a field in which free and fundamental research into the means and media of design can take place. The counterpart of the disproportional budget cuts the current Dutch government is applying to the experimental, inquisitive and explorative sectors of the arts is a massive increase in government participation in research and development for businesses. The billion-and-a-half euros that the Dutch government intends to allocate to nine 'top sectors' of the national economy, including the creative industry, are exclusively directed to those branches in which the Netherlands already has an edge. That the economic success of these sectors is as much based on a well-established infrastructure of scientific research, experimental design and critical arts as on entrepreneurship seem utterly forgotten. This is remarkable for a culture that prides itself on its openness and inquisitiveness. In his essay in *Dutch Heights* published earlier this year the president of the Royal Dutch Academy of Sciences, Robbert Dijkgraaf, showed his bewilderment: 'Strangely enough, in this day and age in which anything seems possible and feasible, the diversity of the arts and culture is under pressure. One rather sees a regression towards the middle-of-the-road than an encouragement for developing new forms.' Dijkgraaf, too, points to the negative effects of the economization of the arts, design and sciences on what can be termed the evolution of culture and society; the filtering out of economically redundant variation:

> The effect of the market's mechanism on the arts is a reduction of their natural 'biodiversity' – similar to the short-eared owl, which is threatened with extinction, while at the same time there are about a hundred million chickens in the Netherlands. This loss of diversity is more harmful than

Dijkgraaf wijst op de negatieve effecten van de economisering van kunst, design en wetenschap op wat we maar de evolutie van de cultuur en samenleving zullen noemen, het uitfilteren van economisch gezien redundante variatie:

> Onder de werking van de markt vermindert de natuurlijke "biodiversiteit" van de kunsten – net zoals de velduil met uitsterven wordt bedreigt, terwijl er ondertussen zo'n honderd miljoen kippen in Nederland leven. Dit verlies aan verscheidenheid is schadelijker dan de cijfers laten zien. De geschiedenis leert ons dat juist de lange staart van de evolutie de zeldzame elementen bevat die uiteindelijk de grootste veranderingen geven.[5]

Research en development zijn niet hetzelfde, al zijn ze onlosmakelijk met elkaar verbonden: zonder research geen development. Toch blijft het belangrijk het onderscheid te kunnen zien en waarderen. Research and Development wordt nu vaak instrumenteel geïnterpreteerd; het is onderzoek *ten behoeve* van ontwikkeling, waarbij beide gedacht worden als noodzakelijke voorstadia van marktgerichte productie. Maar research als exploratie, als ontdekking, als *curiosity driven*-activiteit zoals Geim zegt, kan niet alleen worden overgelaten aan zonderlingen op zolderkamertjes en genieën in garages. Een samenleving die echt innovatief wil zijn, moet ook de kosten willen dragen van de keren dat *what if?* niet direct iets verkoopbaars oplevert, de keren dat nieuwsgierige onderzoekers zonder kaart op pad gaan en niet weten of ze met iets, of überhaupt, terugkomen.

1 Bo Blanckenburg, in C2W, mei 2010. Zie: boblanckenburg.nl/index.php?pag=artikelen#36.
2 Nature nr. 453, 2008, p. 850.
3 Richard Sennett, in: *Useless Reader*, cat. 'EXD'11, Lissabon: Experimenta Design, 2011.
4 Daniel van der Velden, *1:1:1*, #3, 2011, p. 1.
5 Robbert Dijkgraaf, 'Een pleidooi voor cultuurdiversiteit', in: *Dutch Heights* #2, Heemstede: Stichting Dutch Heights, 2011. Zie ook: items.nl/2011/4/14/holland-op-zn-hoogst.

> figures show. History teaches us that it is the long tail of evolution which contains the rare elements that eventually provoke the biggest changes.[5]

Research and development are not the same, even though they are inextricably linked: without research no development. Still, it remains important to observe and value the difference. Currently, *R&D* is often interpreted in an instrumental way, as research *used for* development, in which both are thought as necessary preliminary stages for market-oriented production. But research as exploration, as discovery, as 'curiosity-driven' activity as Geim says, cannot be left to eccentrics on attics or geniuses in garages alone. A society that wants to be genuinely innovative must be willing to bear the costs of the cases in which 'what if' does not immediately result in something merchantable, the cases when curious explorers set off without a map, not knowing whether they will bring anything back, or return at all.

1 Bo Blanckenburg in C2W' May 2010. See: boblanckenburg.nl/index.php?pag=artikelen#36.
2 Nature no. 453 (2008), 850.
3 Richard Sennett in *Useless Reader*, cat. 'EXD'11, Lissabon: Experimenta Design, 2011.
4 Daniel van der Velden in *1:1:1*, #3, 2011), 1.
5 Robbert Dijkgraaf 'Een pleidooi voor cultuurdiversiteit', in: *Dutch Heights* no. 2 Heemstede: Stichting Dutch Heights, 2011. See: items.nl/2011/4/14/holland-op-zn-hoogst.

Beste Opdrachtgever Award

Zonder goede opdrachtgever geen goede producten. De Dutch Design Awards, die zoals zo veel prijzen in de branche vooral gericht is op de verdiensten van ontwerpers, heeft met de Beste Opdrachtgever Award ook aandacht voor de inspanningen van bedrijven en instellingen tijdens het proces van productontwikkeling. In de praktijk wordt daarmee de vruchtbare relatie tussen ontwerper en opdrachtgever gewaardeerd. De kandidaten in de eindstrijd van 2011 zijn Ahrend, Koninklijke Auping B.V., Muziekgebouw Eindhoven en PostNL.

Genomineerden in deze prijscategorie zijn voorgedragen vanuit het werkveld. Op basis van criteria die het hele samenwerkingsproces tussen ontwerper en opdrachtgever beslaan – van de keuze voor een ontwerper of bureau via de plaats van design in de onderneming tot de ruimte voor creativiteit en het omgaan met vernieuwing – stelde een selectiecommissie van vakgenoten een finale shortlist samen. Uit de motivatie van de selectiecommissie:

'Ahrend werkt continu en consistent samen met verschillende ontwerpers. Design is al jaren een integraal onderdeel van bedrijfsvoering.'

'Auping kiest zorgvuldig voor verschillende ontwerpers waarmee het samenwerkt. Daarbij worden de eisen voor kwaliteit, duurzaamheid en ligcomfort altijd in acht genomen.'

'PostNL heeft een ingewikkeld verandertraject snel ingevoerd. Een goed voorbeeld van de uiterst professionele realisatie van een dergelijk traject.'

'Muziekgebouw Eindhoven is een goed voorbeeld van een intensieve samenwerking tussen bureau en opdrachtgever tijdens een langlopend en omvangrijk proces.'

Winnaars van de voorgaande jaren zijn Royal VKB (2010), CitizenM (2009) en Nlisis (2008). **MV**

Best Client Award

Without good commissioning clients, there would be no good products. The Dutch Design Awards, which like so many awards in the branch are primarily aimed at the merits of designers, also focus, with the Best Client Award, on the efforts of businesses and institutions during the process of product development. This shows appreciation for the fruitful relationship between designer and client in actual practice. The finalists for 2011 are Ahrend, Koninklijke Auping B.V., Muziekgebouw Eindhoven and PostNL.

Nominees in this category are submitted by the field. On the basis of criteria covering the entire collaborative process between designer and client – from the choice of a designer or studio to the place that a company gives to design and the room it offers for creativity in dealing with innovation – a selection committee put together a final shortlist of colleagues. Motivations of the selection committee:

'Ahrend has been collaborating continually and consistently with different designers. Design has been an integral part of its operations for years.'

'Auping carefully selects and works together with a number of designers, always observing the requirements of quality, durability and comfort.'

'PostNL has rapidly implemented a complex process of change. A good example of the extremely professional realization of such a process.'

'Muziekgebouw Eindhoven is a good example of intensive collaboration between studio and client during a lengthy and extensive process.'

Winners of previous years are Royal VKB (2010), CitizenM (2009) and Nlisis (2008). **MV**

Vorige / Previous
<< P 36, 38

Volgende / Next
P 116, 122, 148, 162 >>

Hansje van Halem – Affiches Schrank8 Home Gallery

Grafisch ontwerpster Hansje van Halem stelt sinds 2009 een oude Duitse vitrinekast in haar woonkamer annex studio ter beschikking van kunstenaars voor kleine tentoonstellingen. Elke twee maanden opent zij een nieuwe tentoonstelling in de kast die zij Schrank8 heeft genoemd. Inmiddels hebben kunstenaars en ontwerpers als Bart de Baets, Job Wouters, Michiel Schuurman, Miek Zwamborn en Johan Kauth in het kabinet geëxposeerd. Het duo Pinar & Viola stelde een serie op internet gevonden foto's en fotomontages van gesluierde diva's tentoon.

Hansje van Halem studeerde in 2003 af aan de Gerrit Rietveld Academie in Amsterdam en werkt sindsdien als zelfstandig grafisch ontwerper. In haar werk legt ze een bijzondere belangstelling voor typografie aan de dag en haar boekontwerpen werden herhaalde malen opgenomen in de selectie van de Best Verzorgde Boeken. De affiches die zij maakt ter promotie van de tentoonstellingen in haar huiskamer bieden de ontwerpster complete vrijheid voor het typografisch experiment. De posters balanceren daardoor op de scheidslijn tussen autonome en communicatievormgeving. Het onderzoek in dit tussengebied levert bijzonder drukwerk op en drijft in zekere mate de vernieuwing in het vak.

In de posterserie, door Van Halem zelf gezeefdrukt, draait het om textuur. De tactiele textuur van het papier en de visuele textuur van de typografische illustraties. De letters komen naar voren uit organische structuren die vanzelf lijken te zijn gegroeid. In wit gedrukt op zwart papier, in zwart op zilver of in mintgroen op metallic mosgroen papier levert dat kleine kunstwerkjes op die ondertussen precies doen wat ze moeten doen: in kleine kring communiceren dat er een nieuwe tentoonstelling in de kast staat. **BvL**

Hansje van Halem – Posters Schrank8 Home Gallery

Since 2009, graphic designer Hansje van Halem has made an old German showcase in her living room-cum-studio available to artists for small exhibitions. Every two months she opens a new exhibition in the case she has named Schrank8. Up until now, artists and designers such as Bart de Baets, Job Wouters, Michiel Schuurman, Miek Zwamborn and Johan Kauth have exhibited in the cabinet. The duo Pinar & Viola displayed a series of photos and photomontages of veiled divas they had found on Internet.

Hansje van Halem graduated from the Gerrit Rietveld Academy in Amsterdam in 2003 and has been working as a freelance graphic designer since then. In her work she displays a particular interest in typography and her book designs have been repeatedly included in the selection of the Best Dutch Book Designs. The posters she makes to promote the exhibitions in her living room allow the designer complete freedom for typographical experimentation. As a result, the posters balance on the dividing line between autonomous and communication design. Research in this border area yields unusual printed material and drives innovation in the profession to a certain degree.

The poster series, screen-printed by Van Halem herself, is all about texture: the tactile texture of the paper and the visual texture of the typographical illustrations. The letters emerge from organic structures that seem to have grown of their own accord. Printed in white on black paper, in black on silver or in mint green on metallic moss-green paper, it results in small works of art that do exactly what they are supposed to do along the way: communicate to a small circle that there is a new exhibition in the cabinet. **BvL**

Communicatie / Communication

Ontwerper/Designer
Hansje van Halem

Opdrachtgever/Client
Hansje van Halem

Website
www.schrank8.blogspot.com

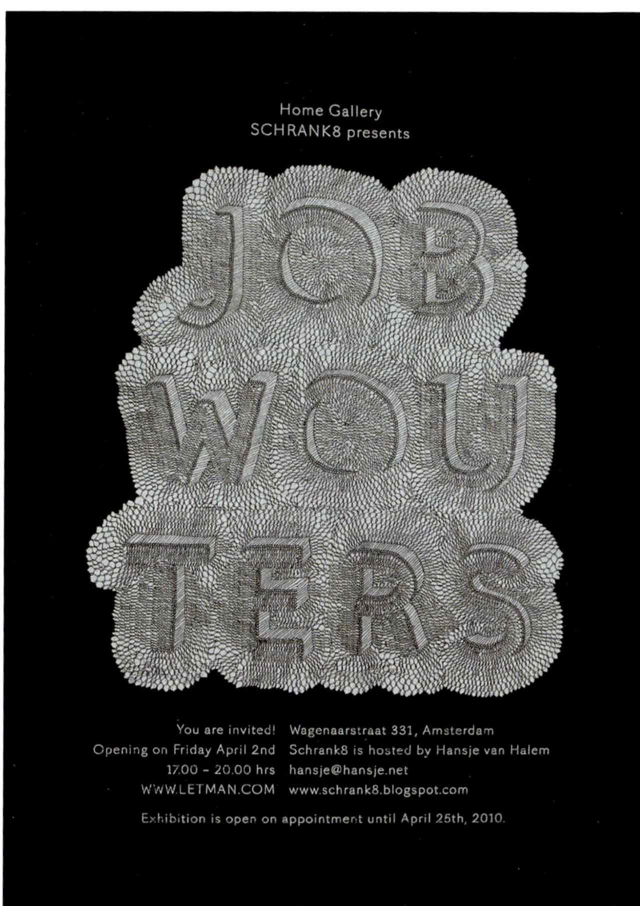
Home Gallery
SCHRANK8 presents
JOB
WOU
TERS
You are invited!
Opening on Friday April 2nd
17.00 – 20.00 hrs
WWW.LETMAN.COM
Wagenaarstraat 331, Amsterdam
Schrank8 is hosted by Hansje van Halem
hansje@hansje.net
www.schrank8.blogspot.com
Exhibition is open on appointment until April 25th, 2010.

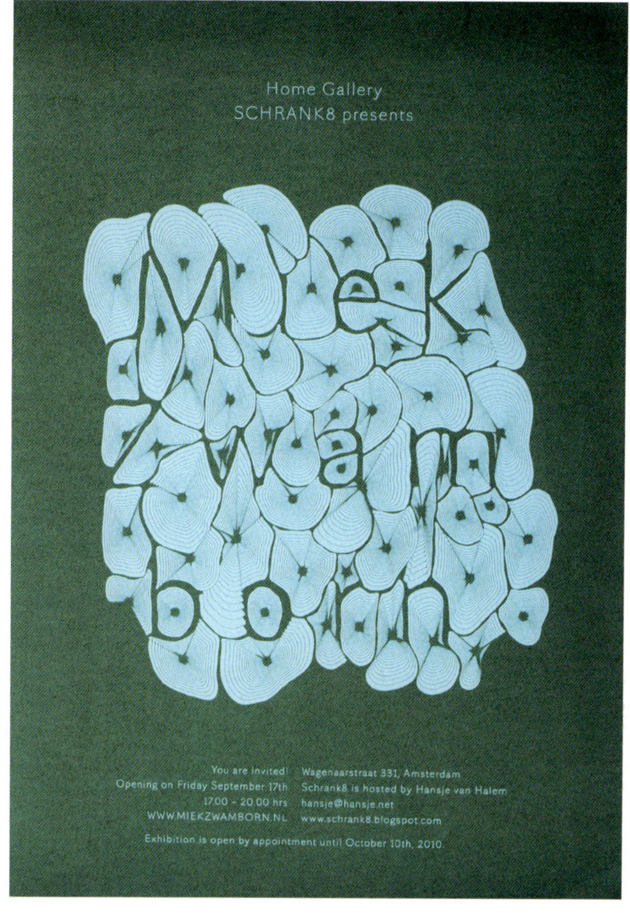
Home Gallery
SCHRANK8 presents
You are invited!
Opening on Friday September 17th
17.00 – 20.00 hrs
WWW.MIEKZWAMBORN.NL
Wagenaarstraat 331, Amsterdam
Schrank8 is hosted by Hansje van Halem
hansje@hansje.net
www.schrank8.blogspot.com
Exhibition is open by appointment until October 10th, 2010.

Home Gallery
SCHRANK8 presents
JO-
HANN
KAUTH
SAN FRANCISCO (USA)
Opening January 20th, 6pm
Exhibition until February 5th, 2011 during
'The Way Beyond Art - Wide White Space' at
CCA Wattis Institute for Contemporary Arts
www.wattis.org
AMSTERDAM (NL)
Opening January 21st, 5pm
Exhibition is open by appointment
until February 11th, 2011 at Hansje van Halem
Wagenaarstraat 331, Amsterdam
hansje@hansje.net
SCHRANK8 is a 1930's showcase cabinet originally from Germany. It's now part of the living room of Hansje van Halem in Amsterdam (NL). Every two months an artist will be invited to fill the shelves of the cabinet.
Works by graphic designer Johann Kauth will be on display for this special edition of SCHRANK8. (Johann doesn't have a website, for an impression try Google.) There will be a showing in two locatios.
www.schrank8.blogspot.com

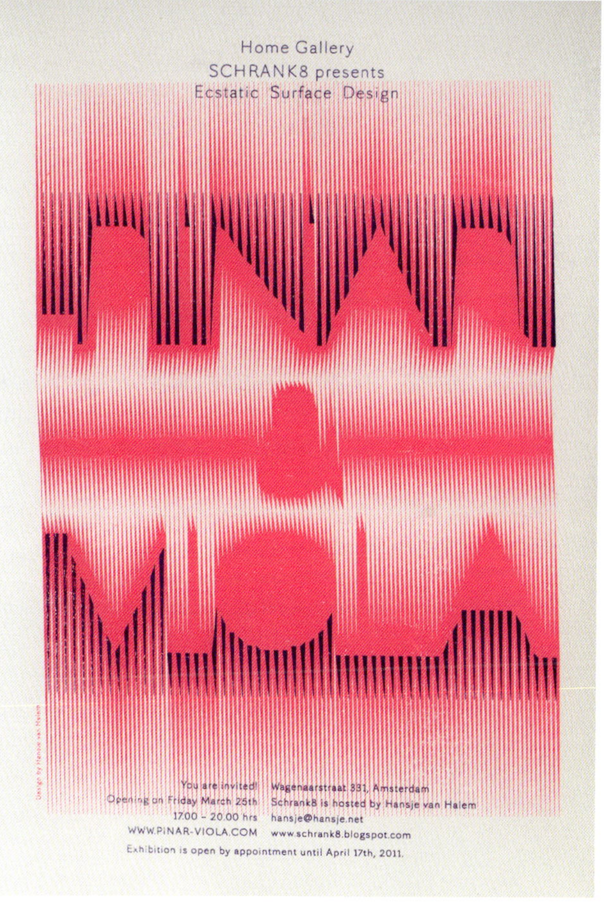
Home Gallery
SCHRANK8 presents
Ecstatic Surface Design
You are invited!
Opening on Friday March 25th
17.00 – 20.00 hrs
WWW.PINAR-VIOLA.COM
Wagenaarstraat 331, Amsterdam
Schrank8 is hosted by Hansje van Halem
hansje@hansje.net
www.schrank8.blogspot.com
Exhibition is open by appointment until April 17th, 2011.

Vorige / Previous
<< P 53

Volgende / Next
P 60 >>

'Scholten & Baijings: Blush – design in full colour'

Tentoonstelling Stedelijk Museum 's-Hertogenbosch
1 mei – 28 augustus 2011

Een beetje in de luwte werken Carole Baijings en Stefan Scholten voor een steeds langer wordende lijst van opdrachtgevers. De Dutch Design-hype gaat aan hen voorbij, omdat ze geen typische conceptuele ontwerpers zijn. Hun werk is daarvoor ook te esthetisch. De design-art-hype lijkt ook niet aan hen besteed, want daarvoor is hun werk te weinig gelikt of spectaculair. Ambachtelijke technieken, kleuren en materialen vormen vaak het uitgangspunt in hun werk. Dat is gestileerd, maar ze zijn geen typische stylisten, die alleen assembleren en niet zelf ontwerpen.

Het Stedelijk Museum 's-Hertogenbosch bood dit jaar voor het eerst een overzicht van tien jaar Scholten en Baijings. De titel van de tentoonstelling legt terecht de nadruk op hun kenmerkende gebruik van kleuren.

Stefan Scholten (1972) werd opgeleid aan de Design Academy Eindhoven, Carole Baijings (1973) is een autodidact wat vormgeving betreft. Ze hebben in hun studio geen vaste taakverdeling, maar meestal komt Scholten met het initiële idee en zorgt Baijings dat dit idee gerealiseerd wordt zoals ze zich dat hebben voorgesteld. Hun ontwerpen voeren ze eerst als papieren modellen uit. Deze manier van werken levert dikwijls nieuwe ideeën op. Handelend denken, noemen ze hun werkwijze, die ze al vijf jaar doceren aan de Design Academy.

Ambachtelijke technieken vormen vaak een uitgangspunt voor hun werk, maar ze blijven niet in het ambachtelijke hangen. Dat was twee jaar geleden goed te zien op de tentoonstelling 'Truly Dutch' in het Zuiderzeemuseum. Scholten en Baijings maakten eigentijdse versies van vijf typisch Nederlandse meubels uit de collectie van dit museum. Daaronder een beschilderde zeventiende-eeuwse Marker kast en een zogenaamde *butte*, een door vissers gebruikte opbergkist. De kast transformeerden zij tot de van fotoprints voorziene Amsterdam Armoire, de butte werd een ecologisch statement over met uitsterving bedreigde dieren. Het exclusieve Engelse meubelmerk Established & Sons nam de kast en de butte op in zijn collectie. **MV**

'Scholten & Baijings: Blush – design in full colour'

Exhibition Stedelijk Museum 's-Hertogenbosch
1 May – 28 August 2011

Carole Baijings and Stefan Scholten work a little out of the mainstream for an increasingly long list of clients. They are not part of the Dutch Design hype, for their work is too aesthetic for them to be regarded as archetypal conceptual designers. Neither does the design-art-hype appear applicable in their regard, as their output is not slick or spectacular enough to be classified as such. Traditional craft techniques, colours and materials frequently form the starting point in Baijing and Scholten's stylized work, although they are not typical stylists who only assemble without designing.

This year the Stedelijk Museum 's-Hertogenbosch has presented the first overview of ten years of work by Scholten and Baijings. The title of the exhibition justifiably emphasizes their characteristic use of colours.

Stefan Scholten (b. 1972) trained at the Design Academy Eindhoven; Carole Baijings (b. 1973) is self-taught in the field of design. Although they do not apply a set division of tasks in their studio, it is generally Scholten who conceives the initial idea and Baijings who ensures that this idea becomes reality. Designs are first produced as paper models, an approach that often generates new ideas. Scholten and Baijings have been teaching this method of working, which they call 'thinking while doing', for five years at the Design Academy.

Although traditional craft techniques often provide the inspiration for Scholten and Baijing's work, they are not fixated on the craft aspect of their work. This was certainly evident two years ago at the 'Truly Dutch' exhibition in the Zuiderzeemuseum, for which Scholten and Baijings produced contemporary versions of five typically Dutch items of furniture from the museum's collection. These included a seventeenth-century painted cabinet from the island of Marken and a *butte*, a storage chest used by fishermen; Scholten and Baijings transformed the cabinet into an Amsterdam Armoire, decorated with photo prints, the *butte* was turned into an ecological statement on animals threatened with extinction. Both cabinet and *butte* have been included by the exclusive English furniture brand Established & Sons in its collection. **MV**

Foto's/Photos
Inga Powilleit

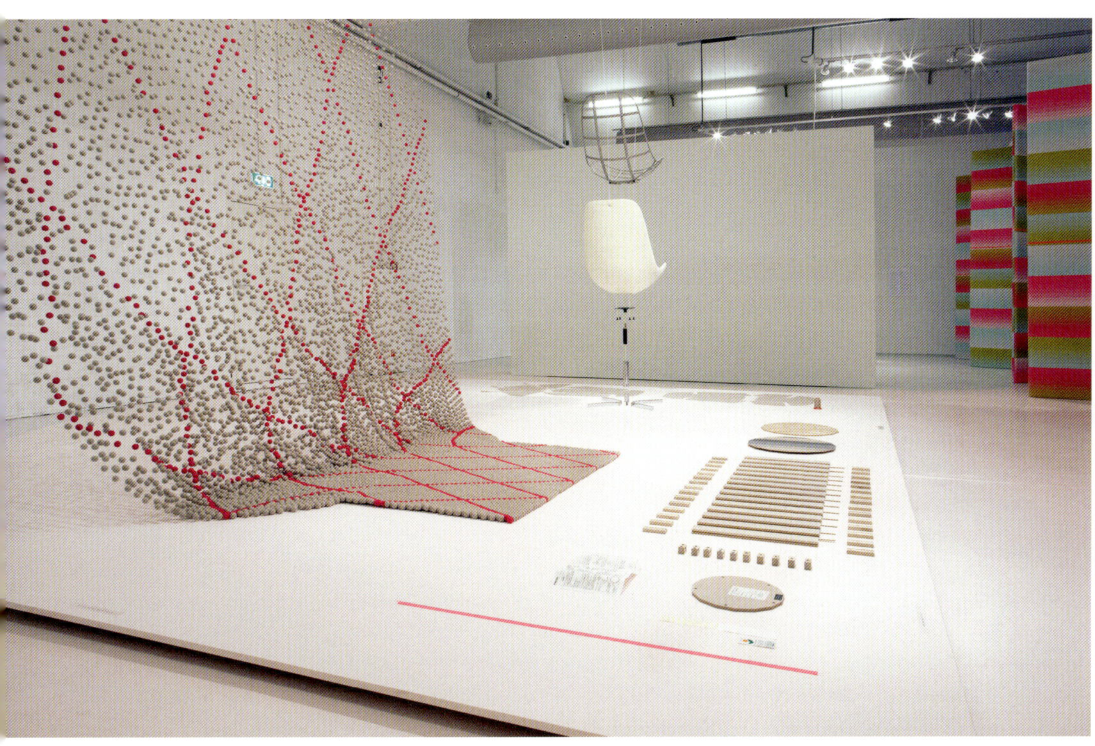

Scholten & Baijings
Blush - design in full colour

Vorige / Previous
<< P 56
Volgende / Next
P 81 >>

'Hella Jongerius – Misfit'

Tentoonstelling Museum Boijmans Van Beuningen, Rotterdam
13 november 2010 – 13 februari 2011

Hella Jongerius was vorig jaar even terug in Rotterdam, de stad die zij in 2009 verwisselde voor Berlijn. Tentoonstellingsmaker en Jongerius-kenner Louise Schouwenberg stelde voor Museum Boijmans Van Beuningen een overzicht samen van bijna twintig jaar ontwerpen door Jongerius. De titel van deze tentoonstelling, 'Misfit', het Engelse woord voor slecht passend of onaangepast, is veelzeggend, want Jongerius lijkt niet zonder een zekere wrijving te kunnen, zowel creatief als zakelijk. Als iets te gemakkelijk loopt, begint zij zich ongemakkelijk te voelen. Daarom sloot zij haar succesvolle studio in Rotterdam – nadat alle medewerkers elders emplooi hadden gevonden – en vestigde zij zich met een assistente in Berlijn. Nederland was haar gaan benauwen en ze leek te vrezen dat het succes zou leiden tot een routinematige herhaling van haar werk. Om dit voor te zijn gooide ze het roer om. *Tapetenwechsel* zouden de Duitsers dit noemen.

Midden jaren negentig brak Jongerius door als een van de ontwerpers van Droog Design, het platform dat bijna synoniem met conceptuele vormgeving is geworden. Bij de conceptuele vormgeving staat het idee voorop en is commercieel succes bijzaak. Jongerius richt zich op de herwaardering van het ambacht. De industriële fabricage levert in haar ogen onpersoonlijke producten op waarmee de gebruiker geen band heeft. In haar meest recente projecten voor onder meer Ikea probeert zij haar ideeën over ambachtelijkheid en authenticiteit te verenigen met massaproductie.

Hella Jongerius had speciaal voor 'Misfit' een installatie van ruim driehonderd vazen ontworpen, elke vaas met een unieke kleur. De bij Koninklijke Tichelaar geproduceerde vazen stonden in cirkels opgesteld op de museumvloer. Dat was vragen om ongelukken, wat prompt gebeurde. Een bezoekster die onwel werd, viel op de *Coloured Vases*. Ruim veertig vazen aan diggelen – een schade van enige tienduizenden euro's. **MV**

'Hella Jongerius – Misfit'

Exhibition Museum Boijmans Van Beuningen, Rotterdam
13 November 2010 – 13 February 2011

Last year Hella Jongerius briefly returned to Rotterdam, the city from which she had relocated to Berlin in 2009. Exhibition producer and Jongerius expert Louise Schouwenberg compiled a retrospective of almost 20 years of design by Jongerius for Museum Boijmans Van Beuningen. The title of this exhibition, 'Misfit', speaks volumes, for Jongerius seems unable to function, either creatively or commercially, without a certain degree of friction: when things go too easily, she begins to feel uncomfortable. This is the reason why she closed her successful studio in Rotterdam, once her colleagues had found other employment, to set up shop with an assistant in Berlin: the Netherlands had begun to oppress her and apparently fearing that success would lead her to routine repetition of her work, she chose to take pre-emptive action by making a complete change. The Germans would call this a *Tapetenwechsel*.

During the mid 1990s Jongerius emerged as one of the designers of Droog Design, the design platform that has become almost synonymous with conceptual design in which the concept is central and commercial success secondary. Jongerius focused on revaluating craftsmanship, for it was her opinion that industrial manufacture produced impersonal products with which users had no connection. In her most recent products, for clients such as Ikea, Jongerius has endeavoured to reconcile her ideas on craftsmanship and authenticity with mass production.

Hella Jongerius designed an installation, *Coloured Vases*, specifically for 'Misfit'. She arranged 300 vases made by the Koninklijke Tichelaar factory, each in a unique colour, in circular configurations on the museum floor. Naturally such an arrangement was asking for trouble, which soon occurred, when a female visitor fell ill and collapsed on *Coloured Vases*. More than 40 vases were smashed, causing damage valued at several tens of thousands of euros. **MV**

Evenement en debat /
Events and Debate

Foto's/Photos
Lotte Stekelenburg
cover: courtesy Phaidon

Hella Jongerius
Misfit
PHAIDON

Vorige / Previous
<< P 42

Volgende / Next
P 110, 112 >>

Catalogtree – Money & Speed: Inside the Black Box (VPRO)

Catalogtree – Money & Speed: Inside the Black Box (VPRO)

Communicatie / Communication

Ontwerper/Designer
Catalogtree, Daniel Gross & Joris Maltha

Opdrachtgever/Client
VPRO Tegenlicht

Website
www.catalogtree.net

Ontwerpen voor de iPad is een van de grootste ontwerpuitdagingen van het moment. Het nieuwe medium moet nog worden verkend, de mogelijkheden uitgetest. Hier kan de ontwerper vrijelijk experimenteren.

De kans om dat experiment aan te gaan, is natuurlijk de droom van elke ontwerper. Geen wonder dat Joris Maltha en Daniel Gross van Catalogtree alles uit de kast haalden bij de productie, samen met Marije Meerman van VPRO's documentaire-rubriek *Tegenlicht*, van de eerste echt voor de iPad geproduceerde documentaire. De TouchDoc *Money & Speed: Inside the Black Box*, waarin televisie- en computerscherm samensmelten, is terecht gepresenteerd als 'een interactieve thriller die zich afspeelt in het hart van de geautomatiseerde financiële wereld'.

Money & Speed is een minutieuze reconstructie van de snelste en diepste daling van de Amerikaanse beurzen ooit, de *flash crash* op 6 mei 2010, die zich in even zo korte tijd weer vrijwel helemaal herstelde. Alles veroorzaakt door volledig geautomatiseerde handelssystemen.

In de TouchDoc worden gesprekken met direct betrokkenen afgewisseld met datavisualisaties en interactieve infographics. Een tijdlijn loopt als een letterlijk rode draad door de hele documentaire en biedt de kijker/gebruiker de mogelijkheid om de gebeurtenissen tot op de milliseconde te volgen en te verkennen. Gedegen onderzoeksjournalistiek gaat hier hand in hand met het beste op het gebied van visuele vertaling van alle opgediepte informatie. Het spannende maar ingewikkelde verhaal is daardoor toch begrijpelijk.

De vormgeving van deze documentaire is daarnaast gewoon heel mooi. Sterk punt is ook dat de geïnterviewden hun uitleg geven aan de hand van dezelfde tijdlijn en de infographics die in de TouchDoc zelf te zien zijn. De vormgeving en de gelaagde presentatie van de informatie versterken zo de inhoud, waarmee het beste uit het medium wordt gehaald. Experiment geslaagd. **BvL**

Designing for the iPad is one of the biggest design challenges at the moment. The new medium still has to be explored, the possibilities tested. Here the designer can experiment freely.

The opportunity to begin this experiment is naturally the dream of every designer. So it is no wonder that Joris Maltha and Daniel Gross of Catalogtree pulled out all the stops for the production of the first documentary genuinely produced for the iPad, together with Marije Meerman of the VPRO's documentary feature *Tegenlicht*. The TouchDoc *Money & Speed: Inside the Black Box*, where television and computer screens melt into one, has correctly been presented as 'an interactive thriller that takes place in the heart of the computerized financial world'.

Money & Speed is a meticulous reconstruction of the fastest and deepest fall ever in the American stock markets, the *flash crash* on 6 May 2010 that almost completely recovered just as quickly. Everything was caused by fully automated trading systems.

In TouchDoc, conversations with people directly involved are alternated with data visualizations and interactive infographics. A timeline literally runs like a thread through the entire documentary and gives the viewer/user the possibility of following and exploring events to the millisecond. Reliable investigative journalism goes hand-in-hand here with the best in visual translation of all the information tracked down. The exciting but complicated story is made comprehensible as a result.

In addition, the design of the documentary just happens to be very attractive. Another strong point is that the people interviewed give their explanation based on the same timeline and infographics that can be seen in the TouchDoc. The design and the layered presentation of the information strengthen the content to such an extent that the best is extracted from the medium. Experiment accomplished. **BvL**

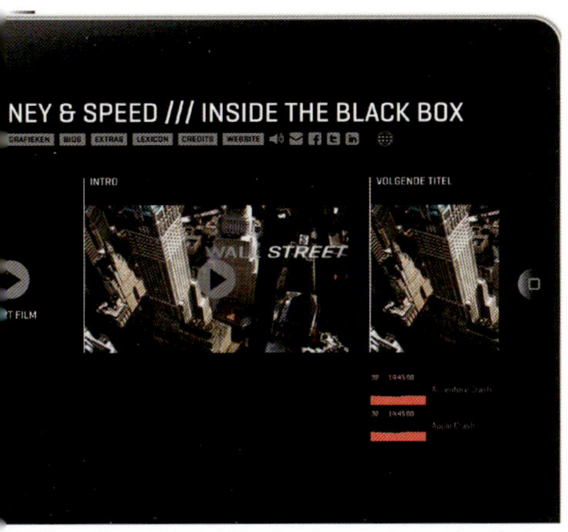
NEY & SPEED /// INSIDE THE BLACK BOX
INTRO
VOLGENDE TITEL
WALL STREET

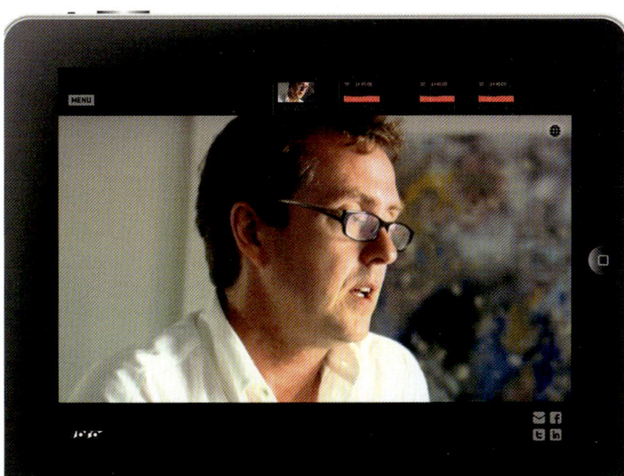

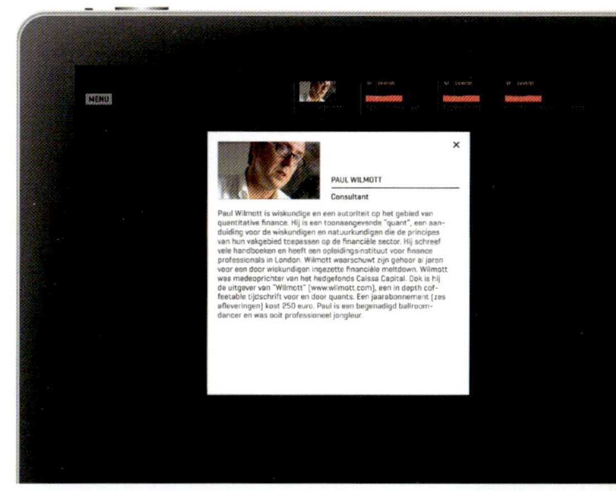

& SPEED /// INSIDE THE BLACK BOX
PERSONEN
EXTRA'S
LEXICON
CREDITS
DE FLASH CRASH
TIME
14:41:44

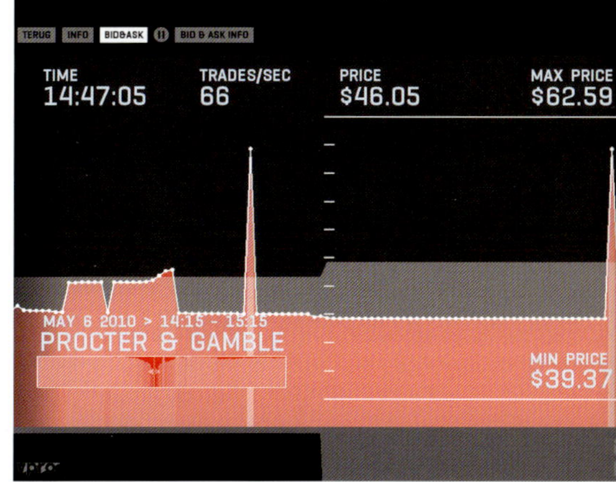
TERUG
INFO
BID&ASK
BID & ASK INFO
TIME
14:47:05
TRADES/SEC
66
PRICE
$46.05
MAX PRICE
$62.59
MAY 6 2010 > 14:15 - 15:15
PROCTER & GAMBLE
MIN PRICE
$39.37

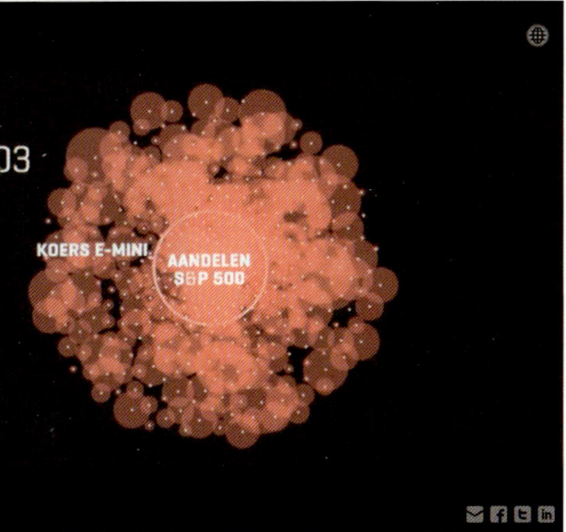
KOERS E-MINI
AANDELEN
S&P 500

Het maakt wel degelijk uit
voor iedereen die handelt.

Dit is het koelsysteem,
je ziet de uitlaat van de generator.

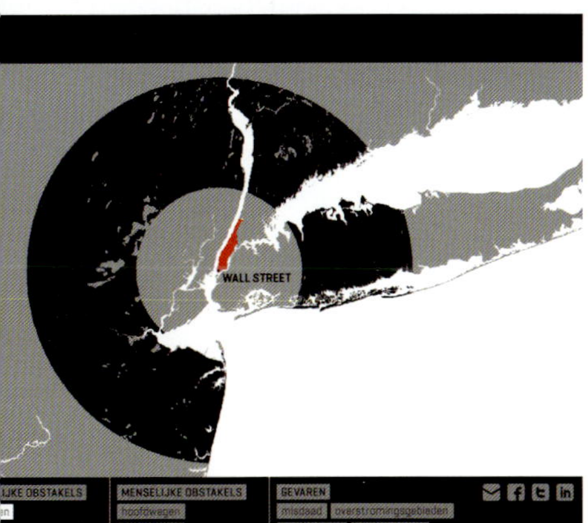
WALL STREET
MENSELIJKE OBSTAKELS
GEVAREN

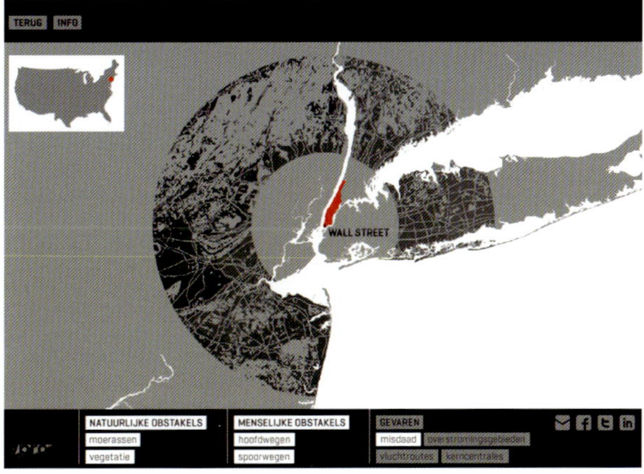
TERUG
INFO
WALL STREET
NATUURLIJKE OBSTAKELS
moerassen
vegetatie
MENSELIJKE OBSTAKELS
hoofdwegen
spoorwegen
GEVAREN
misdaad
overstromingsgebieden
vluchtroutes
kerncentrales

TERUG
INFO
WALL STREET
NATUURLIJKE OBSTAKELS
moerassen
vegetatie
MENSELIJKE OBSTAKELS
hoofdwegen
spoorwegen
GEVAREN
misdaad
overstromingsgebieden
vluchtroutes
kerncentrales

Volgende / Next
P 88, 90, 100, 128, 166, 178, 182 >>

Interieur en publieke ruimte / Interior and Public Space

Ontwerper/Designer
Studio Rolf.fr met/with Zecc Architecten, Rolf, Marnix van der Meer en/and Yffi van den Berg

Opdrachtgever/Client
Yffi en/and Rolf

Website
www.rolf.fr
www.zecc.nl

Foto's/Photos
Frans Hanswijk

Studio Rolf.fr / Zecc – Zwarte Parel

In Rotterdam wordt hard gewerkt aan de transformatie van het bestaande woningaanbod. Naast binnenstedelijke nieuwbouw zijn ook op grote schaal zogenoemde klushuizen in de markt gezet. Deze panden in achterstandswijken worden voor een lage prijs verkocht, maar verplichten de kopers tot grondige verbouwingen. Dat dit uitnodigt tot innovatieve hergebruikontwerpen bewees ontwerper Rolf Bruggink van Studio Rolf.fr met zijn huis de Zwarte Parel.

Om tot een nieuwe 'nulstand' te komen, werden alle binnenwanden en vloeren verwijderd. In de lege huls ontwierp Bruggink een ruimtelijke sculptuur die alle functies organiseert. Het volledig in hout gemetalliseerde element is constructie, ruimtescheiding en meubilair tegelijk. Om het contrast tussen oud en nieuw te versterken, werd bestaand metselwerk zo veel mogelijk in het zicht gehouden. De ruimtelijke zuiverheid van het element wordt versterkt, omdat het zonder overbodige hekjes, trapleuningen en deuren is uitgevoerd.

Op de begane grond bevindt zich een hoog atelier, daarboven begint de woning. Door het pannendak te verwijderen, ontstond ruimte voor een dakterras. Hier bevindt zich een glazen kas met daarin een ligbad. Na een subliem spel van licht, doorkijkjes en optisch bedrog, begint hier de rauwheid van de stad weer.

Door een nieuwe innerlijke structuur te maken, verliest de oude gevel zijn logica. Echter, naar de stad toe behoudt de gevel zijn waarde; de façade representeert een tijdslaag die zichtbaar dient te blijven. Dit hebben de ontwerpers gedaan door raamopeningen in de oude gevel dicht te zetten en het geheel zwart te schilderen. Hierdoor blijft de tektoniek gehandhaafd. Vervolgens doorsneden ze, waar de nieuwe ruimtelijke structuur dat nodig had, de gevel met nieuwe gevelopeningen. Precies zo bepaalde Adolf Loos de positie van ramen in zijn 'Raumplan'-woningen. De Zwarte Parel is klaar voor een nieuwe episode, voor bewoner en wijk. **RJdK**

Studio Rolf.fr / Zecc – Black Pearl

The city of Rotterdam is working hard to transform its existing housing stock. Alongside new urban developments a large number of so-called 'klushuizen' or DIY houses have been put on the market. These houses in deprived areas are sold at low prices, but the buyers are obliged to carry out major refurbishments. With his house the Zwarte Parel (Black Pearl), designer Rolf Bruggink of Studio Rolf.fr has shown that this encourages innovative designs for reuse.

To get back to 'zero', all the partition walls and floors were removed. Inside the empty shell, Bruggink designed a spatial sculpture that organizes all functions. The element, which is made entirely of metallized wood, is structure, partition and furniture in one. To heighten the contrast between old and new, existing brickwork was kept visible wherever possible. The absence of any unnecessary railings, banisters and doors further reinforces the spatial purity of the element.

The ground floor contains a high-ceilinged studio; above it is the residential part of the house. Removal of the tiled roof created space for a roof terrace with a glasshouse containing a bath. Following a sublime play of light, visual corridors and optical illusions, this is where the grittiness of the city takes over again.

The new internal structure has robbed the old façade of its logic. That said, the front elevation retains its meaning towards the city; the façade represents a temporal layer that must remain visible. The designers achieved this by closing the window openings in the old façade and painting the entire surface black, thus retaining the building's tectonics. They then cut new openings into the façade where the new spatial structure demanded it. This is the same method that Adolf Loos used to determine the position of windows in his *Raumplan* dwellings. The Black Pearl is ready for a new chapter, for resident and neighbourhood alike. **RJdK**

ROLF.FR

Volgende / Next
P 70, 84, 86, 102, 106, 138 >>

Interieur en publieke ruimte / Interior and Public Space

Ontwerper/Designer
Rietveld Landscape|Atelier de Lyon, Ronald Rietveld en/and Erick de Lyon

Opdrachtgever/Client
Dienst landelijk gebied/The Dutch Service for Land and Water Management

Website
www.rietveldlandscape.com
www.delyon.nl

Foto's/Photos
Eric de Lyon

Rietveld Landscape| Atelier de Lyon – Bunker 599

De exploded view is een geijkte manier om verschillende lagen van een plan te tonen. Rietveld Landscape|Atelier de Lyon maakte een fysieke exploded view van een van de bunkers van de Nieuwe Hollandse Waterlinie (NHW). De NHW, die loopt van Muiden tot aan de Biesbosch, verloor in 1960 zijn defensieve functie. Sinds 2009 heeft het gebied van de linie met alle militaire elementen daarin een beschermde status van rijksmonument. Het project Bunker 599 nabij Culemborg maakt deel uit van een door Rietveld Landscape|Atelier de Lyon ontwikkelde grotere strategie om de NHW publiek toegankelijk en beleefbaar te maken. De 80 kilometer lange groenstructuur is volgens het bureau bij uitstek geschikt als metropolitaan park voor de dichtbevolkte Randstad.

Het gebied waarin Bunker 599 staat, bevatte een aantal dijken, bunkers en een waterpartij. Het bureau deed een ingreep van weghalen en toevoegen met een grote poëtische lading. Een van de bunkers werd doorsneden door een wandelpad dat tot op het water doorloopt. Het verhoogde pad representeert de waterstand bij inundatie en voert vanaf een dijk dwars door de bunker. Op het water wordt het pad geflankeerd door een dubbele rij palen. De strenge lijn van het pad loopt midden door een bunker. Hiervoor moest de zaag in het beton worden gezet. De indrukwekkende doorsnede, met twee meter dikke wanden, is hierdoor zichtbaar gemaakt. De bunker werd een exploded view. De enkele ingreep plaatst de overige vierhonderd bunkers in een nieuw perspectief. De bunker gaf zijn snede niet zomaar prijs. Er moest vier weken gezaagd worden om een meter beton uit de bunker te verwijderen. **RJdK**

Rietveld Landscape| Atelier de Lyon – Bunker 599

The exploded view is a standard method for showing the different layers of a plan. Rietveld Landscape| Atelier de Lyon has created a physical exploded view of one of the bunkers of the Nieuwe Hollandse Waterlinie (New Dutch Water Defence Line, or NHW). The NHW, which runs from the town of Muiden down to the Biesbosch nature reserve, ceased to be a military defence line in 1960. In 2009 the area encompassing the line and its military elements became a national monument. The project Bunker 599 near Culemborg forms part of a larger strategy developed by Rietveld Landscape|Atelier de Lyon to open up the NHW to the public. According to the landscape architects, the 80-km strip of green space makes a perfect metropolitan park for the densely populated Randstad conurbation.

The immediate surroundings of Bunker 599 include a number of dikes, bunkers and water features. The office made a poetically charged intervention by removing and adding things. One of the bunkers was bisected by a footpath that continues across the water. The raised path, which represents the water level in the event of inundation, runs from a dike straight through the bunker. On the water the path is flanked by a double row of pillars. The path runs in a straight line right through a bunker, which required the use of a concrete saw and revealed an impressive cross section with 2-m-thick walls. In other words, the bunker became an exploded view. This single intervention puts the other 400 bunkers in a fresh light. But the bunker did not reveal its section easily. It took four weeks of sawing to remove 1 m of concrete from the bunker. **RJdK**

Vorige / Previous
<< P 68

Volgende / Next
P 84, 86, 102, 106, 138 >>

Interieur en publieke ruimte / Interior and Public Space

Ontwerper/Designer
RO&AD architecten

Opdrachtgever/Client
Gemeente Bergen op Zoom/ Municipality of Bergen op Zoom

Website
www.ro-ad.org

Foto's/Photos
RO&AD architecten

RO&AD – Voetgangersbrug Fort de Roovere in Halsteren

Ontwerpen is antwoord geven op een vraag. Hoe concreter de vraag, des te beter het antwoord hierop kan aansluiten. Architectenbureau RO&AD werd gevraagd een brug te maken voor verdedigingswerk Fort de Roovere in Halsteren. Het aarden fort maakt onderdeel uit van de West-Brabantse Waterlinie, die momenteel een recreatieve en educatieve functie heeft. Een zeer concrete vraag, waar het bureau echter een wedervraag op formuleerde: waarom zou je een brug maken over een gracht van een verdedigingswerk? Gaat dit niet in tegen de voormalige functie van het fort? RO&AD beantwoordde deze vraag zelf: de verbinding tussen de twee oevers van de gracht dient onzichtbaar te zijn. Het architectenbureau nam de contour van de dwarsdoorsnede van de gracht als uitgangspunt. De brug diende deze contour niet te schaden. Dit resulteerde in een sleuf die dwars door de dijk en de gracht loopt. De verzonken brug drukt het water opzij. Bij het naderen van de 'brug' is deze eerst onzichtbaar, waarna de snede zichtbaar wordt. De bezoekers dalen via een trap af tot meer dan een meter onder de waterspiegel.

RO&AD voerde de hele sleuf uit in hout. Deze keuze benadrukt dat het ontwerp een nieuwe tijdlaag toevoegt aan het fort. Waar verdedigingswerken door hun defensieve functie de associatie oproepen met massieve materialen als beton, daar lijkt het hout uit te nodigen tot betreding. De combinatie van hout en water doet denken aan een schip. Het architectenbureau houdt het zelf bij een bijbelse ervaring: de sleuf maakt het mogelijk om als Mozes door het water te lopen. **RJdK**

RO&AD – Pedestrian Bridge Fort de Roovere in Halsteren

Designing is finding an answer to a question. The more specific the question, the better the answer will be. Architecture firm RO&AD was asked to build a bridge for defensive structure Fort de Roovere in Halsteren. The earthen fort is part of the West-Brabant water defence line, which is now used for leisure and educational purposes. A very specific question, but one that the office answered with another question: Why build a bridge across the moat of a fort? Doesn't this run counter to the fort's original function? RO&AD answered its own question: the link between the two banks of the moat must be invisible. The architecture firm took its inspiration from the contours of the moat's cross section: the bridge was not supposed to violate these contours. This resulted in a trench that runs straight through both the dike and the moat. The sunken bridge pushes the water aside. Upon approach the 'bridge' is invisible until the cut appears. Visitors then descend a staircase to more than a metre below the water level.

RO&AD made the entire trench of timber. This choice underlines the fact that the design adds another temporal layer to the fort. Whereas defensive structures by their very nature evoke associations with solid materials such as concrete, timber looks much more welcoming. The combination of timber and water evokes a ship, but RO&AD itself invokes a biblical experience: the trench enables people to part water like Moses did. **RJdK**

Volgende / Next
P 94, 136, 144, 188, 190 >>

VanBerlo – RESQTEC ProFix Max air-operated struts

Televisiebeelden van aardbevingen, tsunami's, branden, bombardementen en andere rampen laten zien hoe op zeker moment reddingsteams arriveren. Zij zijn in de meeste gevallen gewapend met 'struts': een soort krikken om ingestorte huizen omhoog te krikken en vast te zetten: te 'stempelen'. Deze stoere 'stempel', werkend op geperste lucht, blinkt uit door een bijpassende mooie en functionele detaillering, die in dergelijke professionele producten even wel zelden voorkomt.

De ProFix Max air struts zijn onderdeel van een geïntegreerd systeem voor hef- en stabilisatieapparatuur voor gebruik in noodsituaties. Speciaal is het 'lock'-mechanisme, waarbij de strut geblokkeerd kan worden. De cilinders kunnen in mum van tijd geplaatst worden, vastgezet op elke lengte en tot 14 ton belast worden.

Het verfijnde visuele design geeft het technische product een onderscheidend aanzien en is gebruiksvriendelijk. Ook voor de hulpverleners is het namelijk van essentieel belang dat ze geen kwetsuren oplopen bij het hanteren van de strut.

Het in 1972 gestichte Nederlandse familiebedrijf RESQTEC is marktleider in de 'reddingsindustrie'. Het bedrijf ontwikkelt hydraulische en pneumatische systemen, waarmee ingesloten of beknelde slachtoffers ontzet worden. De afdeling Research & Development werkt bij de ontwikkeling samen met brandweer, politie, militairen en professionele redders om inzicht te krijgen in de eisen die ter plaatse in noodsituaties aan een dergelijk product gesteld worden. Nadien vervolmaken *industrial designers* het tot een goed uitziend, gebruiksvriendelijk product.

Begrijpelijk en verdiend dat de Profix Max strut al eerdere vakbekroningen als de Red Dot en IF Award in de wacht sleepte. **CR**

Product / Product

Ontwerper/Designer
VanBerlo

Opdrachtgever/Client
RESQTEC BV

Website
www.vanberlo.nl

VanBerlo – RESQTEC ProFix Max Air-Operated struts

Television images of earthquakes, tsunamis, fires, bombings and other catastrophes show rescue teams arriving at a certain point. In most cases they are equipped with 'struts', a kind of jack that can lift houses that have collapsed and be locked in place in order to stabilize them. This sturdy strut, which works on compressed air, stands out for its beautiful and functional design, which is hardly ever seen in such professional products.

The ProFix Max air-operated struts are part of an integrated system of lifting and stabilization equipment for use in emergency situations. A special feature is the locking mechanism. The cylinders can be placed in seconds and locked into any desired length in order to support a rate of up to 14 tonnes.

Due to its sophisticated visual design, this technical product nonetheless has a distinctive appearance and is user-friendly. For, of course, it is also essential that relief workers do not become injured when using the strut.

Founded in 1972, the Dutch family business RESQTEC is the market leader in the 'rescue industry'. The company develops hydraulic and pneumatic systems used for rescuing enclosed or trapped victims. Its research and development department works together with the fire brigade, the police, the military and professional rescuers in order to gain insight into the demands that are put on such a product during real-life emergency situations. Then the industrial designers perfect it into a fine-looking, user-friendly product.

Understandably and deservedly, the Profix Max strut has already captured other professional awards: the Red Dot and the IF Award. **CR**

Zwarte zwanen

Een gesprek over de creatieve industrie tussen Victor van der Chijs en Daan Roosegaarde

Victor van der Chijs (1960) werkte ooit bij Schiphol en kwam daar in aanraking met OMA, het bureau van Rem Koolhaas, toen dat een visie op de toekomst van de luchthaven uitwerkte. Enkele jaren later vroeg OMA hem om de bedrijfsstructuur van het bureau te herzien. Inmiddels is dat omgevormd van een intellectueel architectenbureau tot een allround creatieve onderneming.

Daan Roosegaarde (1979) is een kunstenaar van de nieuwe Ne-derlandse digitale generatie. Opgeleid als beeldhouwer aan de AKI in Enschede, verzette hij via twee jaar Berlage Instituut de bakens naar samenwerkingen met modeontwerpers en architecten.

De jurist Van der Chijs werd managing partner van een beroemd internationaal architectenbureau en functioneert voor de Nederlandse overheid als boegbeeld van de creatieve industrie. De kunstenaar Roosegaarde koos niet voor de zolderkamer, maar leidt nu een ontwerpstudio met vestigingen in Nederland en China. Twee zwarte zwanen van de Nederlandse vormgeving praten met elkaar over de werkwijze van hun bureaus, de creatieve industrie, het designonderwijs en de toekomst van het ontwerpen. En over fotomodellen en De Efteling.

Victor van der Chijs Laten we met een conclusie beginnen: we hebben allebei op onze eigen manier een niche gevonden en kennen de luxe om eigen projecten te kunnen doen.

Daan Roosegaarde Misschien is dat zo, maar ik ervaar mijn artistieke praktijk toch niet als een luxe of in ieder geval niet iets wat me overkomen is. Een luxe is die eigen agenda natuurlijk wel – al weet ik nog niet beter – maar je moet hem bevechten, een eigen ruimte creëren.

VdCh Dat ben ik wel met je eens, je moet als je relevant wilt blijven altijd je eigen keuzes maken. Het grootste gevaar voor een bureau als OMA is herhaling, hetzelfde nog een keer doen en dat is steeds een heel reële optie. Juist in situaties van economische tegenwind kan een dergelijke keuze heel lastig zijn. Toen we de bibliotheek van Seattle bouwden waren we beroemder dan ooit, maar tegelijkertijd ging het ons economisch heel slecht. We zaten vol in de *aftermath* van 9/11 en vooral in Amerika werden zowat alle opdrachten uit onze portefeuille geschrapt. Je eigen succes is daarmee tegelijkertijd je grootste valkuil. We konden toen wel tien van dat soort bibliotheken bouwen, we hebben het niet gedaan. Met alle risico's van dien, maar bij OMA vinden we stilstand een nog veel groter gevaar voor een creatieve onderneming. Ons sterkste punt is nee zeggen.

Black Swans

Victor van der Chijs and Daan Roosegaarde in Conversation about the Creative Industry

Victor van der Chijs (b. 1960) once worked at Schiphol Airport. It was there that he came across OMA, Rem Koolhaas's office, which was developing a vision for the airport's future at the time. A few years later OMA asked him to restructure the firm. It has since been transformed from an intellectual architecture practice to an all-round creative enterprise.

Daan Roosegaarde (b. 1979) is a Dutch artist of the new digital generation. Having trained as a sculptor at the AKI in Enschede, after two years at the Berlage Institute he set out on a new course, collaborating with fashion designers and architects.

Lawyer Van der Chijs became a managing partner of a renowned international architecture firm and is the standard bearer of the creative industries for the Dutch government. Artist Daan Roosegaarde forwent the garret for managing a design studio with offices in the Netherlands and China.
Here these two black swans of Dutch design are in conversation about the working methods of their studios, the creative industries, design training and the future of design. As well as fashion models and the theme park the Efteling.

Victor van der Chijs Let's start with a conclusion: we have each in our own way found a niche and enjoy the luxury of working on our own projects.

Daan Roosegaarde You may be right, but I do not experience my artistic practice as a luxury or at least not as something that just happened to me. Of course, it is a luxury to be able to pursue your own agenda – although I am used to it – but you have to fight your corner, create your own space.

VdCh I agree. If you want to remain relevant, you must always make your own choices. The biggest danger facing an office such as OMA is repetition, doing the same thing over and over again, and it's always a very real possibility. In adverse economic conditions, especially, those choices can be extremely difficult. When we were building the Seattle Library we were at the height of our fame, but finan-

1 Victor van der Chijs, Daan Roosegaarde, Timo de Rijk
foto: Daniel Nicholas
2 Daan Roosegaarde, *Dune 4.0*, 2006-2011
3 Daan Roosegaarde, *Sustainable Highway*, 2011
4 Daan Roosegaarde, *Sustainable Dance Floor*, 2008
5 Daan Roosegaarde, *Intimacy*, 2010-2011

DR Ons kunstwerk *Dune* hebben we wel voor verschillende plaatsen geproduceerd, maar steeds aangepast en verbeterd, waarin innovatie en design versmelten. Voor mij heeft *Dune* nu zijn waarde bewezen en alle verzoeken om er een leuke, handzame variant van te maken, die we heel goed over de hele wereld zouden kunnen verkopen, wijzen we af. Ons werk kan als decoratief worden geïnterpreteerd, en daar wil ik zo ver mogelijk vandaan blijven. We willen *copy-morphen*, niet *copy-pasten*. Dat kan alleen als je heel precies weet wat je wel wilt. En dat strookt niet altijd met de agenda's van vragende partijen, dat klopt. Maar jouw visie, jouw insteek hierin creëert juist waarde en authenticiteit.

1

VdCh Het gevaar van een dergelijke eigenzinnige positie is wel dat we soms als moeilijk benaderbaar te boek staan. Het komt voor dat mensen ons met een zekere schroom mailen met het verzoek of we nog wel een villa voor ze willen bouwen. Ja, graag natuurlijk.

DR Haha, OMA is een beetje het fotomodel dat geen vriendje kan krijgen. Ze is zo mooi dat alle jongens denken geen kans bij haar te hebben.

VdCh Het is een mengeling van een eigen koers varen en open kunnen staan voor de dynamiek van de markt. Kijk, wij krijgen geen subsidies, hooguit voor een boek of zo, dus we moeten het zelf verdienen. Dat betekent dat je naar een zakelijk model toe moet, waar de creatieve uren gehonoreerd worden. Soms is dat architectuur, maar vaak ook niet. Binnen AMO, de denktank van OMA, doen we ook onderzoek dat niet gericht is op het ontwerpen van gebouwen. Daar houden we ons bijvoorbeeld bezig met politieke vraagstukken, met een studie naar energie of met een marketingopdracht en in ons perspectief bevruchten al die resultaten ons hele bedrijf. Daarom zijn we bij OMA ook geïnteresseerd in creatieven met een andere achtergrond dan de bouwkunst.

DR Onze projecten hebben ons tot nieuwe en onverwachte samenwerkingen uitgedaagd. Het zit natuurlijk al in mijn eigen achtergrond. Ik ben beeldhouwer die installaties maakt en via het Berlage Instituut ben ik dicht bij de architectuur gekomen. Nu maakt het me niet meer uit of iemand me kunstenaar of ontwerper noemt. We definiëren onze eigen markt met zijn eigen creatieve mogelijkheden, en met ons werk nemen we initiatief en dagen uit. Natuurlijk heb ik te maken met mijn studio, waar mensen werken die ontwerper of techneut zijn, met alle conventies van dien. Maar wie had ooit gedacht dat ik nog eens een kledingstuk zou maken? Dat doen we omdat we uitgedaagd worden door het materiaal en de mogelijkheden zien door samen te werken met een modeontwerper. Dat werd *Intimacy*, dat gemaakt is van materiaal dat ondoorzichtig wordt als je het aanraakt of dichterbij komt. Onze werkwijze botst hard met die van de mode. Die wereld is zo analoog als wat, het gaat er over vorm en materiaal. Het is er nog steeds de wereld van de fax, maar tegelijkertijd vinden ze ons als buitenstaander interessant en word ik uitgenodigd voor shows en jury's.

5

VdCh Het is een cross-over van het soort waar ik veel van verwacht. Het voorbeeld dat jij geeft, speelt nog binnen de creatieve sector, maar de verbindingen tussen sectoren die veel verder uit elkaar liggen zijn misschien moeilijker tot stand te brengen, maar zijn veelbelovend en in potentie bijzonder krachtig. Die cross-overs zijn voor mij de sleutel tot succes. Het zijn juist de onverwachte combinaties die de meest ongelofelijke resultaten opleveren. Ik

1 Victor van der Chijs, Daan Roosegaarde, Timo de Rijk
foto: Daniel Nicholas
2 Daan Roosegaarde, *Dune 4.0*, 2006-2011
3 Daan Roosegaarde, *Sustainable Highway*, 2011
4 Daan Roosegaarde, *Sustainable Dance Floor*, 2008
5 Daan Roosegaarde, *Intimacy*, 2010-2011

2

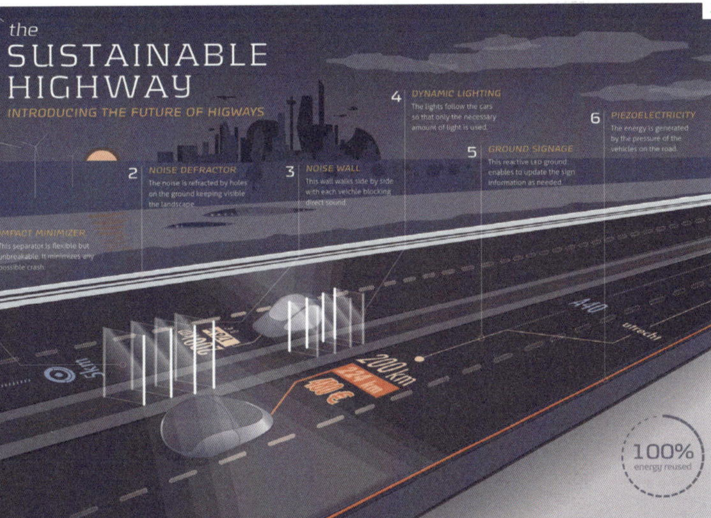

3

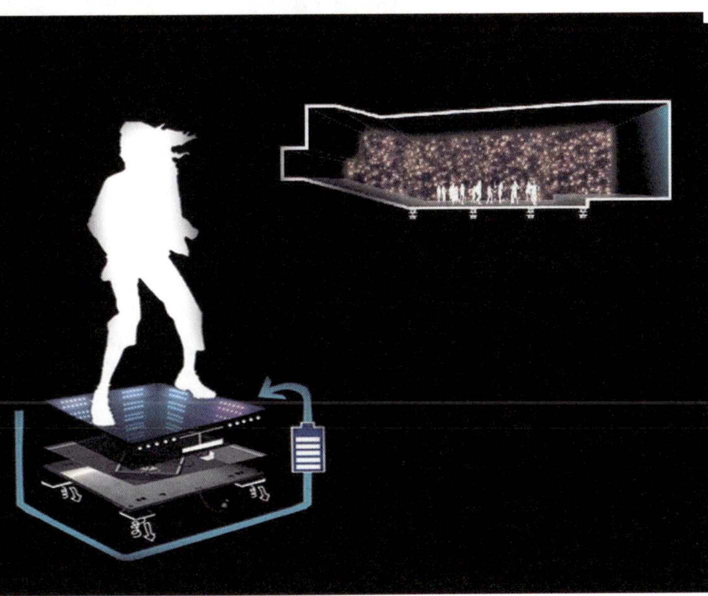
4

cially we were in dire straits. It was the aftermath of 9/11 and in the USA, in particular, just about all of our commissions were being scrapped. Your success becomes your greatest pitfall. We could have built ten libraries like the one in Seattle, but we didn't. It's a risky strategy, but at OMA we think stasis is an even bigger risk for a creative enterprise. Our strongest point is saying no.

DR We adapted our artwork *Dune* to a number of different locations, modifying and improving it each time, combining innovation and design. To me *Dune* has now proven its merit and we are turning down all requests to produce a nice, smaller version that we could sell around the world. Our work could be seen as decorative and I want to steer clear of that. We want to *copy-morph* rather than *copy-paste*. That is possible only if you know exactly what you want. And it isn't always compatible with the agendas of clients, that's true. But your vision, your approach, is what creates value and authenticity.

VdCh Of course the danger of such an idiosyncratic position is that you become known for being inaccessible. It has happened that people mail us rather timidly, asking if we would want to build them a villa. Yes, of course, with pleasure.

DR Haha, OMA is like the model who can't find a boyfriend. She is so beautiful that all the boys think they don't stand a chance.

VdCh It's a combination of steering your own course and being open to the dynamics of the market. Look, we don't receive any subsidies, except perhaps for a book, so we have to pay our own way. That means pursuing a business model in which your creativity is remunerated. Sometimes that is architecture, but not always. Within AMO, OMA's think-tank, we also carry out research that is not aimed at the design of buildings. We work on political issues, for example, or a study of energy or a marketing question. And from our point of view, the research results are of benefit to the entire company. That's why OMA is interested in creative people without a background in architecture.

DR Our projects have provoked new and surprising collaborations. Of course it's in my background. I'm a sculptor who creates installations and the Berlage Institute has brought me to architecture. Now I no longer care whether people call me an artist or a designer. We define our own market with its own creative potential, and our work is pioneering, challenging. Of course I work in a studio, which employs people who are designers or technicians and they all bring their conventions with them. But who would have thought that I'd end up making a fashion item? We do so because we are challenged by the material and were made aware of its potential by collaborating with a fashion designer. This resulted in *Intimacy*, which is made of material that becomes transparent when you either touch it or come closer. Our working method clashes with that of the fashion world. That world is unbelievably analogue; it's all about form and material. They're still using faxes, but at the same time they are intrigued by us as an outsider and I receive invites for shows and juries.

VdCh It's a crossover of the kind of which I have high expectations. While your example is still set within the creative sector, the links between sectors that are much further apart may be more difficult to bring about, but they are promising and potentially extremely powerful. Those crossovers are the key to success for me. It's those surprising combinations that produce the most incredible results. Not long ago I read the book *The Black Swan*, in

las laatst het boek *The Black Swan*, waarin de schrijver Nassim Taleb dat fenomeen van 'the highly improbable' uitlegt aan de hand van het verhaal van de zwarte zwaan, een dier dat tot de ontdekking van Australië niemand in Europa kende en voor iedereen dus letterlijk onvoorstelbaar was. Zo'n zwarte zwaan kon alleen een geverfde witte zijn. De cross-overs met de creatieve industrie gaan dus over dat soort onverwachte *black swans* en niet over de gebruikelijke, planmatige R&D-ontwikkeling.

6 Victor van der Chijs, Daan Roosegaarde
foto: Daniel Nicholas
7 OMA, Zeekracht 15, Masterplan voor de Noordzee
courtesy OMA
8 OMA, Noord-Afrika opgenomen het Europese Energy Grid, uit Roadmap 2050
courtesy OMA
9 OMA, Visualisering van een toekomstige World Energy Grid, uit The Energy Report
courtesy OMA

6

DR Tot onze interessantste projecten van dit moment behoren onze gesprekken met Rijkswaterstaat en met de glastuinbouw in het Westland. We hebben een *Sustainable Dance Floor* gemaakt, en ontwikkelen dit nu door als een *Sustainable Highway*, een snelweg die stroom opwekt als er auto's overheen rijden.
Die tuinders zijn rijke ondernemers die in principe weinig met design hebben. Aan de ene kant zijn ze uiterst conventioneel, maar de mogelijkheden die in hun branche liggen zijn enorm, ook voor ons. We werken nu aan een design opdracht voor kassen bedekt met onze 'Lotus' folie. Overdag vouwt deze folie zich open door de warmte van de zon waardoor de kas zich als een organische techno bloem gedraagt. 's Nachts vouwt deze weer dicht zodat er geen externe lichtvervuiling voor de omgeving meer is. Een waanzinnige combinatie tussen design en innovatie. We moeten meer gaan nadenken over hoe we dit soort engagement kunnen uitlokken, over hoe ons landschap eruit komt te zien en de rol die je als kunstenaar of designer hierin kunt afdwingen.

VdCh Wist je dat de tuinbouw in Nederland model staat voor wat we nu als industriële boegbeelden aan het doen zijn? Het is een zeer succesvolle branche die al decennialang voortdurend innoveert en ook die kennis, variërend van ontwikkeling van zaden tot de techniek van kassenbouw, naar het buitenland exporteert. Voor de landbouw is het Wageningen University Research centre (voorheen Landbouw Universiteit) ook een geweldige aanjager. Wat ooit een hogeschool met een misschien wat stoffig imago was, is nu een krachtige incubator, die innovaties op een commerciële manier in de wereld zet. Het dichtstbevolkte land ter wereld is ook een van de grootste landbouwexporteurs, een paradox die laat zien dat vruchtbare combinaties soms uit een onverwachte hoek kunnen komen.

DR Toch is in verschillende gebieden opereren ook lastig, niet alleen voor de betrokken partijen, maar ook voor de buitenwereld. In een markteconomie moet je vooral de middenlagen van het bedrijfsleven voorbeelden geven en ze laten wennen aan het idee dat elke nieuwe richting een zeker risico met zich meebrengt. Je weet niet of het lukt en je kunt niet exact voorspellen waar je uitkomt. Resultaten uit het verleden bieden geen garanties voor de toekomst, precies. Maar zelfs in de culturele wereld, waar je zou verwachten dat het onverwachte of zelfs ongerijmde gemakkelijk begrepen wordt, is het lastig om op een eenduidige manier de betekenis van een project te communiceren. Ik heb het meegemaakt dat ik aan het begin van de week door een Nederlands fonds werd gediskwalificeerd als een charlatan en aan het einde van de week hadden we een opening van ons werk in de Tate Modern.

10

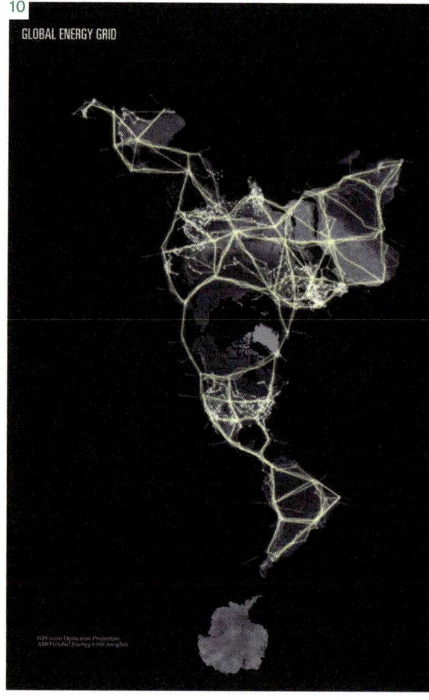

VdCh Toen ik namens de creatieve industrie aan mijn collega-'boegbeelden' uitlegde waar de creatieve industrie voor staat, ontmoette ik nogal wat onbegrip. Een tafel vol beleefd luisterende collega's met wat glazige uitdrukkingen op het gezicht. Je kunt ze hun onbegrip verwijten, maar allereerst zul je serieuze pogingen moeten doen om de potentie van de creatieve industrie te verdui-

6 Victor van der Chijs, Daan Roosegaarde
photo: Daniel Nicholas
7 OMA, Zeekracht 15, Masterplan for the North Sea
courtesy of OMA
8 OMA, Including North Africa in the European Energy Grid, from Roadmap 2050
courtesy of OMA
9 OMA, Visualization of a future World Energy Grid, from The Energy Report
courtesy of OMA

which writer Nassim Taleb explains the phenomenon of 'the highly improbable' using the story of the black swan, a creature that was unknown in Europe until the discovery of Australia and therefore literally unimaginable. Such a black swan could only be a painted white one. The crossovers with the creative industry are all about these kinds of unexpected black swans and not about the usual, systematic R&D.

DR Among our most interesting projects at the moment are our conversations with Rijkswaterstaat, the Dutch department of roads and waterways, and with the greenhouse cultivation sector in the Westland area. We made a *Sustainable Dance Floor* and are now developing this into a *Sustainable Highway*, a highway that generates electricity when cars travel across it. Those greenhouse growers are affluent entrepreneurs who are not really into design. They are extremely conventional in some respects, but the potential of their sector is immense, for them as well as for us. Right now we are working on a design commission for greenhouses covered with the 'Lotus' film. During the day this film unfurls in response to the heat of the sun, which effectively turns the greenhouse into an organic techno flower. At night, it closes up again to prevent external light pollution of the environment. A mind-blowing combination of design and innovation. We need to give more thought to the ways in which we might provoke this kind of engagement, to our changing landscape and to the role artists or designers can carve out for themselves.

7

VdCh Did you know that horticulture in the Netherlands serves as a model for what we are doing as industrial standard bearers? It's a highly successful sector that has been innovative for decades and actually exports that knowledge, ranging from the development of seeds to greenhouse construction techniques. The Wageningen University and Research Centre is also a great catalyst for the agriculture sector. Whereas it used to be a college with a rather musty image, it is now a powerful incubator that markets commercially viable innovations. The world's most densely populated country is also one of the biggest agricultural exporters, a paradox that shows that cross-pollination can come from unexpected corners.

8

DR But having operations in different parts of the world is difficult too, not just for the parties involved, but for the outside world as well. In a market economy it is particularly important to provide middle management with examples and to allow them to get used to the idea that each new direction involves risks. You don't know whether something will be successful and you cannot predict with any certainty where you will end up. Past results provide no future guarantees, exactly. But even in the arts world, where you would think that people are more receptive to the unexpected or even the absurd, it is tricky to convey the meaning of a project in a clear-cut way. Once a Dutch fund dismissed me as a charlatan at the start of the week and later that very same week our work opened at Tate Modern.

VdCh When, on behalf of the creative industry, I explained to the other 'standard bearers' what the creative industry stands for, I was met with a lack of understanding. All these colleagues around the table, listening politely while their eyes glazed over. But before you condemn them for their lack of understanding you'll have to make some serious attempts to explain the potential of the creative industry. You'll have to convince the corporates in the Netherlands of what you've got to offer, and educate them as clients as it were. This may sound old-fashioned and a bit

delijken. Je zult de *corporates* van Nederland mee moeten nemen in wat je te bieden hebt, en hen als opdrachtgever in zekere zin moeten opleiden, dat klinkt wat ouderwets en een beetje paternalistisch, maar zo ligt het wel. De ambitie vanuit onze bedrijfstak moet zijn om creatieven op hoog niveau bij de bedrijven binnen te krijgen, die daardoor met hun *know how* kunnen werken om onverwachte verbintenissen aan te gaan. Dat is wat anders dan vrijblijvende sessies met coaches die oproepen om 'out of the box' te denken.

DR Ben ik met je eens, ons werk kun je gemakkelijk interpreteren als een verzameling mooie gadgets. Die hebben de verhalen van ons nodig om uit te leggen dat de betekenis veel dieper ligt. Het blijven vertellen en genereren van verhalen is cruciaal in onze business, anders ben je leverancier van mooie illustraties en *advertorials*.

VdCh Weet je welk bedrijf in Nederland dat naar mijn mening het beste kan? De Efteling. Dat vind ik een van de beste creatieve bedrijven van Nederland. Zij weten hun publiek op afstand permanent te fascineren. Mijn kinderen zijn al weken geheel in de ban van ons komende uitje, zie dat als bedrijf maar eens voor elkaar te krijgen.

DR Ze weten waarschijnlijk heel goed waar ze mee bezig zijn, al kan dat in opdrachtsituaties juist weer heel lastig zijn. Opdrachtgevers moet je ook de juiste vragen durven stellen, want vaak willen ze wat je al gemaakt hebt. Het *me too-effect* komt overal en altijd voor in het bedrijfsleven. Maar als je je opdrachtgever confronteert met jouw agenda en jouw vragen, dan kan het een heel andere en soms veel vruchtbaardere kant op gaan, met een uitkomst die de opdrachtgever zich vooraf niet voor kon stellen. Daar ontstaat de magie.

VdCh De ambitie van de creatieve industrie moet dus ook zijn om dicht bij het ontwikkelingsproces van de grote bedrijven te zitten. Er bestaat bij de overheid zoiets als hoofdkantorenbeleid, dat wil zeggen dat we de beleidsbepalers en de *decision makers* van de internationale grote bedrijven met hun hoofdkantoren graag hier willen hebben. Van Hewlett Packard tot Shell. Nederland functioneert dan als leverancier van creatieve kennis en daarbij ook als testmarkt. Ons land is zeer compact, de infrastructuur is behoorlijk op orde, we spreken goed Engels en we zijn niet chauvinistisch in onze smaak en cultuur. Dat zijn grote voordelen voor bedrijven.

DR Die situatie komt me al ideaal voor, maar van jonge ontwerpers en kunstenaars verwacht ik meer initiatief en een interesse in het opzoeken van mogelijkheden. Als je tot een nieuwe generatie behoort, die bijvoorbeeld veel kennis heeft van digitale middelen, dan moet je ook zelf verantwoordelijkheid nemen en de nieuwe verbintenissen maken. Wij leiden mensen zelf op, met een stage of een jaarcontract. Blijf jezelf vragen stellen over de toekomst, bijvoorbeeld 'hoe ziet Facebook Square eruit?' Op welke manier zal de de wereld zoals we die nu zo goed kennen, verbonden kunnen worden aan de digitale wereld waarin nog zoveel onbekend is.

VdCh Maar daarin zie ik ook een rol voor het onderwijs, om maar met het begin van het creatieve proces te eindigen. Dat onderwijs is nog veel te weinig gericht op interessante *match making*. Het onderwijs in Nederland is zelf ook niet vragend. Ik heb aan de UvA gestudeerd en nog een postdoctorale opleiding

10 Daan Roosegaarde, Victor van der Chijs
foto: Daniel Nicholas
11 Wageningen University & Research centre, Zeewierteelt op zee
foto: Hans Wolkers
12 Lieke de Jong, *Reis van re-boot*, 2011

11

12

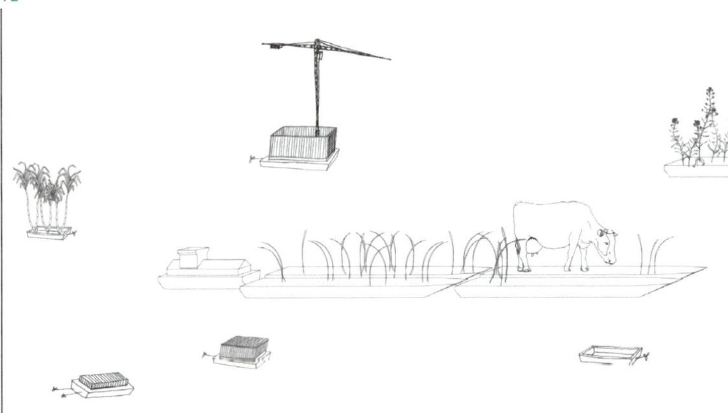

Lieke de Jong, *Reis van re-boot*
afstudeerexamen HKU, 2011
'De wereld bestaat uit de keuzes van slechts een paar mensen: planologen, architecten, ontwerpers en andere invloedrijke personen die voor ons de conditie hebben ontworpen die we normaal vinden. Het frappante is dat wat 'normaal' is, voor ons iets anders is dan in andere werelddelen, zoals China. Mijn ontwerp *Reis van re-boot* is niet een plan om de wereld te verbeteren, maar om de wereld te begrijpen en om, na deconstructie, met een bibliotheek aan elementen nieuwe mogelijkheden te bedenken. Ik verken de wereld aan de hand van de reis en de mogelijkheden van een boot: Re-boot: als in het gebruiken van boten, maar ook als het opnieuw opstarten van een systeem. De acht boeken die ik gemaakt heb, hebben een compacte presentatievorm die je kunt uitklappen tot meterslange onderzoekslijnen, waaruit het plan duidelijk wordt aan de hand van vele verhalende tekeningen en korte teksten.' Lieke de Jong

10 Daan Roosegaarde, Victor van der Chijs photo: Daniel Nicholas
11 Wageningen University & Research centre, Seaweed cultivation on sea photo: Hans Wolkers
12 Lieke de Jong, *Reis van re-boot*, 2011

Lieke de Jong, *Reis van Re-boot*
Final exam, Utrecht School of the Arts (HKU), 2011
'The world is the result of choices made by just a few people: urban planners, architects, designers and other influential persons who have designed the situation that we consider normal. The funny thing is that what is 'normal' for us is entirely different in other parts of the world, such as China. My design *Reis van Re-boot* is not a plan for improving the world but for understanding it better and, after having deconstructed it, using a library of elements to conceive new possibilities. I explore the world by travelling through it by boat, using the possibilities of a 're-boot', the re-starting of a system. The eight books I have produced are a compact form of presentation that you can fold out into meters of investigative lines, which make the plan clear on the basis of many descriptive drawings and short texts.' Lieke de Jong

patronizing, but that's how it is. Our sector must aspire to get high-level creative people into businesses where they can use their know-how for unexpected alliances. It beats the odd session with a coach urging people to think 'outside the box'.

DR I agree. It's easy to see the work of our studio as a set of nice gadgets. They need our stories to explain that their true meaning is much deeper. The on-going generation and telling of stories is crucial to our business, otherwise you're nothing but a supplier of fine illustrations and advertorials.

VdCh Do you know which Dutch company is best at doing that, in my opinion? The Efteling. I believe it's one of the country's best creative businesses. They know how to keep their audience enthralled. My children have been talking about our imminent trip for weeks now. That's the Holy Grail for any business.

DR I'm sure they know exactly what they're doing, although that can be a hindrance too when it comes to commissions. You mustn't be afraid to askclients the right questions, because they often want something you've made before. The 'me too' effect is rife in the corporate world. But if you confront your client with your agenda and your questions, you can head in an entirely different and sometimes far more productive direction, with results that the client couldn't possibly have anticipated. That's where magic is born.

VdCh The creative industry must also aspire to be close to the R&D processes of the big companies. The government has something called 'head office policy', which means that they would like the policy and decision makers of the major multinationals to base their head offices in this country. From Hewlett Packard to Shell. This will make the Netherlands a supplier of creative knowledge as well as a test market. Our country is extremely compact, the infrastructure is decent, our English is good and we are not chauvinistic in our cultural tastes. Those are major advantages for companies.

DR That situation sounds ideal to me, but I still expect young designers and artists to show more initiative and interest in exploring opportunities. When you're part of a new generation, one that knows a lot about digital resources for example, you should take responsibility and establish these new links yourself. We train people ourselves, with a work placement or a one-year contract. Keep asking yourself questions about the future, for example: 'What would Facebook Square look like?' How can the world as we know it so well right now be linked to the digital world in which so much is still uncertain?

VdCh But to conclude with the start of the creative process: I also see a role for the education sector. The education sector still doesn't do enough to facilitate interesting matchmaking. In fact, education in the Netherlands isn't probing enough. I studied at the University of Amsterdam (UvA) and I did a post-graduate degree at INSEAD. Just about every week INSEAD sends me an email with a question, whereas the UvA will send me a glossy brochure with its degree programmes once a year – if I'm lucky. Knowledge is becoming increasingly fluid and tomorrow's creative minds know how to handle this. This creates obligations for the education sector. Education in the Netherlands is fairly good. We boast decent vocational training, even though there is little competition, both between institutions and between pupils and

aan INSEAD gedaan. Van INSEAD krijg ik zowat elke week een mailtje met een vraag, van de UvA als ik geluk heb een keer per jaar een glanzende folder met het onderwijsaanbod. Kennis wordt meer en meer fluïde en de creatief van morgen kan daar mee omgaan. Dat schept ook verplichtingen voor het onderwijs. Het onderwijs in Nederland is redelijk goed. We hebben een behoorlijk (kunst)vakonderwijs, al kent het nog weinig competitie, zowel onderling als voor de scholieren en studenten. Als we om te beginnen maar eens af zouden kunnen van dat perverse financieringsmodel. Opleidingen krijgen geld voor output, voor aantallen afgeleverde studenten. Dat is vragen om moeilijkheden, sterker nog, die zijn er natuurlijk al volop. Onderwijs moet geld krijgen voor kwaliteit, en voor een wezenlijke bijdrage aan de creatieve kennisinnovatie van Nederland.

DR Ja, blijven onderzoeken en creëren, want deze nieuwe wereld wacht niet op ons.

students. If only, to begin with, we could get rid of that perverse funding model. Institutions receive money for output, for the numbers of graduating students. That's asking for trouble; in fact, there's plenty of trouble already. The education sector should receive money for quality, and for making an actual contribution to creative innovation in the Netherlands.

DR Yes, keep researching and keep creating, because this new world won't wait for us.

Balancing Barn trotseert de zwaartekracht

De Brits-Zwitserse filosoof Alain de Botton is een fan van de Nederlandse architectuur. Dat gaat zelfs zover dat hij voor zijn televisieprogramma *The Perfect Home* de bewoners van een truttige Engelse nieuwbouwwoning meevoerde naar Nederland om hun te laten zien dat een betaalbaar huis ook een bijzondere architectuur kan hebben. Helemaal overtuigd was het Engelse echtpaar niet, maar men was wel geïntrigeerd.

Sinds dit jaar hoeft De Botton niet meer naar Nederland om zijn landgenoten kennis te laten maken met de Nederlandse woningbouwarchitectuur. Zij kunnen een week de Balancing Barn in het graafschap Suffolk huren om zelf te ervaren hoe het is in een bijzonder huis te wonen. De door architectenbureau MVRDV ontworpen Balancing Barn is het eerste huis van De Bottons project 'Living Architecture'. Hij wil mensen in contact brengen met architectuur en de beste manier volgens hem is deze aan den lijve te ervaren. Er zijn nu drie huizen gereed en aan nog eens drie wordt gewerkt.

De dertig meter lange Balancing Barn lijkt de wet van de zwaartekracht te willen trotseren, want het hangt voor de helft in de lucht. Iets wat MVRDV eerder deed bij een appartementengebouw in Amsterdam. Architect Winy Maas heeft het huis in het landschap willen persen zonder dat het de grond zou aanraken. Het ontwerp van het interieur is verzorgd door Studio Makkink & Bey, die zowel eigen meubels als die van andere ontwerpers hebben toegepast, veelal Nederlanders, zoals Gerrit Rietveld, Ineke Hans, Christien Meindertsma en Hella Jongerius. Aan de muren hangen door Jurgen Bey bewerkte schilderijen van Constable en Gainsborough, die beiden uit Suffolk kwamen. De Botton wilde nadrukkelijk een Nederlandse stijl voor de Balancing Barn. 'We wilden het beste van de Nederlandse vormgeving laten zien, opdat er alom een Nederlands gevoel zou heersen.' **MV**

Balancing Barn Defies Gravity

The British-Swiss philosopher Alain de Botton is a great fan of Dutch architecture. He even went so far as to bring the residents of a frumpy new English house to the Netherlands for his television program *The Perfect Home*, in order to show them that an affordable house can also have unusual architecture. Although the English couple were not totally convinced, they were definitely intrigued.

As of this year, De Botton no longer needs to take his compatriots to the Netherlands in order to introduce them to Dutch residential architecture. They can rent the Balancing Barn in the County of Suffolk for a week so as to experience for themselves how it is to live in an unusual house. The Balancing Barn, designed by the architecture firm MVRDV, is the first home in De Botton's 'Living Architecture' project. He wants to bring people in contact with special architecture, and the best way, he feels, is for them to experience it in person. Three homes are now ready, with another three still under construction.

The 30-meter-long Balancing Barn seems bent on defying the laws of gravity, for half of it hangs in the air – something which MVRDV had also previously done with an apartment building in Amsterdam. Architect Winy Maas wanted to incorporate the house within the landscape without having it touch the ground. The interior design is by Studio Makkink & Bey, who utilized both their own furniture and that of other, mostly Dutch, designers, such as Gerrit Rietveld, Ineke Hans, Christien Meindertsma and Hella Jongerius. Hanging on the walls are adaptations made by Jurgen Bey of paintings by Constable and Gainsborough, who both came from Suffolk. De Botton specifically wanted a Dutch style for the Balancing Barn. 'We wanted to show the best of Dutch design, so that a Dutch atmosphere would predominate all around.' **MV**

Foto's/Photos
Edmund Sumner
courtesy MVRDV,
Living Architecture

Vorige / Previous
<< P 68, 70

Volgende / Next
P 86, 102, 106, 138 >>

VHP – Walstroomkasten Drechtsteden

VHP – Shore Supply Units Drechtsteden

Ontwerper/Designer
VHP stedebouwkundigen + architekten + landschapsarchitekten, Dirry de Bruin

Opdrachtgever/Client
Gemeenschappelijke Regeling Drechtsteden

Website
www.vhp.nl

Foto's/Photos
Jeroen Musch

Ontwerp en beleid gaan hand in hand in de regio Drechtsteden. Architectenbureau VHP ontwierp ten behoeve van het Regionaal Programma Luchtkwaliteit uniforme walstroomkasten voor binnenschepen. De Oude Maas, Noord- en Beneden-Merwede, die de regio Drechtsteden aaneenrijgen, zijn drukbevaren. Veel kades liggen in het bewoond gebied van Alblasserdam, Dordrecht, Papendrecht, Sliedrecht en Zwijndrecht. Binnenvaartschepen zijn in principe zelfvoorzienend. Als ze aangemeerd liggen, zorgt een dieselgenerator voor de stroomopwekking. De generatoren veroorzaken geluidsoverlast en stoten CO_2, NO_2 en fijnstof uit. Om dit tegen te gaan, geldt in de regio Drechtsteden voor alle ligplaatsen een verbod op het gebruik van dieselgeneratoren. De schippers kunnen nu bij 35 walstroomkasten hun stroom aftappen.

VHP ontwierp een vijfkoppige 'familie' van stalen kasten. De verschillende verschijningsvormen van de kasten komen voort uit de wisselende functionaliteitseisen en aanleidingen uit de omgeving van de betreffende kade. Elke kast heeft een nummer, dat duidelijk zichtbaar op de kast aanwezig is. De kasten duiken op met geïntegreerde zitbank, als hele of halve tafel, als blok en als laadpaal. Ook is er een transformatorstation. De detaillering van het staal is verzorgd en robuust. De kasten zijn door de schippers met een eigen sleutel te openen, een computersysteem houdt het persoonlijke verbruik bij en regelt de facturering.

De betekenis van de walstroomkasten reikt verder dan de vormgeving van de individuele objecten. De walstroomkasten staan voor de ambitie van de regio Drechtsteden om het leefmilieu te verbeteren en zijn door hun uiterlijk duidelijk herkenbaar. Om klimaatambities te bereiken is in dit geval over stadsgrenzen heengekeken. Goed ontwerp is hierbij een voorname voorwaarde voor succes. **RJdK**

Design and policy go hand in hand in the Drechtsteden region. Architecture firm VHP designed a set of uniform shore supply units for inland navigation for the Regionaal Programma Luchtkwaliteit (Regional Air Quality Programme). The rivers Oude Maas, Noord-Merwede and Beneden-Merwede, which string together the Drechtsteden region, are busy shipping routes. Many of the quays are in the built-up areas of Alblasserdam, Dordrecht, Papendrecht, Sliedrecht and Zwijndrecht. Inland vessels are in principle self-sufficient. When moored, a diesel generator provides electricity. But these generators are noisy and emit CO_2, NO_2 and particulates. To combat such pollution the Drechtsteden region has issued a ban on the use of diesel generators at all mooring places. Instead, the skippers can now draw their power from 35 shore supply units.

VHP designed a five-headed 'family' of steel units. The various shapes are informed by the different requirements and local circumstances of each quay. Each unit has a number, which is clearly displayed. The units come in the shape of an integrated bench, a whole or half table, a block or a charging point. There is a substation as well. The steel boasts smart and robust detailing. Skippers have keys to open the units, while a computer system tracks use and generates bills.

The significance of these shore supply units exceeds the design of the individual objects. These striking objects embody the region's environmental ambitions. To achieve its climate targets the region has looked beyond city borders and has met one of the key conditions for success: a strong design. **RJdK**

ASTRA
208

Vorige / Previous
<< P 68, 70, 84

Volgende / Next
P 102, 106, 138 >>

Interieur en publieke ruimte /
Interior and Public Space

Ontwerper/Designer
Observatorium

Opdrachtgever/Client
Emschergenossenschaft/
EMSCHERKUNST.2010

Website
www.observatorium.org

Foto's/Photos
Roman Mensing/artdoc.de

Observatorium – Warten auf den Fluss

Ontwerpers spelen vaak in op de context als ze een ontwerp maken. In het geval van het tijdelijk gastenverblijf dat Observatorium ontwierp voor de manifestatie 'EMSCHERKUNST.2010' namen de kunstenaars een nog niet bestaande context als uitgangspunt. De locatie betreft de oever van de rivier de Emscher in het Ruhrgebied. De rivier is ingedamd en diende decennialang als open riool. Een weinig aantrekkelijk gegeven. Nu transformeert de hele regio van industriegebied tot dienstengebied, met een schrijnende krimp als gevolg. De transformatie voedt de noodzaak om industriële en verguisde plekken in een nieuw daglicht te zetten. Onderdeel van de transitie is een grootschalig landschapsbeheerplan, de 'Renaturierung', dat ertoe leidt dat op sommige plaatsen de rivier weer zijn oorspronkelijke oeverbreedte en meanderende karakter terugkrijgt. Om dat gegeven alvast in het geheugen van de bewoners te verankeren, ontwierp Observatorium een houten brug met zes hotelkamers. Zo vertelt het project een verhaal over een geschiedenis die nog gaat komen.

Het bouwwerk was een combinatie tussen de Ponte Vecchio en het vlot van vrijbuiter Huckleberry Finn. Zes kamers waren ondergebracht in drie houten volumes die door een 38 meter lange eveneens houten loopbrug doorsneden worden. De brug fungeerde naast ontsluitingsgang als publieke ruimte: door zijn brede profiel was hij geschikt als verblijfsruimte. Door banken en tafels te integreren nodigt de gang uit tot een collectief gebruik. Bij behoefte aan privacy kunnen de gasten zich terugtrekken. De kokervormige kamers zijn zeer gesloten naar de brug toe en richten zich volledig op het omliggende landschap. Door de brug op twee plaatsen te knikken, heeft elke kamer een andere oriëntatie. De kamers bevatten de belofte dat de gasten elk moment ver de rivier zouden kunnen uitkijken. **RJdK**

Observatorium – Waiting for the River

Designers often respond to the context when they draw up their designs. In the case of the temporary guest rooms that Observatorium designed for the 'EMSCHERKUNST.2010' exhibition, the artists drew their inspiration from an as yet non-existing context. The location in question is the bank of the river Emscher in the Ruhr area. For decades this dammed-up river was little more than an open sewer. Not a very attractive starting point. At the moment the entire region is transforming from an industrial area to a service area and is suffering a serious slump as a result. This transformation is one reason why it is so important to show industrial and other maligned places in a new light. One part of the transition is a large-scale landscape management plan known as *Renaturierung*, which sets out to restore the river's original width and meandering shape in places. To instil this fact in the minds of local residents, Observatorium designed a wooden bridge with six hotel rooms. The project thus tells a story about a history that is yet to happen.

The structure looked like a mix of the Ponte Vecchio and adventurer Huckleberry Finn's raft. Six rooms were housed in three timber volumes bisected by a 38-m timber footbridge. The bridge served as both an access corridor and a public space: its width made it suitable as a social space. The built-in benches and table invited communal use. And when the guests needed privacy, they could withdraw to their rooms. The cylindrical rooms were very close to the side of the bridge, opening up entirely to the surrounding landscape. With the bridge angled in two places, each room had a different orientation. The guest rooms promised panoramic river views at any time of the day. **RJdK**

Vorige / Previous
<< P 64

Volgende / Next
P 90, 100, 128, 166, 178, 182 >>

Ontwerper/Designer
SeARCH

Opdrachtgever/Client
Liberaal Joodse Gemeente, Amsterdam

Website
www.search.nl

Foto's/Photos
Iwan Baan

SeARCH – Synagoge JLG Amsterdam

Voor de architectuur van een synagoge, of sjoel, bestaan – in tegenstelling tot christelijke kerken en moskeeën – geen archetypen. In de gebedsruimte bepaalt de centrale verhoging waar vanaf de Heilige Schrift, de Thora, gelezen wordt de ruimtelijke configuratie. Alle zitplaatsen zijn gericht op deze verhoging.

In het ontwerp van de synagoge voor de Liberaal Joodse Gemeente in Amsterdam heeft SeARCH het interieur van de gebedsruimte gekoppeld aan het exterieur en introduceert daarmee een nieuwe architectonische verschijningsvorm voor een synagoge.

De gebedsruimte is zo ontworpen dat niemand meer dan elf meter van de rabbijn af zit. Dit bewerkstelligde SeARCH door aan beide zijden van het altaar een dubbel balkon te situeren. Door de balkons telt de compacte zaal zo'n duizend zitplaatsen en is daarmee de grootste liberale sjoel in West-Europa. Het doorzetten van de contour van de ruimte in de gevel is het voornaamste architectonische element van het gebouw geworden. Deze opzet zorgt er tevens voor dat er veel daglicht tot de zaal toetreedt. De constellatie van twee balkons aan weerszijden van het altaar en het spreekgestoelte heeft een silhouet opgeleverd die sterke gelijkenis vertoont met een menora, de zevenarmige kandelaar, een van de meest herkenbare religieuze symbolen van het Jodendom. Hiermee is SeARCH erin geslaagd om functionaliteit te koppelen aan Joods symbolisme.

De gebedsruimte is monumentaal en intiem tegelijk. Door de compactheid biedt de zaal zowel met honderd aanwezigen, bij familieaangelegenheden, tot duizend bezoekers bij Joodse feestdagen een aangename ruimtelijkheid. Het materiaalgebruik draagt hier volledig aan bij. SeARCH bekleedde de zaal van onder tot boven met hout, waardoor de balkons opgaan in de achtergrond. **RJdK**

SeARCH – Synagogue JLG Amsterdam

Unlike Christian churches and mosques, a synagogue, or shul, has no archetypal architecture. The central platform from where the Holy Book, the Torah, is read determines the spatial confirmation of the prayer hall. All the seats face this platform.

In its synagogue design for the Liberal Jewish Congregation in Amsterdam, SeARCH has linked the interior of the prayer hall to the exterior, thereby introducing a new architectural form for a synagogue.

The prayer hall has been designed in such a way that nobody will be more than 11 m from the rabbi. SeARCH achieved this by situating a double balcony on either side of the altar. Thanks to these balconies the compact space boasts about 1000 seats, making it the largest liberal shul in Western Europe. The interior layout is reflected in the façade, which is the building's main architectural feature. Thanks to this design the hall receives plenty of daylight. The constellation of two balconies on either side of the altar and the platform has created a silhouette that bears a great resemblance to a menorah, the seven-branched candleholder that is one of Judaism's most distinctive religious symbols. SeARCH has thus managed to couple functionality to Jewish symbolism.

The prayer hall is both monumental and intimate. Because it is compact, the hall provides a pleasant space for both family occasions, with maybe a hundred guests, and Jewish holidays with a thousand visitors. The choice of materials has been instrumental in this. SeARCH clad the entire hall in timber, causing the balconies to blend into the background. **RJdK**

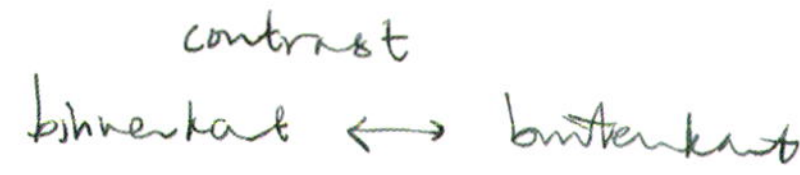

Vorige / Previous
<< P 64, 88

Volgende / Next
P 100, 128, 166, 178, 182 >>

Interieur en publieke ruimte / Interior and Public Space

Ontwerper/Designer
morePlatz, Caro Baumann met/ with Samir El Kordy, Carla van Beurden

Opdrachtgever/Client
Haus der Kunst München/ Munich

Website
www.moreplatz.com

Foto's/Photos
Wilfried Petzi

morePlatz – 'The Tradition of Future – The Future of Tradition'

Het Rotterdamse architectenbureau morePlatz ontwierp, in een team met Samir el Kordy en Carla van Beurden, de tentoonstelling 'The Future of Tradition – The Tradition of Future' in München. Deze tentoonstelling was het vervolg van de epische tentoonstelling 'Meesterwerken van mohammedaanse kunst' uit 1910, die Europa voor het eerst een overzicht toonde van islamitische kunst.

Het bureau ontwierp de installatie *Enclosures* in de centrale zaal van het Haus der Kunst, waarbij textiele gangwanden de grenzen tussen verkeers- en expositieruimte vervaagden. In de Arabische traditie is het gebruikelijk textiel te gebruiken om tijdelijk ruimtes af te bakenen. *Enclosures* bood de bezoeker de kans een 'textiele architectuur' te ervaren. Digitaal gegenereerde patronen vormen een herinterpretatie van traditionele patronen. De in Egypte met de hand geweven doeken waren tussen zes van de acht ingangen gespannen. Zo was een stelsel van kruisende gangen ontstaan. De variërende openheid van de patronen zorgde ervoor dat de bezoeker al dan niet door de gangwanden heen kon kijken, wat zorgde voor een diffuse ruimtelijke ervaring.

De acht ruimten die door de gangen werden begrensd, bevatten de veertig belangrijkste werken van de tentoonstelling uit 1910. Deze werken werden vergezeld door het werk van hedendaagse kunstenaars die nog steeds putten uit de traditionele elementen zoals ornament en kalligrafie. De zaal kende twee ruimtelijke niveaus: het niveau van de gangen en het niveau daarboven. In de lege ruimte boven de gangen hingen 99 vaandels van kunstenaar Rachid Koraïchi, die als volume een dialoog aangingen met de vliedende ruimte van het gangenstelsel. **RJdK**

morePlatz – 'The Tradition of Future – The Future of Tradition'

The Rotterdam-based architecture firm morePlatz gathered together a team including Samir el Kordy and Carla van Beurden to design the exhibition 'The Future of Tradition – The Tradition of Future' in Munich. The exhibition was a sequel to the epic 'Masterpieces of Mohammedan Art' from 1910, which gave Europe its first overview of Muslim art.

The firm designed the installation *Enclosures* in the central hall of the Haus der Kunst, in which walls made of fabric blurred the borders between circulation and exhibition space. The Arab world traditionally uses fabric to temporarily demarcate spaces. *Enclosures* offered visitors the opportunity to experience a 'fabric architecture'. Digitally generated patterns are a reinterpretation of traditional patterns. The fabrics, woven by hand in Egypt, were hung between six of the eight entrances, creating a system of criss-crossing corridors. With the patterns displaying varying degrees of openness, the visitors could sometimes look through the walls, sometimes not, giving them a diffuse spatial experience.

The eight spaces delineated by the corridors contain the 40 most important works of the 1910 exhibition. These pieces were complemented by the work of contemporary artists who continue to draw on traditional elements such as decoration and calligraphy. The hall had two levels; the level of the corridors and the level above. Hanging in the empty space above the corridors were 99 banners by artist Rachid Koraïchi, which entered into a dialogue with the ephemeral network of corridors. **RJdK**

patch

original textile

woven pattern

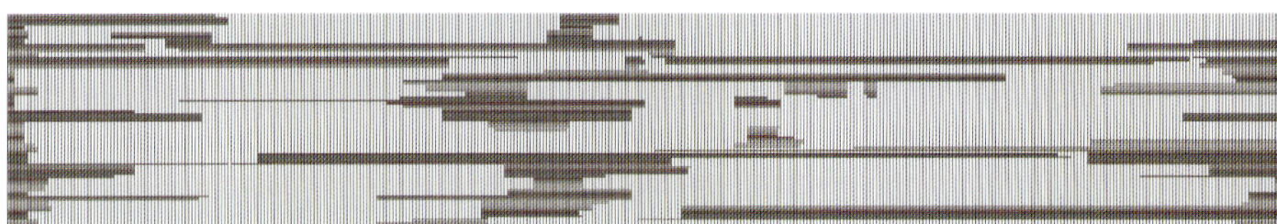

horizontal stretch

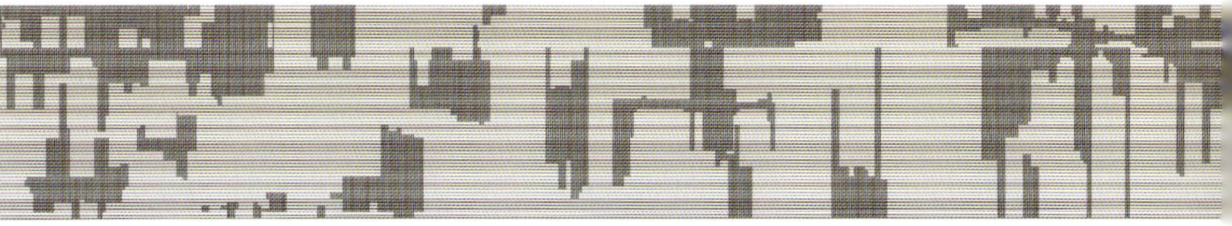

vertical stretch

Vorige / Previous
<< P 72

Volgende / Next
P 136, 144, 188, 190 >>

Studio Marcel Wanders – KLM businessclass serviesgoed en bestek

Businessclasspassagiers die je vervoert zijn ook welkome gasten in een vliegend toprestaurant. Dat is de filosofie achter het ergonomisch, technisch, economisch en logistiek goed doordachte KLM-servies, waarvan de decoratieve mix oud/nieuw ook aanwezig is in de kunststof onderdelen.

Met het ene sterke Nederlandse merk, KLM, en Marcel Wanders, internationaal het sterkste designmerk van dit moment, zou het servies een marketingtussendoortje kunnen zijn. Toch werd het allesbehalve een imagospeeltje in de World Business Class, noch voor de KLM, noch voor Wanders.

Het servies bestaat uit porselein, glaswerk, bestek, linnen en het plateau en houdt rekening met de iets minder beperkte bewegingsruimte van de passagier. Daarbij moet ook de aan/afvoer en opslag efficiënt zijn. Wanders' sterstatus had als praktisch voordeel dat hij zichzelf als *frequent flyer* van KLM zeer goed kon verplaatsen in de opdracht om zo deze 'metamorfose van het bestaande servies' te verwezenlijken. In zijn servies op het niveau van een toprestaurant komen verder ook eisen uit milieu en ergonomie samen. Zelf wilde Wanders in de vormgeving verleden en toekomst zichtbaar maken door het klassieke ornamenten te laten contrasteren met strakke moderne stijlen. Aardig detail is dat juist het minst kostbare onderdeel, de semitransparante kunststof kopjes en schaaltjes, rijkversierd zijn.

Nooit gepland maar wel complimenteus is het hoge steel-gehalte van luchtvaartserviezen. Liefhebbers zonder losse handjes kopen het gewoon bij de KLM. Overigens werkte Wanders zo'n twintig jaar terug als partner in het bureau Landmark al aan een KLM-servies, dat uiteindelijk het productiestadium niet haalde. **CR**

Studio Marcel Wanders – KLM Business-Class Tableware and Cutlery

Business-class passengers are also welcome guests in an airborne top restaurant. That is the philosophy behind the ergonomically, technically, economically and logistically well-thought-out KLM tableware, whose decorative mix of old and new is also extended to those of its components that are plastic.

With the combination of KLM, that strong Dutch brand, and Marcel Wanders, the strongest Dutch design brand on the international market at the moment, this tableware could simply have been a marketing quickie. Yet it turned out to be anything but an image plaything in World Business Class, both for KLM and for Wanders.

The tableware consists of porcelain, glassware, cutlery, linen and the tray, and must take into account the passenger's somewhat limited room to move. Furthermore, delivery/removal and storage has to be efficient. The practical advantage of Wanders' star status was that as a KLM frequent flyer he could easily picture himself as a passenger in realizing the 'metamorphosis of the existing tableware' called for by the assignment. Furthermore, his top-restaurant-quality tableware meets environmental and ergonomic requirements. Wanders wished to make the past and the present visible in the design by contrasting classical embellishments with austerely modern styles. A nice detail is that it is precisely the least expensive components, the semitransparent plastic cups and saucers, that are the most richly decorated.

Never planned, but nonetheless complimentary, is the high 'stealing percentage' of airplane tableware. Aficionados without itchy fingers can just buy this one from KLM. Incidentally, some 20 years ago Wanders worked as a partner in the Landmark agency on KLM tableware that never reached the production stage. **CR**

Product / Product

Ontwerper/Designer
Studio Marcel Wanders

Opdrachtgever/Client
KLM

Website
www.marcelwanders.com

Foto's/Photos
courtesy Marcel Wanders

Volgende / Next
P 146, 154, 156, 187 >>

Bertjan Pot – Heracleum kroonluchter

De opmerkelijke transparante constructie van het ontwerp van zijn kroonluchter ontleende ontwerper Bertjan Pot aan de zaaddoosjes van de berenklauw (*Heracleum*), die tot de schermbloemen behoort. Witte kunststof lensjes vormen de blaadjes, aangelicht door 63 ledjes, die de kroonluchter – zowel in- of uitgeschakeld – tot een beeldschone, theatrale verschijning van eenentwintigste-eeuwse verlichtingstechnologie maken. Door de dunne vormgeving heeft de lamp een aangenaam technisch en transparant uiterlijk. Mooi is daarbij dat de blaadjes/reflectorlensjes op de takken eenvoudig maar elegant in een gewenste vorm zijn te buigen.

Het is een beproefde methode om als ontwerper je door vormen uit de natuur te laten inspireren. Is het daarom dat deze ijle lamp zo vanzelfsprekend oogt? Witte blaadjes spruiten steeds uit een 'tak' voort. Die tak is de drager van de flinterdunne daarin verstopte elektronica. Dankzij de ledjes is niet langer een dikke dradenbrij nodig, wat deze organische kroonluchter niet alleen wat design betreft, maar vooral technisch tot een duidelijk eenentwintigste-eeuws product maakt.

Technische details: de witte lensjes zijn gemaakt van polycarbonaat die aangelicht worden door ledjes, een duurzaam, energiezuinig alternatief voor de eerdere reflectorverlichting. Al weer weet Bertjan Pot, bekend van zijn koolstofvezelstoel en bolvormige lamp, een nieuwe technologie op een fraaie wijze toe te passen in een onderscheidend luxeproduct.

Mooi dat ook de productie van deze eco-designlamp in Nederlandse handen, die van Marcel Wanders' bedrijf Moooi, is. Wanders zelf was betrokken bij het technisch ontwikkelen van de ledjes. **CR**

Bertjan Pot – Heracleum Chandelier

Designer Bertjan Pot got the idea for the remarkable transparent construction of this chandelier from the seed capsule of the giant hogweed (*Heracleum*), from the umbellifer family of plants. White plastic lenses form the leaves, which are lit by 63 LED lights, making the chandelier – both lit or unlit – a beautiful, theatrical example of twenty-first-century lighting technology. Its bare design gives the lamp a pleasingly technical and transparent appearance. Another attractive feature is that the leaves/reflecting lenses on the branches can simply yet elegantly be bent into any desired shape.

Taking inspiration from shapes in nature is a time-honoured method for designers. Is that why this ethereal lamp looks so natural? White leaves sprout out of the ends of the 'branches'. The branches are the bearers of the wafer-thin electronics. Thanks to the LED, a thick bundle of wires is no longer necessary, which clearly makes this organic chandelier a twenty-first-century product, not only in terms of design but above all technically.

Technical details: the white lenses are made of a polycarbonate that is lit by LEDs, a sustainable, energy-saving alternative for the earlier reflector lighting. Once again, Bertjan Pot, known for his carbon-fibre chair and his spherical lamp, has beautifully applied a new technology in a distinctive luxury product.

Another nice factor is that the production of this eco-design lamp has remained in Dutch hands: Marcel Wanders' company Moooi. Wanders himself was involved in the technical development of the LEDs. **CR**

Product / Product

Ontwerper/Designer
Bertjan Pot; Marcel Wanders (techniek/technique)

Opdrachtgever/Client
Moooi

Website
www.bertjanpot.nl

Foto's/Photos
Nicole Marnati

Vorige / Previous
<< P 81

Volgende / Next
P 108 >>

Piet Oudolf – favoriete landschapsontwerper

Landschapsontwerper Piet Oudolf (1944) lijkt in de Verenigde Staten bijna bekender te zijn dan in Nederland. Tien jaar geleden ontwierp hij het Millennium Park in Chicago en hij richtte in New York de The Gardens of Remembrance in, waar de slachtoffers van de aanslag van 11 september 2001 worden herdacht. In 2011 werd eveneens in Manhattan het tweede stuk van de High Line opgeleverd, een park op negen meter hoogte, dat een paar kilometer tussen de appartementengebouwen en kantoren slingert. De High Line was tot 1980 in gebruik als goederenspoorweg, waarna er dertig jaar niet meer naar was omgekeken, tot de vorige burgemeester van New York een wedstrijd uitschreef voor een plan voor de High Line. Deze werd gewonnen door architectenbureau Diller Scofidio + Renfro. Het resultaat is een aantrekkelijk park op poten, dat meteen door de New Yorkers en de toeristen in bezit is genomen. Oudolf werd aangetrokken voor de beplanting. Zijn stijl past goed bij het industriële karakter van de High Line. Puin en stukken rails maken ook onderdeel uit van zijn ontwerp.

Piet Oudolf lijkt voor architecten de favoriete landschapsontwerper. Vorig jaar kreeg hij tijdens de Architectuurbiënnale van Venetië een eervolle vermelding voor de Giardino delle Vergini. Het was de eerste keer dat een prijs naar een tuinontwerp ging. De Zwitserse architect Peter Zumthor vroeg hem dit jaar de tuin aan te leggen van het tijdelijke paviljoen naast de Serpentine Gallery in de Londense Kensington Gardens. Een prestigieuze opdracht, want deze paviljoens, die gedurende één zomer open zijn, zijn ieder jaar een hoogtepunt op de Engelse architectuuragenda. Zelf zegt Oudolf over de ommuurde tuin: 'Dit paviljoen biedt de perfecte gelegenheid voor mensen om na te denken en te ontspannen in een contemplatieve tuin weg van de drukke metropool.' **MV**

Piet Oudolf – Favourite Landscape Designer

Landscape designer Piet Oudolf (b. 1944) almost seems to be more famous in the USA than he is in the Netherlands. Ten years ago, he designed the Millennium Park in Chicago and laid out the Gardens of Remembrance in New York City, where the victims of 9/11 are commemorated. In 2011, also in Manhattan, the second section of the High Line was completed, a park 9 m up in the air that winds between the apartment buildings and offices for a few miles. Until 1980, the High Line was an elevated railway for freight, after which it was neglected for 30 years, until the previous mayor of New York organized a competition for a plan for its new use. This was won by the architecture firm Diller Scofidio + Renfro. The result is an attractive park on top of steel girders, which was immediately claimed by New Yorkers and tourists. Oudolf was called in for the planting of the park. His style goes well with the High Line's industrial character. Debris and lengths of rails are also incorporated into his design.

Piet Oudolf appears to be the favourite landscape designer among architects. Last year, he received an honourable mention during the Venice Architecture Biennale for the Giardino delle Vergini. This was the first time that an award went to a design for a garden. This year, Swiss architect Peter Zumthor asked him to lay out the garden of the temporary pavilion next to the Serpentine Gallery in London's Kensington Gardens. A prestigious assignment, for pavilions such as this, which are open for a single summer, are a high point of the architectural agenda in England every year. Oudolf himself says of the walled garden: 'This pavilion offers the perfect opportunity for people to think and relax in a contemplative garden, away from the bustle of the city.' **MV**

Evenement en debat /
Events and Debate

Foto's/Photos
1 Hufton + Crow
2,3 Piet Oudolf

3

1,2/ Serpentine Gallery Pavilion, Londen/London, 2011
3/ High Line, New York, 2011

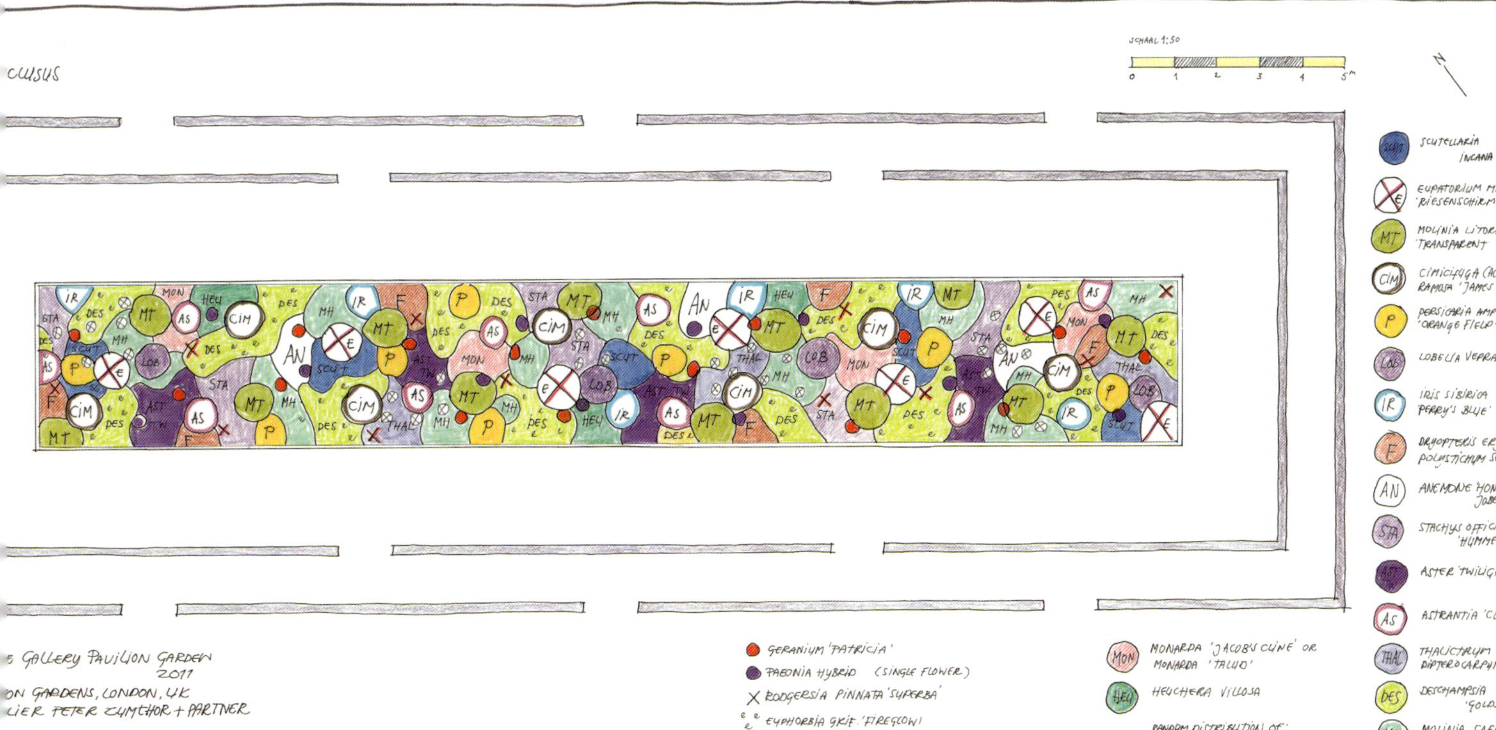
CLUSUS
SCHAAL 1:50
0 1 2 3 4 5 M
N
SCUTELLARIA INCANA
EUPATORIUM MAC. 'RIESENSCHIRM'
MOLINIA LITORALIS 'TRANSPARENT'
CIMICIFUGA (ACTAEA) RAMOSA 'JAMES COMPTON'
PERSICARIA AMPLEXICAULIS 'ORANGE FIELD'
LOBELIA VEPRARIENSIS
IRIS SIBIRICA 'PERRY'S BLUE'
DRYOPTERIS ERYTHROSORA POLYSTICHUM SETIFERUM
ANEMONE 'HONORINE JOBERT'
STACHYS OFFICINALIS 'HUMMELO' + 'ROSEA'
ASTER 'TWILIGHT'
ASTRANTIA 'CLARET'
THALICTRUM DIPTEROCARPUM
DESCHAMPSIA 'GOLDSCHLEIER'
MOLINIA CAERULEA 'MOORHEXE'
GERANIUM 'PATRICIA'
PAEONIA HYBRID (SINGLE FLOWER)
RODGERSIA PINNATA 'SUPERBA'
EUPHORBIA GRIF. 'FIREGLOW'
SELINUM OR ANGELICA
MONARDA 'JACOB'S CLINE' OR MONARDA 'TALUD'
HEUCHERA VILLOSA
RANDOM DISTRIBUTION OF: DIGITALIS FERRUGINEA AND HYLOMECON JAPONICA
GALLERY PAVILION GARDEN 2011
ON GARDENS, LONDON, UK
LIER PETER ZUMTHOR + PARTNER
DESIGN: PIET OUDOLF HUMMELO, HOLLAND

Vorige / Previous
<< P 64, 88, 90

Volgende / Next
P 128, 166, 178, 182 >>

Interieur en publieke ruimte / Interior and Public Space

Ontwerper/Designer
Opera Amsterdam/OD205 architectuur

Opdrachtgever/Client
Directoraat Huisvesting AMC/ AMC Housing Management

Website
www.opera-amsterdam.nl
www.od205.com

Foto's/Photos
Mike Bink

Opera/OD205 – Emma Kinderziekenhuis

Ontwerpen voor zorg is een gevoelige opgave waarin ruimtelijke kwaliteiten wedijveren met functionele en door normeringen gestuurde eisen. Vaak zijn de laatste sturend bij de totstandkoming van interieurontwerpen. Opera ontwierp binnen dat ruimtelijke kader van architectenbureau OD205 het nieuwe interieur van het Emma Kinderziekenhuis in Amsterdam en liet, op het oog, de balans doorslaan naar ruimteontwerp. Het interieur, dat gefaseerd wordt uitgevoerd, kenmerkt zich door een strakke basis van bewegwijzering en kleurvlakken op de vloer aangevuld met specifieke ornamentering in de vorm van muurillustraties. De kleurvlakken refereren aan de betreffende afdelingen, de afbeeldingen zijn afgestemd op de leeftijdscategorieën van de patiënten, die uiteenlopen van baby's tot pubers.

Opera benaderde het geheel als een stad, met publieke, semi-publieke en private ruimtes. De verschillende afdelingen worden ontsloten via een centrale straat, de Parade. Opera heeft het programma opgedeeld in drie ruimtecategorieën: ruimtes voor het kind zelf, ruimtes direct om het kind heen en ruimtes gericht op contact met de buitenwereld. De individuele kamers zijn als het ware adressen in het stelsel van hoofdstraat en zijstraten. Elk kind kan op een digitaal paneel naast zijn kamerdeur een eigen afbeelding en zijn naam tonen. Daarbij zorgt veelvuldig gebruik van glas ervoor dat alle ruimtes gericht zijn op de gangen, de publieke ruimtes van het kinderziekenhuis.

Het toevoegen van visuele prikkels varieert van weinig in de individuele ruimtes tot veel in de collectieve ruimtes. Het eerst opgeleverde deel, de zuigelingenafdeling, kreeg als thema 'hortus' mee. Verschillende illustratoren maakten wandtekeningen. Met eigen kleur en thema is elke afdeling afzonderlijk herkenbaar. Dit zal door patiënten, ouders en personeel gewaardeerd worden. De vrolijke en heldere grondtoon zorgt voor rust bij het vinden van de juiste afdeling. De bonte illustraties geven een passende eigenheid aan elke ruimte. **RJdK**

Opera/OD205 – Emma Children's Hospital

Designing for the care sector is a sensitive task in which spatial qualities compete with functional and legislative requirements. The latter are often the guiding principle in the creation of interior designs. Within the spatial framework of architecture firm OD205, Opera designed a new interior for the Emma Children's Hospital in Amsterdam. On the face of it, a spatial approach was favoured. The interior, which will be implemented in phases, is based on a rigorous system of signposting and colour blocks on the floor, complemented by decorations in the form of murals. The colour blocks indicate particular wards, while the murals are tailored to the patients' age categories, ranging from babies to teenagers.

Opera approached the space as though it were a city with public, semi-public and private spaces. The different wards are served by a central street, the Parade. Opera has divided the programme into three categories of space: spaces for the child, spaces in the immediate vicinity of the child and spaces aimed at contact with the outside world. The individual rooms can be seen as addresses in the system of main street and side streets. Each child can display his or her name and a chosen illustration on a digital panel beside the door. Thanks to the generous use of glass all the rooms are oriented towards the corridors, the public spaces of the children's hospital.

The application of visual stimuli ranges from few in the individual rooms to plenty in the communal areas. The first section to be completed, the neonatal ward, had a botanical theme. Several illustrators made murals. Sporting their own colour and theme, each ward has a distinctive look, which is likely to be appreciated by patients, parents and staff alike. The cheerful and bright main colour helps people find the right ward, while the vivid illustrations lend each space its own character. **RJdK**

H7.154

LEGE WOORDEN,
HOLLE FRASEN

Vorige / Previous
<< P 68, 70, 84, 86

Volgende / Next
P 106, 138 >>

Interieur en publieke ruimte / Interior and Public Space

Ontwerper/Designer
West 8/MRIO (Burgos & Garrido, Porras la Casta & Rubio Álvarez-Sala)

Opdrachtgever/Client
Gemeente Madrid/ Municipality Madrid

Website
www.west8.nl

Foto's/Photos
Gemeente Madrid /Municipality Madrid & Jeroen Musch

West 8/MRIO – Madrid Rio

Spaanse steden staan bekend om hun weelderige parken. Madrid is sinds kort een nieuw park rijker. Tot 2007 was de rivier Rio Manzanares niet meer dan een figurant op de stadskaart van Madrid. De rivier stroomt dan ook niet door het centrum en lag sinds de jaren zeventig onzichtbaar ingeklemd tussen de rijbanen van de ringweg M30.

In 2004 ontvouwde de ambitieuze burgemeester Alberto Ruiz-Gallardón Jiménez van Madrid een groots plan: zeven kilometer M30 werd ondergebracht in tunnels, waardoor 120 hectare beschikbaar kwam voor herontwikkeling. West 8 won in 2005 samen met het Spaanse architectencollectief MRIO de prijsvraag voor het masterplan van het nieuwe waterfront. Madrid Rio is nu een publiek verkeers- en verblijfsgebied in één: het verbindt de aangrenzende wijken met elkaar en biedt plaats aan allerhande activiteiten. Dagelijks stroomt het nieuwe waterfront vol met duizenden mensen op weg naar school of werk. In het weekend wordt het gebied massaal opgezocht om te recreëren.

De zogenoemde Salón de Pinos loopt over de gehele lengte van het gebied en verbindt alle deelgebieden. De Salón kenmerkt zich door 8.000 pijnbomen die door rode paaltjes worden ondersteund. Het gebruik van kromme bomen zorgt ervoor dat er langs de route karaktervolle verblijfsplekken ontstaan waarin de bezoeker de drukke stad even achter zich kan laten.

Het Arganzuela-park werd als laatste van de in totaal 47 deelprojecten opgeleverd. In dit park staat de relatie tussen het publiek en het water centraal. Hiervoor werden parallel aan de rivier nieuwe waterlopen gecreëerd. Oude dammen en bruggen zijn in ere hersteld. West 8 ontwierp twee nieuwe voetgangersbruggen. Deze zijn voorzien van een betonnen gewelf, dat een sacrale, schaduwrijke ruimte maakt. In deze bruggen komt de essentie samen: doorgaan én verblijven. **RJdK**

West 8/MRIO – Madrid Rio

Spanish cities are renowned for their beautiful parks. Madrid recently acquired a new park. Until 2007 the river Rio Manzanares barely figured on the map of Madrid. The river does not run through the city centre and since the 1970s it had been wedged, invisibly, between the lanes of the M30 ring road.

In 2004, Madrid's ambitious mayor Alberto Ruiz-Gallardón Jiménez unfolded a grandiose plan: 7 km of the M30 were submerged in tunnels, freeing up 120 hectares for redevelopment. In 2005 West 8 and the Spanish architects' collective MRIO won the competition to develop the master plan for the new waterfront. Madrid Rio is now a public traffic and social area in one: it links the adjacent residential neighbourhoods and accommodates a wide range of activities. Day after day, the new waterfront fills with thousands of people heading to school or to work. At the weekend, the area becomes a leisure hub.

The so-called Salón de Pinos runs across the length of the park and links all its different parts. The Salón boasts 8000 pine trees supported by red stakes. The bent trees create distinctive sites along the route where visitors can linger and forget about the pressures of the city.

The Arganzuela Park was the last of the 47 subprojects to be completed. This park revolves around the relationship between the public and the water. To this end, the designers introduced new watercourses parallel to the river and reinstated old dams and bridges. West 8 also designed two new pedestrian bridges. These were fitted with a concrete arch, which creates a sacred, shaded area. The bridges thus bring together the two essential elements of moving on *and* lingering. **RJdK**

Vorige / Previous
<< P 68, 70, 84, 86, 102

Volgende / Next
P 138 >>

Neutelings Riedijk – MAS Museum aan de Stroom

Neutelings Riedijk – MAS Museum aan de Stroom

Interieur en publieke ruimte / Interior and Public Space

Ontwerper/Designer
Neutelings Riedijk Architects

Opdrachtgever/Client
Stad Antwerpen i.s.m. AG Vespa, Antwerpen/City of Antwerp with AG Vespa, Antwerp

Website
www.neutelings-riedijk.com

Foto's/Photos
1,4 Scagliola/Brakkee
2,3 Sarah Blee

In mei 2011 opende het Museum aan de Stroom (MAS) in Antwerpen zijn deuren. Het gebouw is het middelpunt van de herontwikkeling van havenbuurt 't Eilandje ten noorden van het stadscentrum. In het ontwerp van Neutelings Riedijk Architects telt de publieke functie van het gebouw het zwaarst. Dit werd vertaald in een doorlopend publiek traject dat als het ware uit de rode massa van het gebouw gesneden is. Het gebouw is een stapeling van tien rechthoekige volumes die ten opzichte van elkaar steeds een kwartslag gedraaid zijn. Deze beweging zorgt ervoor dat steeds één zijde van het gebouw leeg blijft. De aaneenschakeling van deze ruimtes resulteert in de spiraalvormige promenade die loopt van de straat tot het dakterras.

Het MAS is de nieuwe topattractie van Antwerpen. Een dergelijk project resulteert niet zelden in een architectuur die in grote mate aan zichzelf refereert. Het Guggenheim Museum in Bilbao van de Amerikaanse architect Frank Gehry is hier een lichtend voorbeeld van. Neutelings Riedijk Architects is erin geslaagd om deze opgave een nieuwe dimensie te geven. De architectuur van het MAS is flamboyant en dienstbaar, middelpuntzoekend en middelpuntvliedend. Het 62 meter hoge MAS is ontegenzeggelijk een nieuw icoon voor de stad. Het simpele en doeltreffende concept heeft een zeer herkenbaar gebouw opgeleverd, dat iedereen bij wijze van spreken op een bierviltje kan natekenen. Daarbij bevat het kleine details zoals 'Antwerpse handjes', die als broches de gevel sieren. Tegelijkertijd stelt het zich volledig in dienst van de omliggende stad. De publieke promenade, die de bezoeker via negen roltrappen steeds hoger in het gebouw brengt, biedt immers indrukwekkende zichten op Antwerpen. Het echte museum is de stad buiten. **RJdK**

In May 2011 the Museum aan de Stroom (Museum by the River, MAS) opened its doors in Antwerp. The building is at the heart of the redevelopment of harbour area 't Eilandje, just north of the city centre. The design by Neutelings Riedijk Architects prioritizes the building's public function. This was translated into a continuous public route that appears to be cut out of the building's red mass. The building consists of a stack of ten rectangular volumes, each of which has been rotated a quarter turn. Because of this rotation one side of the building always remains empty. This chain of spaces produces the spiral-shaped promenade that starts at street level and ends on the roof terrace.

The MAS is Antwerp's new main attraction. A project of this magnitude frequently results in a self-referential architecture. The Guggenheim Museum in Bilbao by American architect Frank Gehry is a case in point. But Neutelings Riedijk Architects has managed to add another dimension to this commission. The architecture of the MAS is flamboyant and functional, commanding attention and playing a supporting role at the same time. Standing 62 m tall, the MAS is the city's undisputed new icon. The simple and effective concept has produced an extremely distinctive building, which everyone can sketch on a beer mat. In addition, it boasts details such as the 'Antwerp hands' – the city's symbol – that grace the façades like brooches. But at the same time the building puts itself entirely at the city's service. The public promenade, which takes visitors up the building in nine escalators, offers spectacular views of Antwerp. In fact, the real museum is the city outside. **RJdK**

1

2

3

4

Vorige / Previous
<< P 98

Volgende / Next
P 114 >>

BNO Piet Zwart Prijs voor Marijke van der Wijst

Ontwerpster Marijke van der Wijst krijgt de BNO Piet Zwart Prijs 2011, de Lifetime Achievement Award DDA. Ontwerpers die deze prestigieuze prijs ontvingen, zijn Friso Kramer, Jan van Toorn, Wim Crouwel, Nel Verschuuren, Jan Bons, Bruno Ninaber Van Eyben en Gert Dumbar. Vorig jaar ging de prijs voor het eerst naar een fotograaf, Willem Diepraam. De jury schrijft in haar overweging dat Van der Wijst in geen ontwerpdiscipline is te vangen en prijst haar ingetogen vormgeving.

Marijke van der Wijst (1940) studeerde architectonische vormgeving aan de Academie St. Joost in Breda. Na haar afstuderen in 1963 werkte ze als interieurarchitect bij architectenbureau Lelyvelt en bij interieurarchitect E. Bauer-Deur. Naast de sinds 1987 gevoerde eigen ontwerppraktijk in Amsterdam is de meermalen gelauwerde ontwerpster als hoofd van de afdeling Public Space verbonden geweest aan de Design Academy Eindhoven.

Van der Wijst ontwierp vele particuliere interieurs en kantoren, maar haar onderscheidende werk bestaat uit de in totaal zo'n tachtig tentoonstellingen, hoofdzakelijk in de culturele sector. Zo maakte ze tentoonstellingsontwerpen voor Museum Boijmans-Van Beuningen, het Groninger Museum en het Stedelijk Museum Amsterdam en verzorgde ze de inrichting van het Anne Frank Huis. Haar werk kenmerkt zich door een verfijnde abstractie die in de sterke traditie van het Nederlandse modernisme is geworteld. Veel opdrachtgevers en medewerkers roemen haar precieze en genuanceerde kleurgebruik. Landelijke bekendheid verwierf Van der Wijst in 2002 met de inrichting van de tijdelijke trouwzaal in de Beurs van Berlage, toen deze werd gebruikt voor de voltrekking van het burgerlijk huwelijk van prins Willem-Alexander en prinses Máxima. Ze ontwierp een tafel met een uitschuifbaar blad, opdat het paar kon blijven zitten bij de ondertekening van de huwelijksakte. Heel Nederland zou op dat emotionele moment de uitspraak van Van der Wijst onbewust wel begrepen hebben: 'De balans tussen ratio en emotie, dát is het mooie van dit vak.' **MV**

BNO Piet Zwart Award for Marijke van der Wijst

Designer Marijke van der Wijst has received the BNO Piet Zwart Award 2011, the Lifetime Achievement Award of the Association DDA. Other designers who received this prestigious award are Friso Kramer, Jan van Toorn, Wim Crouwel, Nel Verschuuren, Jan Bons, Bruno Ninaber Van Eyben and Gert Dumbar. Last year, the award went for the first time to a photographer, Willem Diepraam. In its decision this year, the jury wrote that the work of Van der Wijst cannot be encapsulated in a single design discipline and praised her subdued design.

Marijke van der Wijst (b. 1940) studied architectural design at the St. Joost Academy in Breda. After graduating in 1963, she worked as an interior architect for the architecture firm Lelyvelt and for interior architect E. Bauer-Deur. Besides having had her own design practice in Amsterdam since 1987, this recipient of several awards worked at the Design Academy Eindhoven as head of the Public Space Department.

Van der Wijst designed many private interiors and offices, but her distinguishing work comprises a total of some 80 exhibitions, chiefly in the cultural sector. She designed exhibitions for Museum Boijmans-Van Beuningen, the Groninger Museum and the Stedelijk Museum Amsterdam and she did the interior of the Anne Frank House. Her work is characterized by a sophisticated abstraction rooted in the strong tradition of Dutch modernism. Many of her clients and colleagues praise her precise and subtle use of colour.

In 2002, Van der Wijst acquired national fame with her design for the temporary wedding hall in the Beurs van Berlage, when it was used for the civil wedding ceremony of Prince Willem-Alexander and Princess Máxima. She designed a table with an extending leaf, so that the bridal pair could remain sitting while signing the marriage certificate. At that emotional moment, all of the Netherlands would unconsciously have understood Van der Wijst's statement: 'The balance between reason and emotion – that's what's so fine about this profession.' **MV**

Evenement en debat /
Events and Debate

Ontwerper/Designer
Marijke van der Wijst

Foto's/Photos
1, 2 Alexander van Berge
3 Juul Hondius

1, 2 / Inrichting van de Beurs van Berlage tot trouwzaal voor het burgerlijk huwelijk van Z.K.H. prins Willem-Alexander en prinses Máxima; ontwerp van het huwelijksmeubilair op 02.02.02 / Transformation of the Beurs van Berlage building in Amsterdam into the wedding hall for the civil marriage ceremony of Prince Willem-Alexander and Princess Máxima on 2 February 2002; design of wedding furniture; ontwerp/design: bureau Van der Wijst Interieurarchitecten v.o.f., Amsterdam

3 / Museale inrichting Anne Frank Huis, Amsterdam; vitrine voor de vele vertalingen van het dagboek van Anne Frank, 1999 / Museum interior of the Anne Frank House, Amsterdam; showcase featuring the many translations of Anne Frank's diary, 1999; ontwerp/design: bureau Van der Wijst Interieurarchitecten v.o.f., Amsterdam

1

2

3

Vorige / Previous
<< P 42, 62

Volgende / Next
P 112 >>

Communicatie / Communication

Ontwerper/Designer
LBi Lost Boys

Opdrachtgever/Client
Anne Frank Stichting

Website
lbi.lostboys.nl

LBi Lost Boys – Website Anne Frank Stichting

Een jaar na de lancering had Het Achterhuis Online (www.annefrank.org), de virtuele rondgang door de onderduikplek van Anne Frank, al 800.000 bezoekers getrokken, die gemiddeld 17 minuten door de virtuele ruimte dwaalden. Dat zijn er bijna evenveel als de ruim één miljoen bezoekers die in 2010 door het fysieke museum trokken.

Voor een deel zullen het dezelfden zijn geweest die het echte en het virtuele museum bezochten, want in de digitale versie is het achterhuis ingericht zoals het was toen Anne en haar familie er ondergedoken zaten. Daardoor is de site geen substituut voor, maar juist een belangrijke toevoeging aan het museumbezoek.

Het Achterhuis Online is een van de subsites van de website van de Anne Frank Stichting. Een andere deelsite biedt de bezoeker een interactieve tijdlijn die de geschiedenis van Anne Frank in de context van de wereldgeschiedenis plaatst. Een derde subsite is een interactief monument voor Anne, waar bezoekers met een eigen blaadje aan de boom kunnen laten zien dat zij geïnspireerd zijn geraakt door het verhaal en de idealen van Anne Frank.

Bij de nominatie van deze site speelde de grafische vormgeving – die uiterst terughoudend en dienend is te noemen – minder een rol dan het ontwerp van de informatiestructuur. De totale website, met alle deelsites, maakt op adequate wijze al het beschikbare materiaal over Anne Frank en haar familie toegankelijk. De navigatie biedt verschillende ingangen naar die informatie. Steeds wordt de bezoeker uitgenodigd dieper in het verhaal te duiken en de vele foto's, originele documenten, film- en geluidsfragmenten en verklarende teksten die hij daarbij tegenkomt, maken de geschiedenis ongekend tastbaar. Dit is hoe geschiedschrijving in het digitale tijdperk kan zijn. **BvL**

LBi Lost Boys – Website Anne Frank Stichting

A year after The Secret Annex Online was launched (www.annefrank.org), the virtual tour of Anne Frank's place of hiding had already attracted 800,000 visitors, who wandered through the virtual space for an average of 17 minutes. That is almost as many as the more than a million visitors who travelled through the physical museum in 2010.

To some extent, it will be the same people who visited the real and the virtual museum, because in the digital version, the annex has been arranged just the way it was when Anne and her family were in hiding there. So the site is not a substitute for a visit to the museum, it is an important addition.

The Secret Annex Online is one of the subsites of the Anne Frank Stichting website. Another subsite provides the visitor with an interactive timeline that places Anne Frank's history in the context of world history. A third subsite is an interactive monument to Anne, where visitors can show they have been inspired by Anne Frank's story and ideals, with their own leaf on the tree.

For the nomination of this site, the graphic design – which could be described as extremely reticent and supportive – played a less important role than the design of the information structure. The total website, with all the subsites, makes all the available material about Anne Frank and her family accessible in an effective way. The navigation provides different gateways to the information. The visitor is repeatedly invited to delve deeper into the story and the many photos, original documents, film and audio fragments and explanatory texts he or she comes across while doing so make history tangible in an unprecedented way. This is how written history can be presented in the digital era. **BvL**

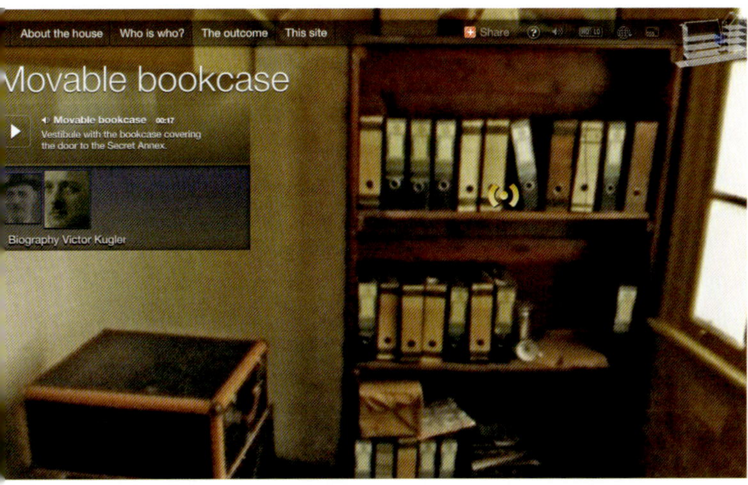
About the house
Who is who?
The outcome
This site
Share
Movable bookcase
Movable bookcase
Vestibule with the bookcase covering the door to the Secret Annex.
Biography Victor Kugler

Home
Enter the 3D house
About the house
Who is who?
The outcome
This site
Share
The Secret Annex Online
Discover Anne Frank's hiding place
The hiding place in 3D
Wander around the furnished spaces and get to know the stories from Anne Frank's diary.
Share The Secret Annex Online with your friends.
Why go into hiding?
Go straight inside
Discover the secret entrance behind the bookcase
Or choose another space here

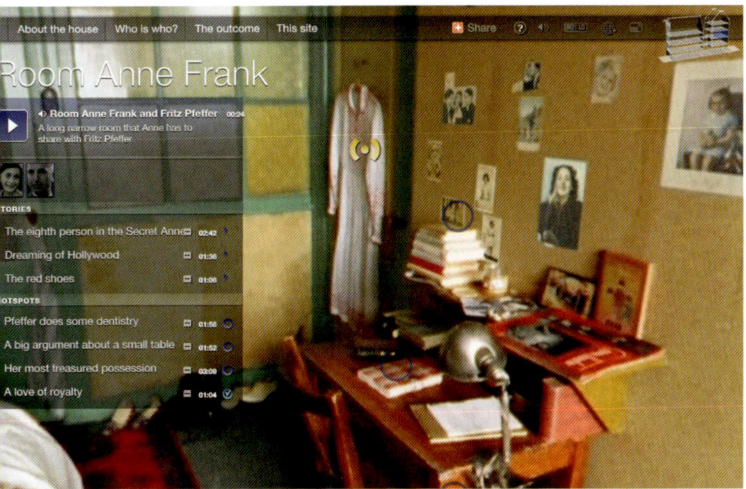
About the house
Who is who?
The outcome
This site
Share
Room Anne Frank
Room Anne Frank and Fritz Pfeffer
A long narrow room that Anne has to share with Fritz Pfeffer.
The eighth person in the Secret Annex
Dreaming of Hollywood
The red shoes
Pfeffer does some dentistry
A big argument about a small table
Her most treasured possession
A love of royalty

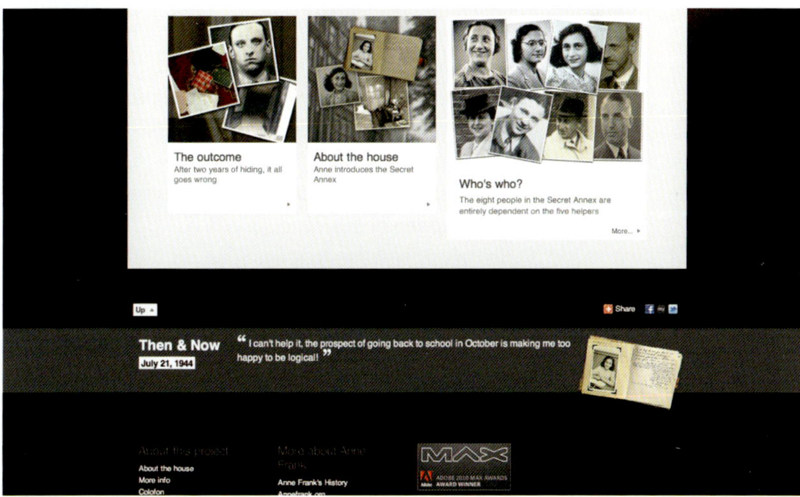
The outcome
After two years of hiding, it all goes wrong
About the house
Anne introduces the Secret Annex
Who's who?
The eight people in the Secret Annex are entirely dependent on the five helpers
More...
Up
Share
Then & Now
July 21, 1944
"I can't help it, the prospect of going back to school in October is making me too happy to be logical!"
About the house
More info
Colofon
Anne Frank's History
MAX
ADOBE 2010 MAX AWARDS
AWARD WINNER

he's no longer the dope she initially thought he was
ve in the Secret Annex

Vorige / Previous
<< P 42, 62, 110

Momkai – Website Pete Philly *Open Loops*

Open Loops is de titel van het veelzijdige en unieke project dat *digital creative agency* Momkai ontwikkelde om hiphopzanger Pete Philly als solozanger te lanceren. Veertien weken lang bracht de veelgeprezen muzikant, vooral bekend van zijn samenwerking met Perquisite, elke week een nieuwe track met bijbehorende video uit.

Alle sociale-mediakanalen (Facebook, Twitter, Vimeo, YouTube, e-mail) werden ingezet om het publiek op de hoogte te brengen van Philly's nieuwe solowerk. Via de website en een iPhone-app kon men elke week een nieuw nummer downloaden. De veertien nummers zijn sindsdien blijvend beschikbaar.

De uitgekiende campagne ontleende zijn herkenbaarheid aan de geslaagde art direction. De visuele presentatie gaat uit van een serie videofragmenten in hoge resolutie die in superslowmotion worden afgespeeld. De verstilde beelden vormen de achtergrond van de website en vullen ook de iPhone-app en de speciaal voor integratie met Facebook ontwikkelde videoplayer.

De samenhang wordt verder versterkt door de esthetische vormgeving van de navigatiestructuur, die prettig afwijkend is en heel intuïtief aanvoelt. Dezelfde beeldtaal is ook gebruikt voor de fysieke cd van *Open Loops*, die in een limited edition werd uitgebracht.

Wat naast die esthetische kwaliteit in dit project het meeste respect afdwingt, is de manier waarop alle onderdelen van dit omvangrijke project – van conceptontwikkeling, grafisch ontwerp, functioneel ontwerp, interface design tot de videoproductie en technische realisatie – organisch in elkaar grijpen en in alle facetten dezelfde ervaring oproepen. In vorm en aanpak plaatst Pete Philly zich hiermee in één klap op internationaal niveau. **BvL**

Momkai – Website Pete Philly Open Loops

Open Loops is the title of the multifaceted and unique project developed by *digital creative agency* Momkai to launch hiphop artist Pete Philly's solo career. For 14 weeks, the much-praised musician, known mainly for his collaboration with Perquisite, put out new tracks with corresponding videos.

Every social media channel (Facebook, Twitter, Vimeo, YouTube, e-mail) was employed to make the public aware of Philly's new solo work. People could download a new song every week via the website and an iPhone app. The 14 tracks have been permanently available ever since.

The sophisticated campaign derived its recognisability from the successful art direction. The basis for the visual presentation is a series of high-resolution video fragments played in super slow motion. The tranquil images form the background to the website and also fill the iPhone app and the video player specially developed for integration with Facebook.

The coherence is strengthened further by the aesthetic design of the navigation structure, which is attractively different and has a very intuitive feel. The same imagery is also used for the physical *Open Loops* CD, which was brought out in a limited edition.

Besides its aesthetic quality, what commands the most respect is the way in which all the components of this extensive project – from concept development, graphic design, functional design, interface design down to video production and technical realization – fit into each other organically and evoke the same experience in every facet. With the form and approach, Pete Philly has put himself at an international level at a single stroke. **BvL**

Communicatie / Communication

Ontwerper/Designer
Momkai, Harald Dunnink

Opdrachtgever/Client
Pete Philly

Website
www.momkai.com
www.openloop.nl

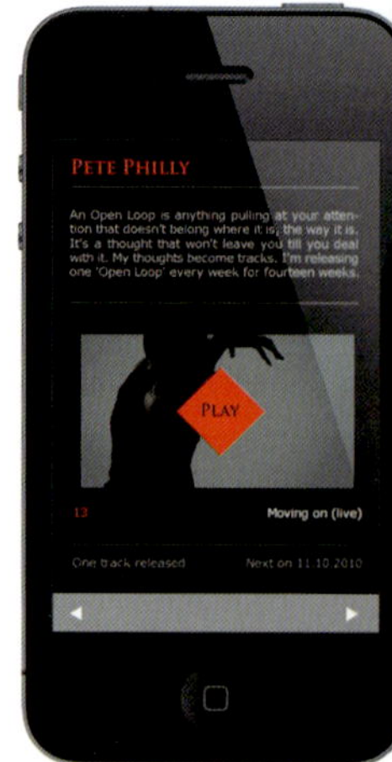

HD
Share
Download
01 | 04.10.2010
Encore un fois
Produced by
DJ PCM and Pete Philly
Menu

Pete Philly
Open Loops

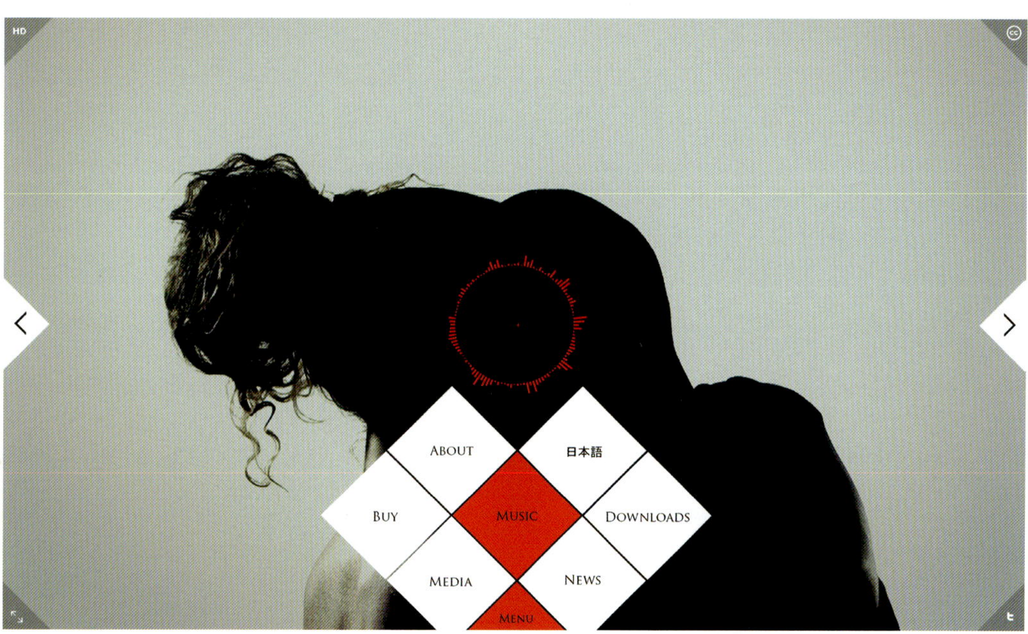
HD
About
日本語
Buy
Music
Downloads
Media
News
Menu

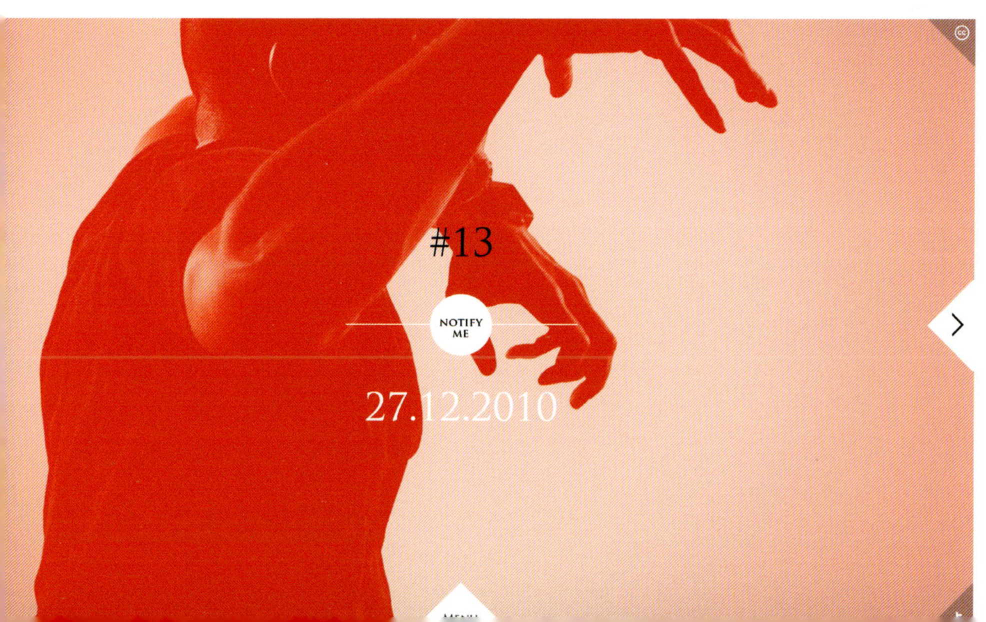
#13
Notify me
27.12.2010

Vorige / Previous
<< P 108

Volgende / Next
P 118 >>

'Wim Crouwel: A graphic odyssey'

Tentoonstelling Design Museum, Londen
30 maart – 3 juli 2011

Van grafisch ontwerper Wim Crouwel is bekend dat hij een voorliefde heeft voor Engeland. Ooit reed hij een Morgan en hij bij zijn afscheid als directeur van Museum Boijmans Van Beuningen kreeg hij een klassieke MG van zijn vrienden. In die hoedanigheid gaf hij vaak opdrachten aan het Engelse ontwerpbureau 8vo. Dat de liefde wederzijds is, blijkt uit het succes van de tentoonstelling over het werk van Crouwel, die in 2011 te zien was in het Design Museum in Londen. De tentoonstelling trok veel bezoekers en kreeg lovende recensies. *The Guardian en The Financial Times* publiceerden uitgebreide interviews met de 82-jarige ontwerper.

De Britse affiniteit met Crouwels werk gaat ver terug. Begin jaren tachtig gebruikte grafisch ontwerper Peter Saville het door Crouwel ontworpen New Alphabet voor de hoes van de lp *Substance* van Joy Division. Zelf ontwierp Crouwel dit jaar een speciale cover voor de *Wallpaper**. Tijdens de tentoonstelling kon men in het Londense hotel Andaz logeren in een in Crouwel-stijl ingerichte kamer. Het Crouwel-behang is te koop in de Design Museum Shop voor £ 175 per rol; de koffiemok met Crouwel-motief (£ 12,50) en de Crouwel-Clock iPhone app (£ 0,59) zijn minder duur. Die affiniteit met het werk van Crouwel is enigszins opmerkelijk, want in Groot-Brittannië heeft men nooit zo veel opgehad met het modernisme. De catalogus bij de tentoonstelling maakt er geen melding van. Deze is geschreven door de Engelse grafisch ontwerper Tony Brook en is verschenen bij de door hem mede opgerichte uitgeverij Unit Editions. Brook was ook verantwoordelijk voor de voorbeeldige samenstelling van de tentoonstelling. De tentoonstelling reisde door naar het Stedelijk Museum Amsterdam, dat nauw betrokken was bij de samenstelling van de tentoonstelling (13 augustus – 9 oktober 2011). **MV**

'Wim Crouwel: A graphic odyssey'

Exhibition Design Museum, London
30 March – 3 July 2011

Graphic designer Wim Crouwel is known to have a penchant for England. He used to drive a Morgan and was presented with a classic MG by his friends when he retired as director of Museum Boijmans Van Beuningen. During his time at the museum he often awarded commissions to the English design firm 8vo. That Crouwel's love of England is reciprocated is evident in the success enjoyed by the exhibition of his work at the Design Museum in London in 2011, which attracted many visitors and received laudatory reviews. *The Guardian* and *The Financial Times* published extensive interviews with the 82-year-old designer.

British affinity with Crouwel's work is longstanding. During the early 1980s graphic designer Peter Saville used Crouwel's New Alphabet for the cover of Joy Division's LP *Substance*. In 2011 Crouwel himself designed a special cover for the magazine *Wallpaper**. For the duration of the exhibition it was possible to stay in the Andaz Hotel in London in a Crowel-style room. Crouwel wallpaper is sold at the Design Museum Shop for £ 175 a roll; a coffee mug with Crouwel motif (£ 12.50) and a Crouwel Clock iPhone app (£ 0.59) are less pricey. British affinity with Crouwel's work is somewhat curious, for modernism has never been particularly liked in the UK. It is not mentioned in the exhibition catalogue, written by English graphic designer Tony Brook and published by Unit Editions, the publishing house which he co-founded. Brook was also responsible for the exhibition's exemplary composition. The exhibition subsequently travelled to the Stedelijk Museum Amsterdam, which was closely involved in its compilation (13 August – 9 October 2011). **MV**

Evenement en debat /
Events and Debate

Foto/Photo
1 Luke Hayes

1 / Tentoonstelling/Exhibition
2 / Crouwel Clock app; in opdracht van/commissioned by Design Museum; ontwerp/design Spin.co.uk/LargeBlue.com
3 / Tony Brook, Adrian Shaughnessy (red./ed.), *Wim Crouwel. A graphic odyssey*, Unit Editions, 2011; ontwerp/design Unit Editions

1

2

3

Vorige / Previous
<< P 36, 38, 54

Volgende / Next
P 122, 148, 162 >>

Michiel Schuurman – Matter of Monument posterserie

Communicatie / Communication

Ontwerper/Designer
Michiel Schuurman

Opdrachtgever/Client
Castrum Peregrini

Website
www.michielschuurman.nl

De Stichting Castrum Peregrini, in Amsterdam gevestigd in een monumentaal grachtenpand met een rijke historie, organiseerde een tentoonstelling over de vraag hoe erfgoed en geschiedschrijving zich verhouden tot wat geschied is. De tentoonstelling 'Matter of Monument' bracht een generatie kunstenaars bijeen die de invloed onderzochten van overgeleverde iconen en verhalen van historische tijdsbeelden op de huidige veranderingen en de waardering van stedelijke waarden. Ter promotie daarvan maakte Michiel Schuurman, zelf een van de exposanten, een serie van vier opvallende posters.

Grafisch ontwerper Schuurman staat bekend om zijn uitbundige typografische posters met vervormde letters die ontstaan uit wisselende patronen. Een werkwijze die is gegroeid uit zijn vorming die begon op de Koninklijke Academie van Beeldende Kunsten in Den Haag en die hij voltooide op de Rietveld Academie in Amsterdam.

'In Den Haag leer je op schoolse wijze de wetten der typografie die je op de Rietveld weer overboord mag gooien', zei hij daarover. Zijn posters, die hij vaak zelf zeefdrukt, vormen naar eigen zeggen de rode draad in zijn portfolio. 'Daarin experimenteer ik met allerlei nieuwe technieken en inzichten die ik mijzelf aanleer.'

De posterserie voor 'Matter of Monument' is dat af te zien. Schuurman nam vier citaten van bekende personen over (Amsterdamse) monumenten als uitgangspunt. De woorden, die naar voren komen vanuit een patroon van druipende verf in fluorescerende kleuren, zijn net leesbaar. Schuurman drukte voor elke versie van de serie een nieuw citaat over de vorige heen, waardoor de gelaagdheid met elke volgende versie toenam.

Het resultaat is een serie affiches met grote stopkracht, ondanks het ontbreken van een duidelijk focuspunt. Het kost enige moeite om de boodschap op de affiches te ontcijferen. Daarmee tart Schuurman de wetten van de affichevormgeving. Maar vorm en kleur maakten de drang om de tekst te willen lezen niettemin onontkoombaar. **BvL**

Michiel Schuurman – Matter of Monument Poster Series

The Castrum Peregrini Foundation, housed in a monumental canalside house in Amsterdam with a rich history, organized an exhibition about the question of how heritage and written history relate to what happened in the past. The exhibition 'Matter of Monument' brought a generation of artists together who investigated the influence of passed down icons and stories from characteristic historical eras on current changes and the appreciation of urban values. To promote the exhibition, Michiel Schuurman, himself one of the exhibitors, made a series of four striking posters.

Graphic designer Schuurman is known for his exuberant typographical posters with distorted letters originating from varying patterns. A method of working that has grown from his education that began at the Royal Academy of Arts in The Hague and was completed at the Rietveld Academy in Amsterdam.

'In The Hague you learn the rules of typography in a scholastic way that you can throw overboard at the Rietveld,' was his comment. According to Schuurman, his posters, which he often screen prints himself, form the recurrent theme in his portfolio. 'It is where I experiment with all sorts of new techniques and insights I teach myself.'

The poster series for 'Matter of Monument' is a good example. Schuurman took four quotations from well-known people about monuments in Amsterdam and elsewhere as his starting point. The words, which emerge from a pattern of dripping paint in fluorescent colours, are only just legible. For each version of the series, Schuurman printed a new quotation on top of the previous one, so that the layering increased with each subsequent version.

The result is a series of posters with the power to stop people in their tracks, in spite of the fact that there is no clear focal point. It takes some effort to decipher the message on the posters. With his approach, Schuurman is defying the laws of poster design. But the form and colour nevertheless made the desire to read the text irresistible. **BvL**

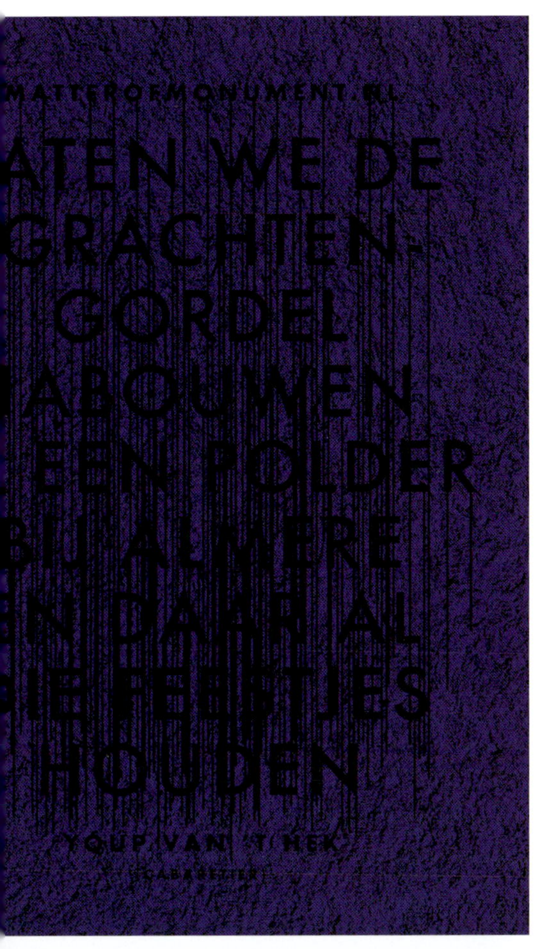
MATTEROFMONUMENT.NL
ATEN WE DE
GRACHTEN-
GORDEL
ABOUWEN
EEN POLDER
BIJ ALMERE
EN DAAR AL
IE FEESTJES
HOUDEN
YOUP VAN 'T HEK
(CABARETIER)

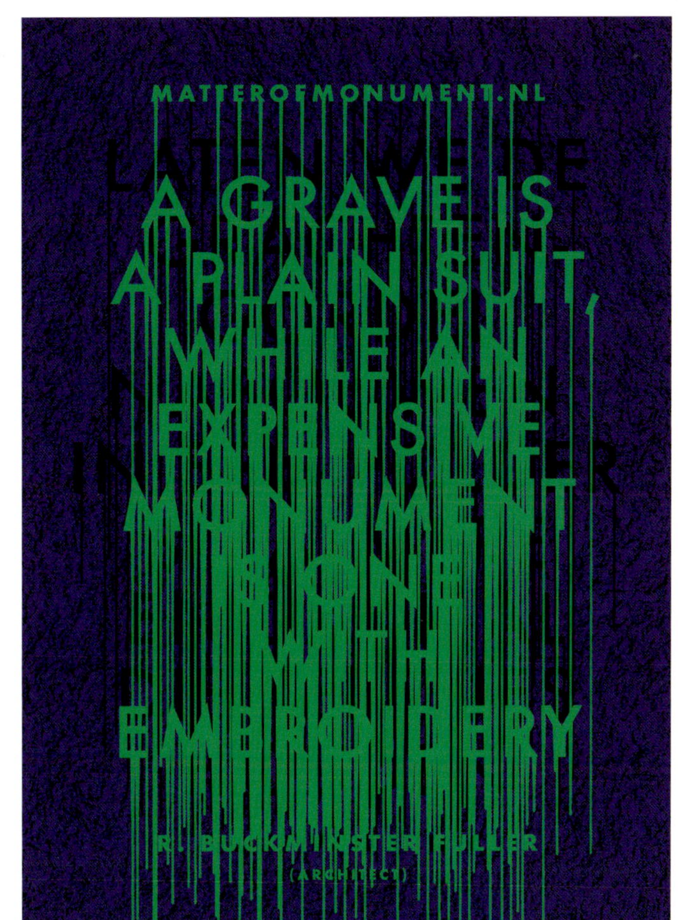
MATTEROFMONUMENT.NL
A GRAVE IS
A PLAIN SUIT,
WHILE AN
EXPENSIVE
MONUMENT
IS ONE
WITH
EMBROIDERY
R. BUCKMINSTER FULLER
(ARCHITECT)

MATTEROFMONUMENT.NL
NO
MORE
BELLOWING
BRITISH
TOURISTS
MICHIEL VAN IERSEL
(DIRECTOR NON-FICTION)

MATTEROFMONUMENT.NL
AMSTERDAM
IS EEN
WERELD
DORP
CAROLIEN GEHRELS
(WETHOUDER MONUMENTEN & CULTUUR AMSTERDAM)

Vorige / Previous
<<P 114

Volgende / Next
P 105 >>

Industrieel vormgevingserfgoed krijgt eigen instituut

Het erfgoed van de Nederlandse grafische vormgeving is gezegend met het NAGO, dat sinds jaar en dag de archieven van bekende en minder bekende grafisch ontwerpers beheert en ontsluit. Ook de Bibliotheek Bijzondere Collecties van de Universiteit van Amsterdam herbergt de archieven van enkele bekende Nederlandse grafisch ontwerpers. Het erfgoed van de Nederlandse architecten bevindt zich in het Nederlands Architectuurinstituut.

Voor de industrieel ontwerpers was er geen beheersinstelling, maar in deze situatie is dit jaar verandering gekomen. In Eindhoven is het Louis Kalff Instituut opgericht, dat zich inzet voor het behoud en beheer van het industrieel vormgevingserfgoed. Het instituut is ondergebracht bij het Regionaal Historisch Centrum Eindhoven (RHCE). De naamgever van het nieuwe instituut is de in Delft tot architect opgeleide Louis Kalff (1897–1976). Hij werkte als grafisch vormgever, productontwerper en architect voor Philips en was de eerste directeur van de afdeling die tegenwoordig Philips Design heet.

De eerste industrieel ontwerper die zijn archief aan het Louis Kalff Instituut schonk, is Joop Istha (1933). Hij liep in de jaren vijftig stage bij Kalff en hij werkte begin jaren zestig bij IBM. Daarna richtte hij het ontwerpbureau Istha Industrial Design op, dat werkte voor bedrijven als Philips en Etna. Hij ontwierp vele huishoudelijke apparaten. Ook was hij als hoogleraar verbonden aan de faculteit Industriële Vormgeving van de TU Delft.

Dat een niet zo bekend industrieel ontwerper als eerste zijn archief overdraagt is veelbetekenend, want het overgrote deel van de Nederlandse vormgeving is afkomstig van anonieme ontwerpers. Zij maken de apparaten, verpakkingen en gebruiksvoorwerpen die iedereen dagelijks in zijn handen heeft.

Istha's archief, dat een paar duizend werktekeningen en foto's omvat, zal worden gedigitaliseerd, waarna het via de website van het Louis Kalff Instituut kan worden bekeken. Naast het RHCE zijn ook Design Cooperation Brainport, het NAGO en Premsela betrokken bij het instituut, dat van de gemeente Eindhoven een startsubsidie van 25.000 euro kreeg. **MV**

New Institute for Dutch Industrial Design Heritage

Dutch graphic design heritage is blessed with the NAGO (Nederlandse Archief Grafische Ontwerpers, Dutch Archive of Graphic Designers), which has managed and unlocked the archives of many graphic designers, some well-known, others less. The University of Amsterdam's Bibliotheek Bijzondere Collecties (Library of Special Collections) also houses the archives of several renowned Dutch graphic designers. The legacy of Dutch architects is preserved by the Netherlands Architecture Institute.

Until recently industrial designers had no such institute to manage their heritage. However, this situation changed over the past year with the establishment in Eindhoven of the Louis Kalff Instituut, whose purpose is to preserve and manage industrial design heritage. The institute is accommodated in the Regionaal Historisch Centrum Eindhoven (RHCE). It is named after Louis Kalff (1897–1976), who trained as an architect in Delft and worked as a graphic designer, product developer and architect for Philips. Kalff was the first director of the department now designated Philips Design.

The first industrial designer to gift his archive to the Louis Kalff Instituut is Joop Istha (b. 1933), who trained with Kalff at Philips during the 1950s. In the early 1960s Istha worked for IBM, before establishing the design firm Istha Industrial Design; clients included companies such as Philips and Etna, for which the firm designed many domestic appliances. Istha was also attached to the Faculty of Industrial Design at Delft University of Technology as a professor.

It is significant that a lesser-known industrial designer is the first to have presented his archive to the institute, for the vast majority of Dutch design is produced by such anonymous designers, who create the appliances, packaging and utensils that everyone uses on a daily basis.

Istha's archive, comprising several thousand drawings, plans and photographs, will be digitalized for access via the website of the Louis Kalff Instituut. The institute, which has received a start-up subsidy of 25,000 euros from the Eindhoven local authority, is also supported by Design Cooperation Brainport, the NAGO and Premsela. **MV**

1 / Louis Kalff, maart/March 1925
2 / Joop Istha, reclamefoto voor Erres wasmachine/ commercial photograph for Erres washing machine

Lernert & Sander – Videoclip *Elektrotechnique*, De Jeugd van Tegenwoordig

Regisseur en schrijver Lernert Engelberts en grafisch ontwerper en beeldend kunstenaar Sander Plug bewegen zich in hun werk dwars door de werelden van kunst, design en commercie. Grenzen tussen disciplines zijn onbelangrijk voor het duo, dat zich sinds 2006 in eigen filmpjes, muziekvideo's, commercials, posters, illustraties en installaties bedient van een heldere eigen stijl. Hun karakteristieke esthetiek van eenvoud en onderkoelde humor roept associaties op met de beeldtaal van comics.

De videoclip bij het nummer *Elektrotechnique* van de rapformatie De Jeugd van Tegenwoordig is daar ook weer een sterk voorbeeld van. Deze perfect en consequent uitgevoerde clip met een serie tot seksmachines omgebouwde huishoudelijke apparaten, houdt zowel inhoudelijk als visueel de aandacht van de kijker vast tot het orgastische einde.

De film is een aaneenschakeling van vaste camerastandpunten, waarin de beweging alleen komt van de in elkaar geknutselde apparaten. De dynamiek in beeld wordt langzaam opgevoerd naar het hoogtepunt, waarin alle controle verloren raakt. De constructie van de objecten is intrigerend, de styling van de film is prachtig en allerlei details maken het een plezier de clip verschillende keren achter elkaar te bekijken.

Inhoudelijk past de film goed bij de sterk seksueel geladen tekst van het nummer (*'t is toch een T ja ikke weet/ Alles van haar vissenspleet/ Stroomstoot uit het piemeltje/ Hoogspanning niet friemelen*). Tegelijk leveren Lernert & Sander superieur commentaar op de expliciete videoclips die in dit genre gangbaar zijn. **BvL**

Lernert & Sander – Videoclip Elektrotechnique, *De Jeugd van Tegenwoordig*

Director and writer Lernert Engelberts and graphic designer and visual artist Sander Plug cut right through the worlds of art, design and commerce in their work. Boundaries between the disciplines are not important to the duo, who have been employing their own clear style in their short films, music videos, commercials, posters, illustrations and installations since 2006. Their characteristic aesthetic of simplicity and controlled humour evokes associations with the imagery of comics.

The video clip for the track *Elektrotechnique* by the rap formation De Jeugd van Tegenwoordig is another strong example of this concept. This perfect and consistently executed clip with a series of household appliances transformed into sex machines holds the viewer's attention both by the content and visual impact, right to the orgasmic end.

The film is a chain of fixed camera positions, where the only movement is provided by the knocked-together appliances. The dynamics in the image are slowly built up to the climax, when every vestige of control is lost. The construction of the objects is intriguing, the styling of the film is beautiful and all sorts of details make it a pleasure to watch the clip several times in a row.

In terms of content, the film fits in well with the track's strongly sexually tinted text (*it's just a T, yeah I know/ Everything about her fish slit/ A surge from the pecker/ High tension don't touch*). At the same time Lernert & Sander provide superior commentary on the explicit video clips common in this genre. **BvL**

Communicatie / Communication

Ontwerper/Designer
Lernert & Sander

Opdrachtgever/Client
De Jeugd van Tegenwoordig

Website
www.lernertandsander.com

Foto's/Photos
Lernert & Sander

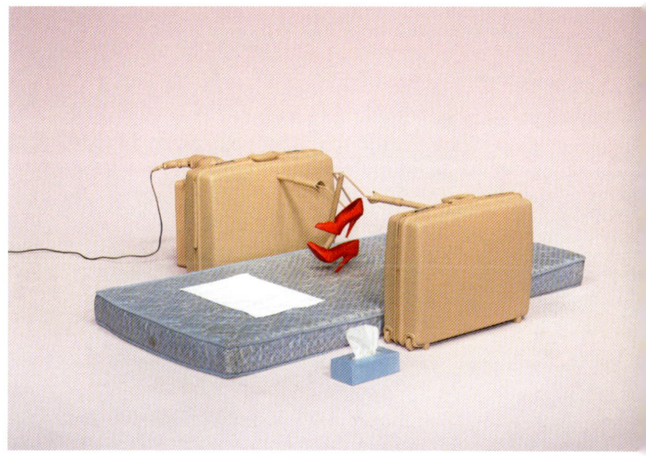

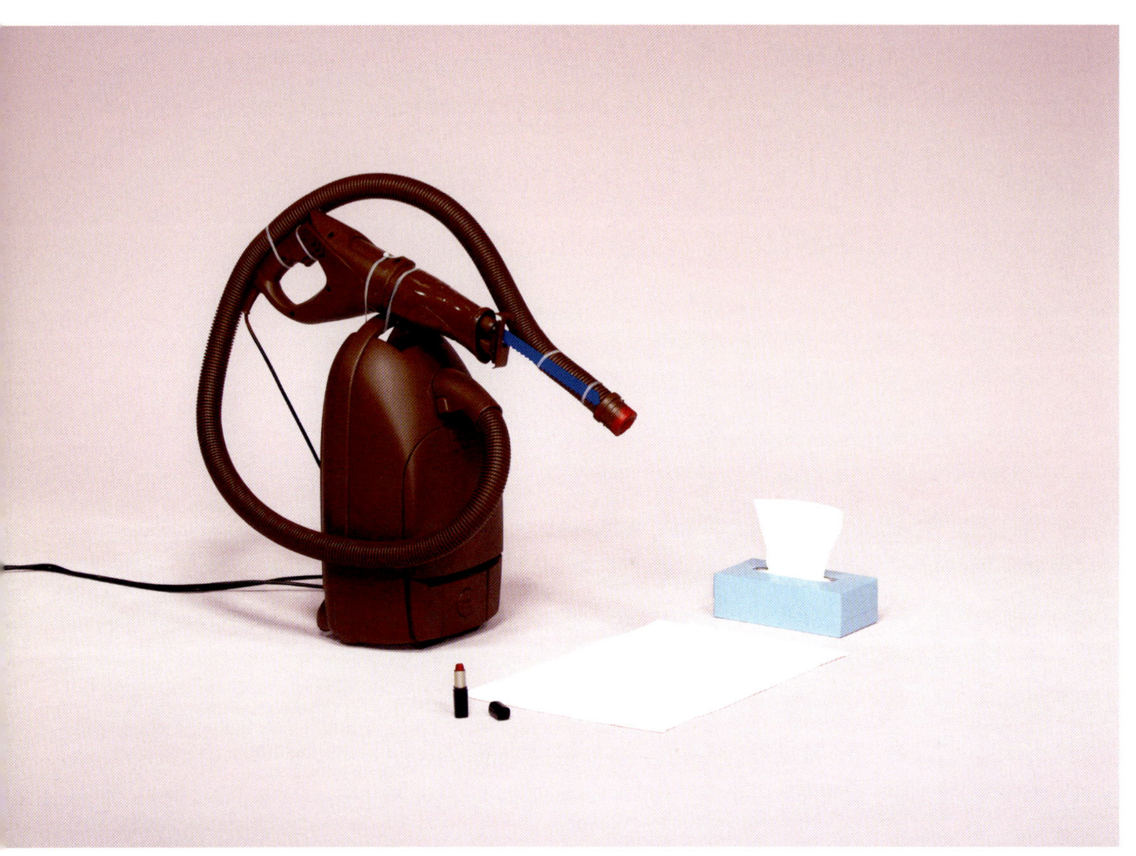

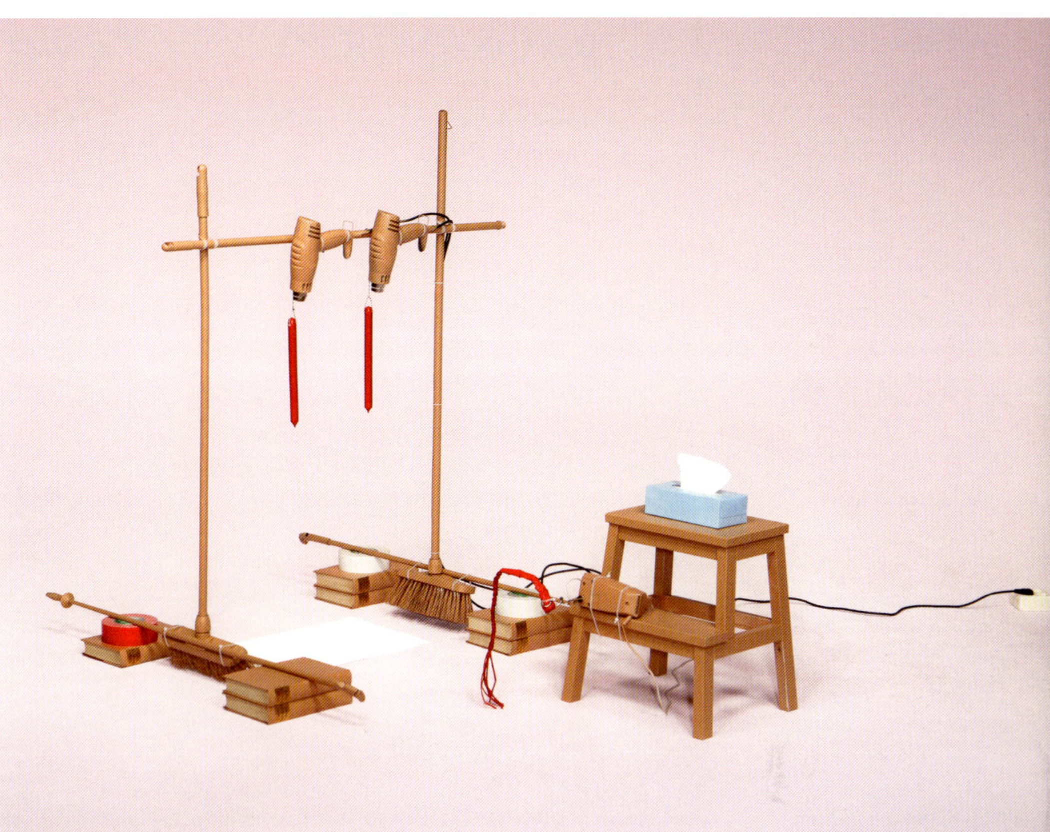

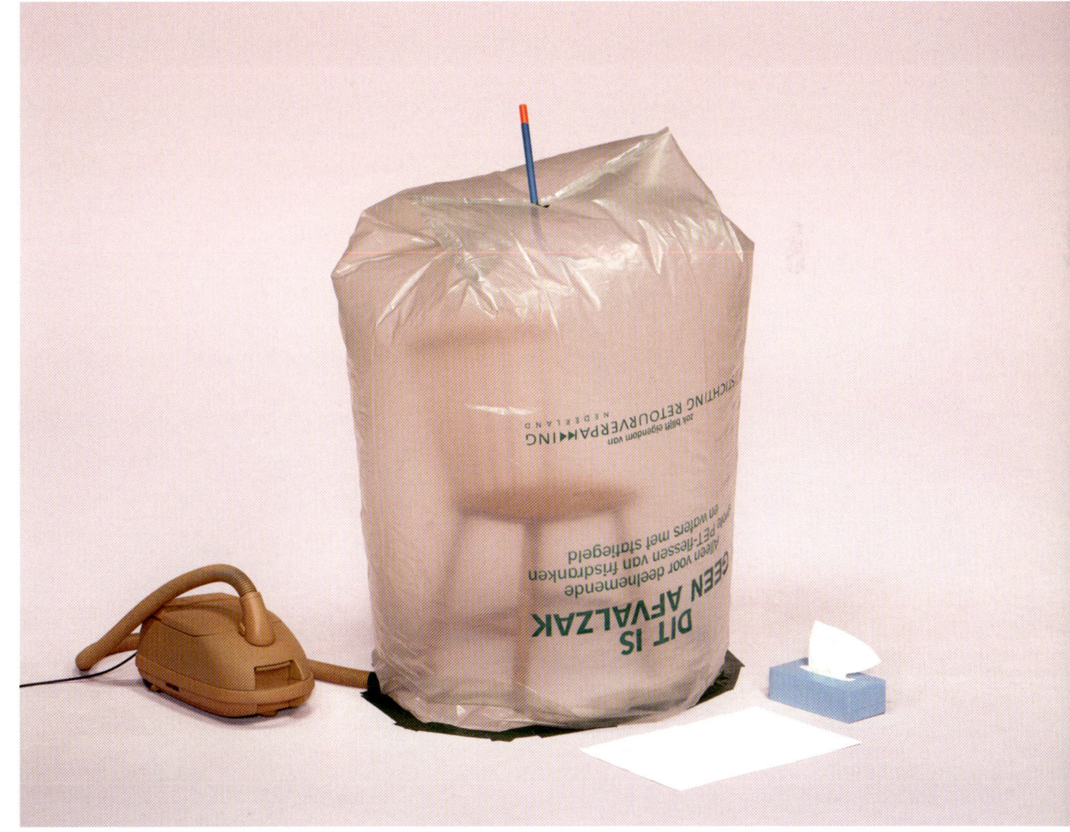
RETOURVERPAKKING
zak blijft eigendom van
Alleen voor deelnemende
PET-flessen van frisdranken
en waters met statiegeld
DIT IS
GEEN AFVALZAK

Vorige / Previous
<< P 36, 38, 54, 116

Volgende / Next
P 148, 162 >>

Lernert & Sander – Etalages Selfridges

'De lancering van de nieuwe schoenenafdeling is een opwindende gebeurtenis voor *shopaholics*, maar we hadden niet verwacht dat het zeker zo opwindend zou zijn voor creatieve types zoals wij.' Zo luidde een van de reacties op de merkwaardige sculpturen die het duo Lernert & Sander maakte voor de etalages van het Britse warenhuis Selfridges. Met gevoel voor humor, maar ook voor de communicatieve waarde, vormden zij een ijskast, een stofzuiger, een strijkijzer en andere huishoudelijke apparaten om tot extravagante schoencreaties. De elf monochroom gekleurde objecten, die in het najaar van 2010 de aandacht trokken voor de nieuwe schoenenafdeling, maakten op geestige wijze de koppeling tussen het gewone aanbod van het warenhuis en de wereld van de haute couture en de schoenenmode.

Selfridges staat in Londen bekend om zijn bijzondere etalages. Via een agent in Londen waren Lernert Engelbregts en Sander Plug al eens uitgenodigd om te pitchen voor het ontwerp van een aantal etalages. Die opdracht ging niet door, maar leverde het duo later wel de opdracht om vier etalages voor de nieuwe schoenenafdeling te ontwerpen. Het concept daarvoor viel zo in de smaak dat er uiteindelijk elf etalages mee werden gevuld.

De iconische schoenobjecten zijn exemplarisch voor het werk van Lernert & Sander, dat zich dwars door alle disciplines en media heen beweegt. De filmpjes en installaties die zij maken, ontlenen hun communicatieve kracht aan een combinatie van humor, knutseldrift en esthetiek. Hun surrealisme in eigentijdse, heldere vormgeving werkt enorm aanstekelijk. Dat Selfridges het duo uitnodigde voor deze opdracht getuigt van inzicht en goed opdrachtgeverschap. **BvL**

Lernert & Sander – Selfridges Window Displays

'The launch of a new shoe department is an exciting prospect for *shopaholics* but we didn't expect it would be just as exciting for creative types like us.' This was one of the reactions to the remarkable sculptures made by the duo Lernert & Sander for the window displays at the British department store Selfridges. With a sense of humour, but also a feeling for communicative value, they transformed a refrigerator, a vacuum cleaner, an iron and other household appliances into extravagant shoe creations. The 11 monochromatically coloured objects, which attracted attention in the autumn of 2010 for the new shoe department, humorously made the link between the department store's usual stock and the world of haute couture and footwear fashion.

Selfridges is well-known in London for its unusual window displays. Via an agent in London, Lernert Engelbregts and Sander Plug had already been invited in the past to make a pitch for the design of several window displays. That assignment fell through, but it later led to the duo being granted the assignment to design four window displays for the new shoe department. The concept they created was so well received that ultimately 11 windows were filled.

The iconic shoe objects are exemplary for Lernert & Sander's work, which cuts straight across all the disciplines and media. The short films and installations they make derive their communicative strength from a combination of humour, arty-crafty zeal and aesthetics. Their brand of surrealism in contemporary, clear design has an enormously infectious effect. The fact that Selfridges invited the duo for this assignment bears witness to their insight and quality as commissioning clients. **BvL**

Communicatie / Communication

Ontwerper/Designer
Lernert & Sander

Opdrachtgever/Client
Selfridges

Website
www.lernertandsander.com

Foto's/Photos
Lex Kembery

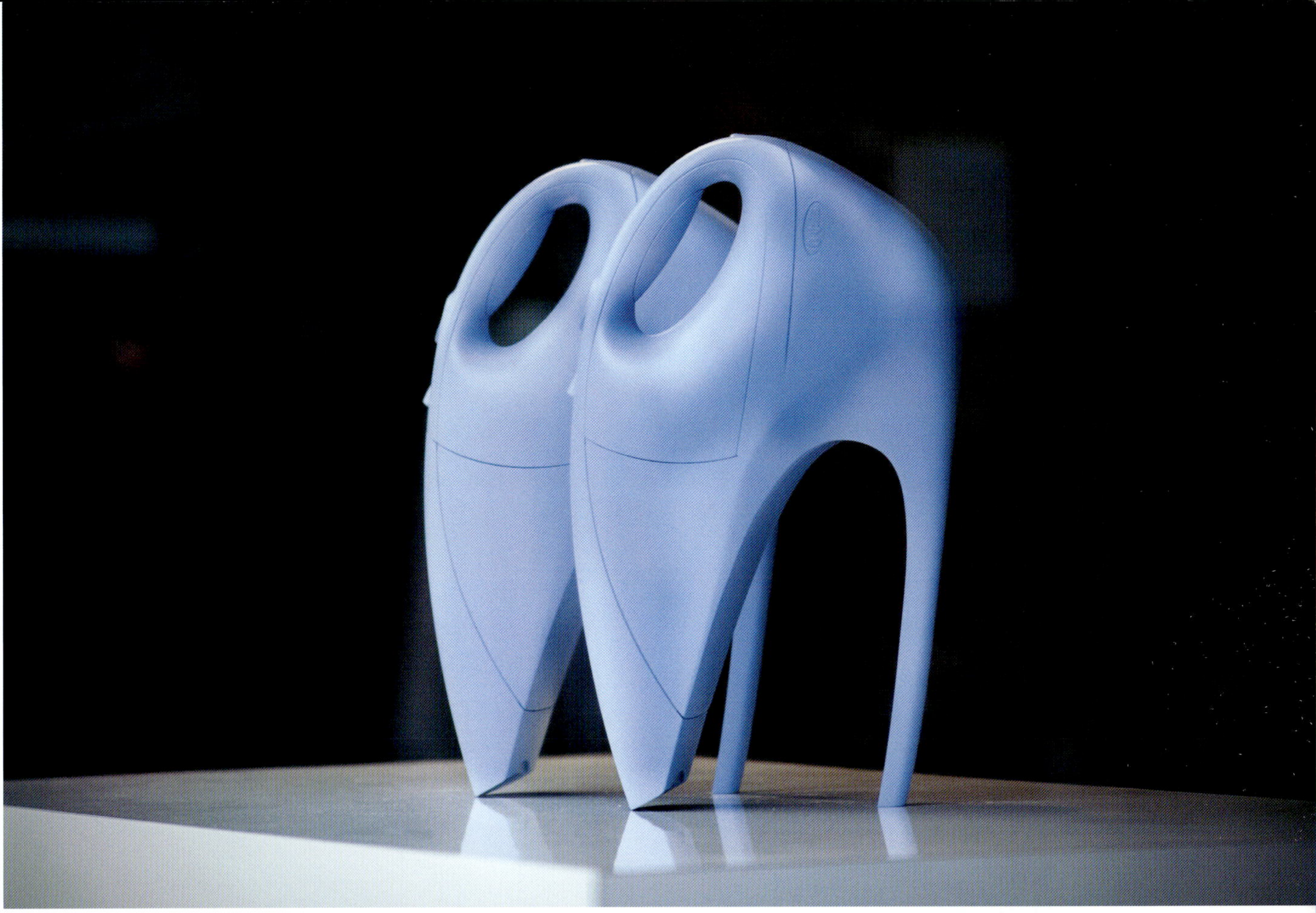

Lernert & Sander

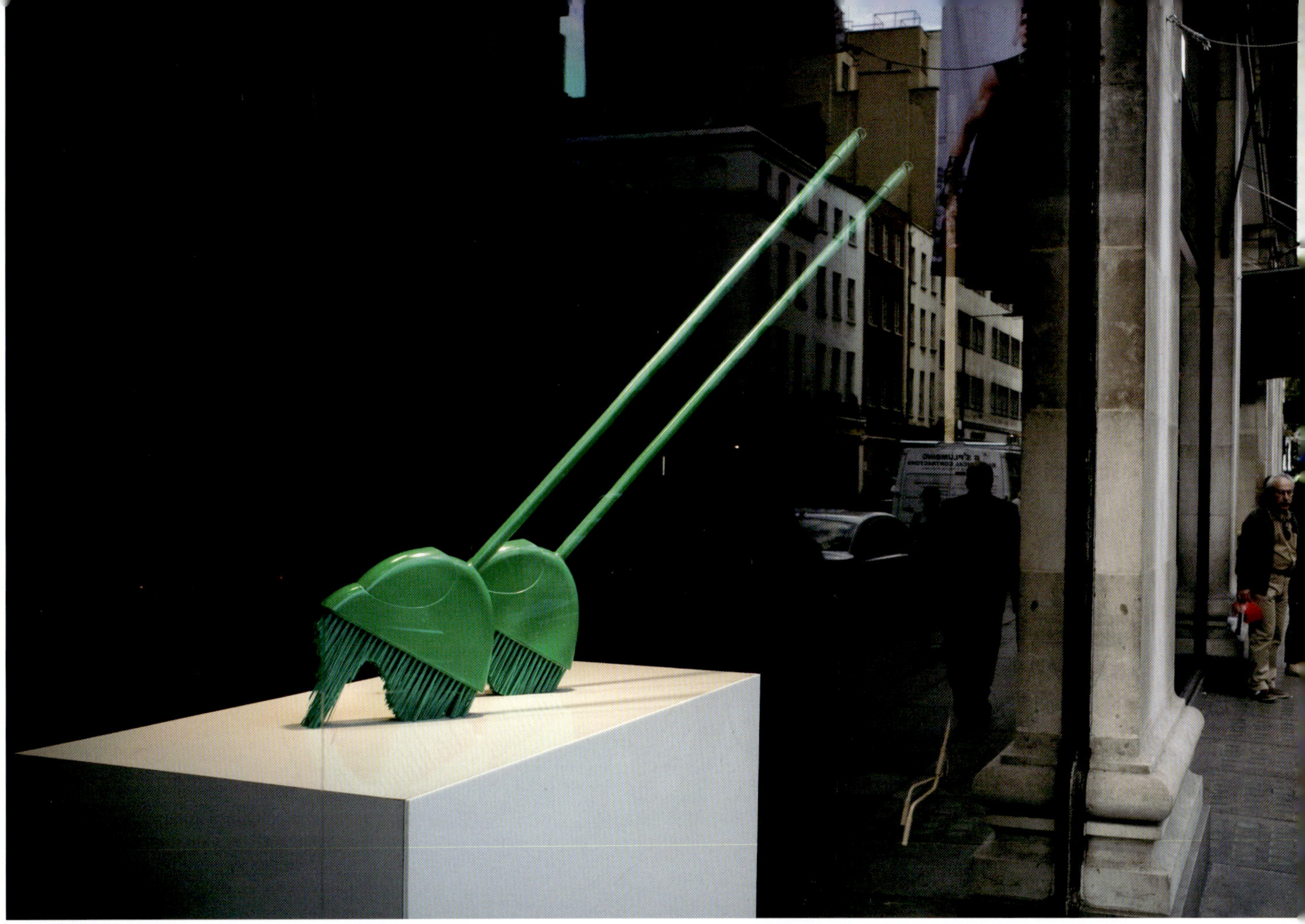

Lernert & Sander
Shoe No. 6
We wanted to turn stock items in a woman's everyday life into startlingly smart footwear.
A humorous take on fashion as an ideal escape from the daily grind.
www.lernertandsander.com
www.blinkart.co.uk
art
blink

Volgende / Next
P 140, 142, 150, 176 >>

Aldo Bakker – Jug + Cup

Deze organische waterkan (jug) met bijpassende beker (cup) dankt zijn olifantachtige vorm aan de stabiele schenkhouding: met een steunende en sturende hand onder de buik. Esthetiek met een hoog eigenzinnig karakter, passend bij Bakkers al bestaande familie aan tafelobjecten.

Het is even verwarrend als opvallend dat je aan de tafelobjecten van Aldo Bakker moeilijk ziet waarvoor ze dienen. Pak je ze op, dan begrijpen je handen en vingertoppen het wel meteen. Een fysieke ervaring waarop we – levend te midden van virtualiteiten – wel degelijk mogen durven te vertrouwen. Om het maar eens wat ingewikkeld te zeggen: Aldo Bakker transformeert vormen vanuit een bijna protofunctioneel vertrekpunt. Teruggaand naar de noodzakelijkste handelingen bij het hanteren van tafelobjecten ontdekte hij dat greepjes, deksels of oortjes op kannen en kopjes overbodige en lompe toevoegingen zijn. Dus liet hij ze weg. Hier vroeg de kan om een dikke buik, anders dan zijn iconische koperen waterkan.

Het gevoel geeft voor Bakker voldoende richting bij een gebruiksontwerp. Gestaag ontstond zo in vijf jaar een familie van tafelobjecten die op natuurlijke wijze uitschenken, vloeien of strooien. Je vraagt je af: denkt hier de hand van de ontwerper over hoe hij gaat voelen en zo dus de vorm gaat bepalen?

Het getuigt van ontwerperslef om zo op intuïtie te durven vertrouwen als Aldo Bakker dat doet. Eigenlijk is hij geen vormgever maar een betekenisgever, die de functie heroverweegt en uiteindelijk versterkt. **CR**

Aldo Bakker – Jug + Cup

This organic water jug with accompanying cup owes its elephant-like shape to its stable pouring relation: a supporting hand at the spout and a guiding hand under the body. Aesthetics of a highly idiosyncratic kind, in keeping with Bakker's already-existing family of table objects.

Equally confusing and remarkable is the fact that you have a hard time seeing what purpose Aldo Bakker's table objects actually serve. When you pick them up, however, your hands and fingertips immediately know. A physical experience that we – living in the midst of virtualities – really should dare to trust. To put it in a more complicated way: in his transformation of forms, Aldo Bakker's point of departure is almost proto-functional. By going back to the most necessary actions during the use of table objects, he discovered that handles, covers or ears on jugs and cups are superfluous and ungainly additions. So he did away with them. Here, the jug called for a thick body, unlike his iconic copper water jug.

For Bakker, feeling is enough of a guide with a utensil. Thus, over a period of five years, a family of table objects has been steadily created that pour, flow or sprinkle in a natural manner. You wonder: Does the hand of the designer think about how he will feel, and determine the shape that way?

To trust intuition to the extent that Aldo Bakker does is a testimony to his courage as a designer. In fact, he is not a designer but an imparter of meaning, someone who reconsiders an object's function and ultimately strengthens it. **CR**

Product / Product

Ontwerper/Designer
Aldo Bakker

Opdrachtgever/Client
Particles

Website
www.aldobakker.com

Foto's/Photos
Eric & Petra Hesmerg

Vorige / Previous
<< P 64, 88, 90, 100

Volgende / Next
P 166, 178, 182 >>

Ontwerper/Designer
Anne Holtrop

Opdrachtgever/Client
Stichting Beeldende Kunst Manifestatie Heemskerk

Website
www.anneholtrop.nl

Foto's/Photos
Bas Princen

Anne Holtrop – Temporary Museum (Lake)

Voor kunstmanifestatie 'Schone Schijn' ontwierp architect Anne Holtrop in een weiland een tijdelijk museum. Het bouwwerk stond twee maanden in het duingebied bij Heemskerk en was onderdeel van de kunstroute van de manifestatie. Het bevatte kunstwerken van Sjoerd Buisman, Renie Spoelstra, Driessens & Verstappen en Eva-Fiore Kovacovsky. De werken gaan een relatie aan met de natuur of het idee van natuur. Het bouwwerk maakte het mogelijk de werken in dichte relatie tot het landschap te exposeren, zonder ze aan de elementen bloot te stellen.

Anne Holtrop werkt aan projecten waarin de ruimtelijke beleving van bouwwerken, los van herkenning of functie, een centrale rol speelt. Holtrop maakt ruimtes die openstaan voor meerdere interpretaties. De vloeiende contour van het tijdelijk museum komt voort uit een toevallige penstreek. Het resultaat is een grondplan dat, als een rorschachvlek, de duiding van zijn betekenis overlaat aan de beschouwer. Het bouwwerk bevindt zich daardoor op de grens tussen architectuur en beeldende kunst: het is bijna zelf een autonoom werk.

De vloeiende vorm was gematerialiseerd in populieren triplex. De dikte van de vloer, de wanden en het dak kon tot een minimum beperkt worden, waardoor de lijn tussen volume, exterieur en interieur flinterdun is. Het tijdelijk museum bevat parallellen met het Trail House, dat Holtrop in 2009 in Almere realiseerde. Waar het Trail House van een padenstructuur een ruimte maakt, daar is het tijdelijk museum een sculptuur in het weiland. De curves leverden in en om het bouwwerk vloeiende ruimtes op, met een diffuse grens tussen exterieur en interieur. Door af en toe de dunne wanden te doorsnijden, vergrootte Holtrop de gelaagdheid van de ruimtelijke beleving van het bouwwerk. **RJdK**

Anne Holtrop – Temporary Museum (Lake)

For the art exhibition 'Schone Schijn' architect Anne Holtrop designed a temporary museum in a meadow. For two months the structure stood in the dunes near Heemskerk as part of the exhibition's art route. It housed works by Sjoerd Buisman, Renie Spoelstra, Driessens & Verstappen and Eva-Fiore Kovacovsky. The building made it possible to exhibit the pieces in close proximity to the landscape, without actually exposing them to the elements. The works thus entered into a relationship with nature or the idea of nature.

Anne Holtrop works on projects that centre on the spatial experience and perception of buildings, independent of familiarity or function. Holtrop creates spaces that are open to multiple interpretations. The flowing contours of the temporary museum originate in a fortuitous stroke of the pen. This resulted in a floor plan whose meaning, like that of a Rorschach blot, is in the eye of the beholder. The building hovers between architecture and the visual arts: it can almost be seen as an autonomous piece.

The flowing form was materialized in poplar plywood. The thickness of the floor, the walls and the roof could be minimized, resulting in a wafer-thin line between volume, exterior and interior. The temporary museum bears some resemblance to the Trail House that Holtrop realized in Almere in 2009. While the Trail House turned a structure of paths into a space, the temporary museum is a sculpture in a meadow. The curves in and around the building produce fluid spaces with a diffuse border between exterior and interior. By cutting through the thin walls in places, Holtrop added further layers to the spatial experience and perception of the building. **RJdK**

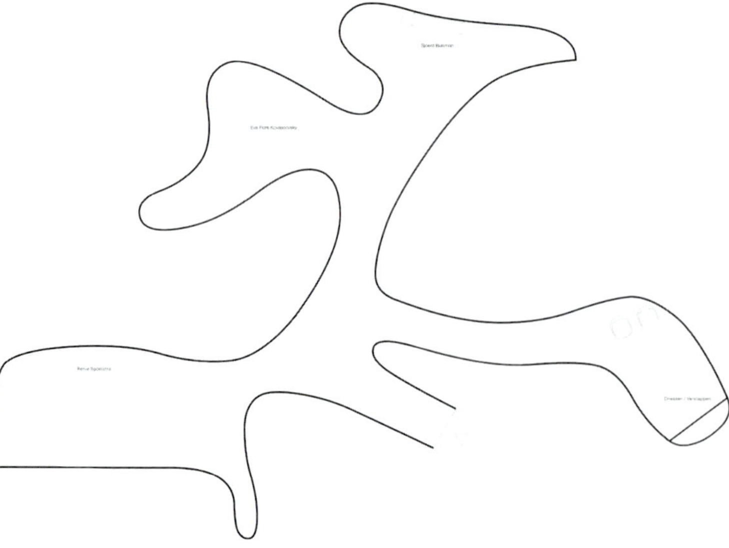

Vorige / Previous
<< P 119

Volgende / Next
P 170 >>

Rogier Wieland – Moleskine campagne

Grafisch en audiovisueel ontwerper Rogier Wieland vestigde in 2007 in één klap zijn naam met de videoclip *Whatcha got* voor de Nederlandse band Trenchcoat. Aan de stopmotion animatie van uitgeknipte en op karton geplakte stills van een video-opname van de band had hij een jaar gewerkt. Die werkwijze klinkt omslachtig en is dat ook zeker, maar het resultaat was het waard: een onwaarschijnlijk dynamisch spel met de verbeelding.

In de serie van drie promotiefilmpjes voor de maker van de bekende opschrijfboekjes Moleskine kon Wieland zich opnieuw helemaal uitleven. Aantrekkelijke filmpjes weer voor de al even begeerlijke producten. Twee video's maken reclame voor de agenda's c.q. dagboeken van Moleskine, de derde gaat over een nieuwe productlijn van stijlvolle tassen.

In de eerste video wordt in sneltreinvaart de complete collectie van agenda's in verschillende formaten en met verschillende inhoud gepresenteerd. Stopmotion techniek zorgt hierin voor een grote beweeglijkheid. De tweede film gaat over een nieuwe serie extra kleine agenda's in verschillende kleuren. Hierin komen de verschillende activiteiten die een mens daarin zoal bijhoudt vanuit de pagina's tot leven. Naar de kapper, joggen, een feestje, een dagje op het water, het komt allemaal uit het papier tevoorschijn.

De derde film laat zien hoe vanuit de schetsboeken de nieuwe Moleskine Travel Collection is ontstaan. Wieland laat uiteindelijk op vernuftige wijze een echte tas letterlijk uit de schets tevoorschijn komen. Een visueel feestje. **BvL**

Rogier Wieland – Moleskine Campaign

Graphic and audiovisual designer Rogier Wieland made his name in 2007 with the video clip *Whatcha got* for the Dutch band Trenchcoat. He had worked for a year on the stop motion animation of stills from a video recording of the band, which he cut out and pasted on cardboard. This way of working sounds laborious and of course it is, but the result was worth it: an improbably dynamic play on the imagination.

In the series of three short promotion films for the maker of the well-known Moleskine notebooks, Wieland was once again able to indulge his fantasy to the full. Resulting once again in attractive short films for equally desirable products. Two videos are advertisements for the Moleskine planners/diaries, the third is about a new product line of stylish bags.

In the first video, the complete collection of planners in different formats and with different contents is presented in a tearing rush. Stop motion technology creates a large amount of movement. The second film is about a new series of extra small planners in different colours. The various activities that people might record there come to life. Going to the hair salon, jogging, a party, a day sailing, it all emerges from the paper.

The third film shows how the new Moleskine Travel Collection originated from sketchbooks. At the end, Wieland makes a real bag literally appear from the sketch in a most ingenious fashion. A feast for the eyes. **BvL**

Communicatie / Communication

Ontwerper/Designer
Rogier Wieland

Opdrachtgever/Client
Moleskine

Website
www.rogierwieland.nl

Jogging!

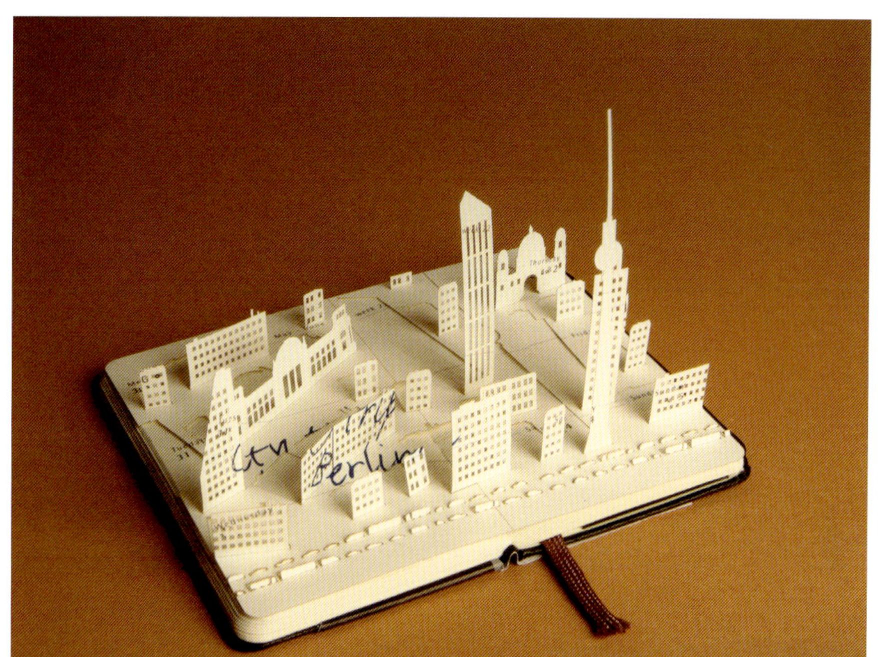
Berlin

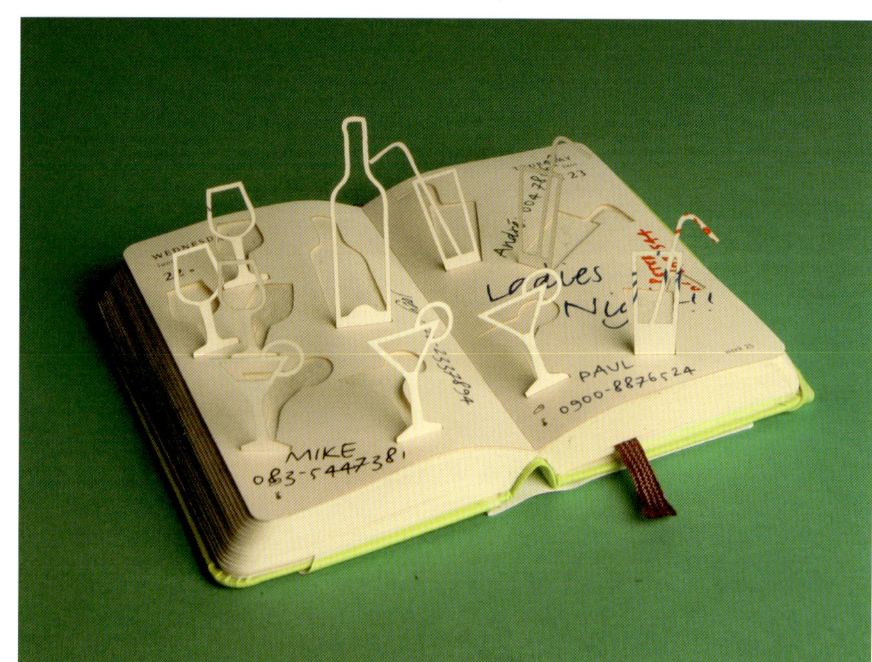
MIKE
083-5447381
PAUL
0900-8876524

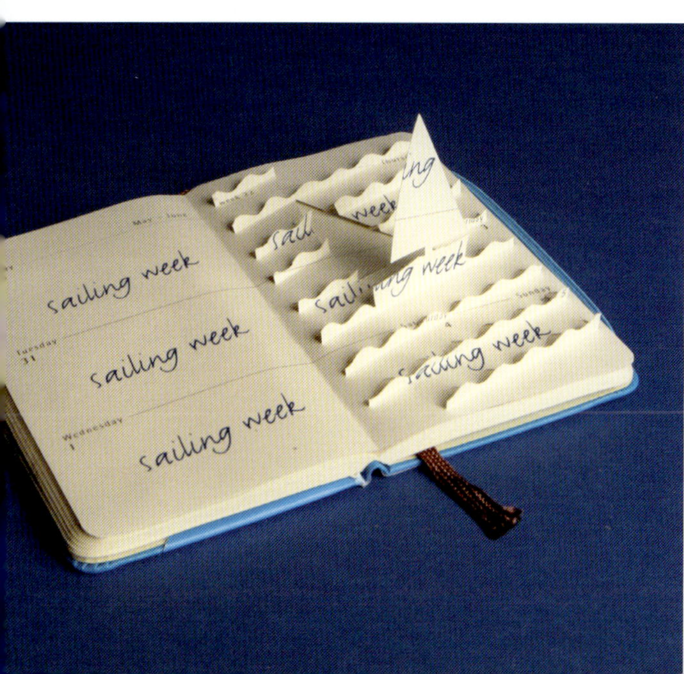
sailing week
sailing week
sailing week

Hair salon
Birthday
Mariska

Vorige / Previous
<< P 118

Volgende / Next
P 152 >>

MINI Young Designer Award

Wie is de ontwerpbelofte van 2011? Dutch Design Awards kent jaarlijks de MINI Young Designer Award toe aan de meest getalenteerde ontwerper van dit moment. Een selectiecommissie wees uit meer dan vijftig genomineerden – op basis van criteria als actualiteit, eigenzinnigheid, visie, vormtaal en breedte van het portfolio – drie finalisten aan voor deze speciale aanmoedigingsprijs (in alfabetische volgorde): BCXSY (Boaz Cohen en Sayaka Yamamoto), Bart Hess en Sander Veenhof.

Ontwerpduo BCXSY maakt een veelheid aan (hoofdzakelijk) interieurproducten – van boekenkasten en kamerschermen tot tapijten en vazen. Boaz Cohen en Sayaka Yamamoto – de afkorting van hun namen vormt de studionaam – zijn geïnteresseerd in de ambachtelijke zoektocht die vaak aan de hand van een thema tot een collectie leidt. Oost en west, regionaal en soms nostalgisch, precisie en aandacht zijn de kernwoorden van hun werk.

Ontwerper Bart Hess werkt op de grens tussen mode, fotografie en de ontwikkeling van nieuwe materialen en toepassingen. Zijn wereld bevat licht fetisjistische elementen en allerlei varianten van de pseudo-natuur. Hess richt zich op zowel de culturele als de commerciële wereld, hetgeen tot internationale samenwerkingen leidde met aansprekende personen en instellingen als Lady Gaga, Iris van Herpen, Lucy McRae en Palais de Tokyo.

Kunstenaar Sander Veenhof werkt aan nieuwe vormen van communicatie, waarbij de mobiele telefoon zijn grootste fascinatie heeft. Veenhof exploreert en creëert nieuwe publieke ruimten met bijvoorbeeld Augmented Reality, waarbij hij betrokken is bij het hele spectrum van conceptontwikkeling tot technische uitwerking van zijn ideeën.

Winnaars van de voorgaande jaren zijn Iris van Herpen (2010), Jelte van Abbema (2009) en Christien Meindertsma (2008). **MV**

MINI Young Designer Award

Who is the most promising designer in 2011? The Dutch Design Awards presents the annual MINI Young Designer Award to one of the most talented designers at this moment. From more than 50 nominees, a selection committee choses – on the basis of such criteria as the topicality, individuality, vision, design idiom and breadth of the portfolio – three finalists for this special incentive award (in alphabetical order): BCXSY (Boaz Cohen and Sayaka Yamamoto), Bart Hess and Sander Veenhof.

The designer duo BCXSY makes a variety of (mainly) interior products – from bookcases and folding screens to carpets and vases. Boaz Cohen and Sayaka Yamamoto – the studio's name is taken from their initials – are interested in the metier investigation that often leads to a collection based on a theme. East and West, regional and sometimes nostalgic, precision and attention are key words for their work.

Designer Bart Hess works on the cusp between fashion, photography and the development of new materials and applications. His world contains slightly fetishist elements and all sorts of variants of pseudo-nature. Hess focuses on both the cultural and the commercial worlds, which leads to international collaborations with vibrant personalities and institutes like Lady Gaga, Iris van Herpen, Lucy McRae and Palais de Tokyo.

Artist Sander Veenhof works on new forms of communication, with his greatest fascination being the mobile phone. Veenhof explores and creates new public spaces, for instance using augmented reality, and stays hands-on throughout the entire spectrum from concept development to the technical development of his ideas.

The winners from previous years are Iris van Herpen (2010), Jelte van Abbema (2009) and Christien Meindertsma (2008). **MV**

Evenement en debat /
Events and Debate

Foto's/Photos
1, 2 Bart Hess
3 Nick Knight

1 / LucyandBart
(Lucy McRae & Bart Hess)
2 / Bart Hess, Hunt for High-tech
3 / Bart Hess, slime-outfit voor/for
Lady Gaga's album *Born This Way*

1

2 3

4
5

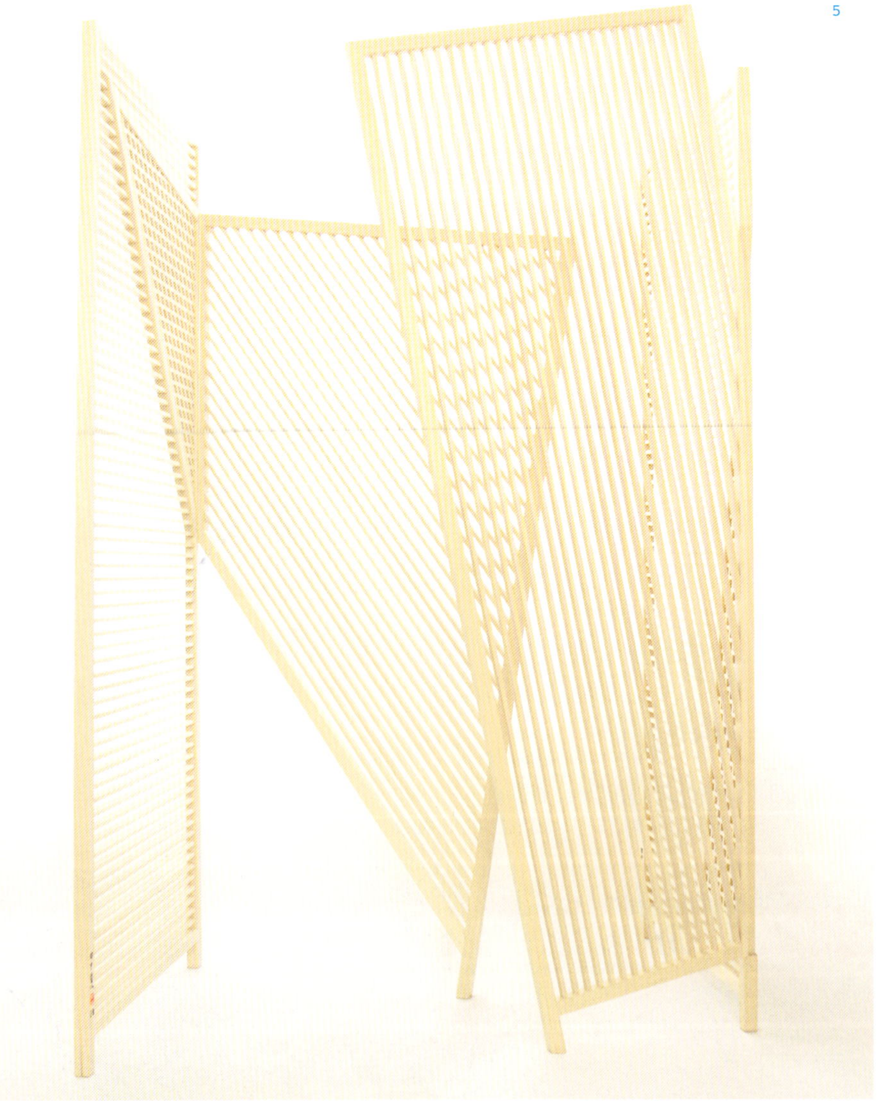

4 / BCXSY, Join
5 / BCXSY, Balance
6 / Sander Veenhof, Virtual Traffic Light, Oerol, 2011
7 / Sander Veenhof, "1 px", Boston Cyberarts Festival, 2011. Visualisatie van 1 pixel aan de waterkant bij het ICA in Boston / Visualisation of 1 pixel at the waterfront of the ICA building in Boston
8 / Sander Veenhof, Eddie the Eagle Museum, 2010

6

7

8

Vorige / Previous
<< P 72, 94

Volgende / Next
P 144, 188, 190 >>

Philips Design – Philips FreeStreet straatverlichting

Het Philips FreeStreet-systeem met leds gebruikt niet langer straatlantaarns als sta-in-de-wegs, maar heeft voldoende aan een elegant, amper zichtbaar snoer. De hieraan bevestigde slanke kokonachtige armaturen lijken daardoor vrij in de lucht te zweven.

Binnenkort gaan onze straten er anders uitzien. Zeker 's avonds. Door het verbod op de klassieke kwikdamplampen in de EU vanaf 2015 zoeken stadsplanners naar innovatieve alternatieven. Philips komt op tijd met dit straatverlichtingssysteem dat een vooruitstrevende en interessante oplossing aanbiedt die tegelijk zichtbaar orde schept in ons almaar drukker stedelijk landschap. Het systeem maakt gebruik van een snoer van leds, aangesloten op smalle kabels die overdag zo goed als onzichtbaar zijn.

Thuis in Eindhoven testte Philips het systeem al uit met een proefopstelling op de campus van de TU. Passanten waren verbaasd over de boven hun hoofd zwevende lampen, althans zo leek het. Zonder twijfel is hun verbazing over een paar jaar voorbij als dit elegante systeem standaard wordt in veel Nederlandse binnensteden, want die potentie bezit het.

Een mooi voorbeeld van productontwikkeling die ons niet alleen technologisch, maar ook in sociaal opzicht veiliger en prettiger thuis laat voelen op straat. **CR**

Philips Design – Philips FreeStreet Street Lighting

The Philips FreeStreet system with LEDs eliminates the stumbling blocks of streetlamp poles; all that is needed is an elegant, barely visible wire. This makes the narrow, cocoon-like fittings seem to float in the air.

In the near future, our streets will look different – certainly at night. With traditional mercury vapour lamps about to be banned in the EU in 2015, urban planners are seeking innovative alternatives. Philips has now come up with this street lighting system, which offers a progressive and interesting solution while simultaneously eliminating some of the clutter in our increasingly busier urban landscapes. The system uses a string of LEDs attached to narrow cables that are virtually invisible during the day.

At home in Eindhoven, Philips has already tested the system with a trial setup on the campus of Eindhoven University of Technology. Passersby were surprised to see lights floating in the air above their heads – or at least, so it seemed. A few years from now their surprise will undoubtedly be gone when this elegant system becomes standard in many Dutch inner cities, for it has that potential.

A fine example of product development that makes us safer and more comfortable on the streets, both in the technological and social sense. **CR**

Product / Product

Ontwerper/Designer
Philips Design

Opdrachtgever/Client
Philips Design

Website
www.philips.com/design

Foto's/Photos
Koninklijke Philips Electronics N.V.

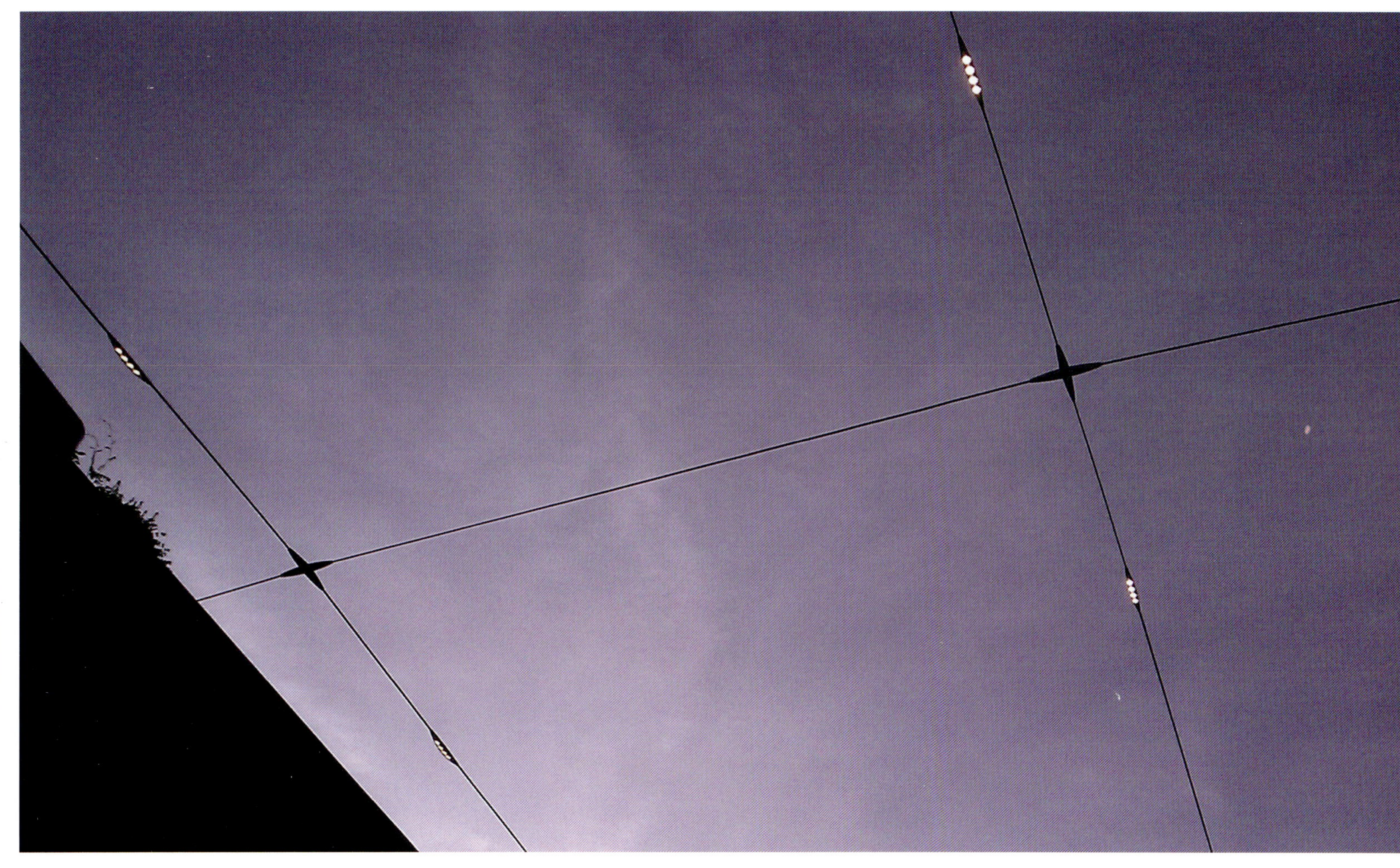

Vorige / Previous
<< P 68, 70, 84, 86, 102, 106

Ontwerper/Designer
Overtreders W, Reinder Bakker, Hester van Dijk

Opdrachtgever/Client
Schatten van Brabant

Website
www.overtreders-w.nl

Foto's/Photos
Reinder Bakker/Hester van Dijk

Overtreders W – Het dak dat opgaat in rook

Het maken van een plek begint bij het bieden van beschutting tegen de elementen. Voor het driedaagse Brabantse festival Allerzielen ontwierpen Reinder Bakker en Hester van Dijk van Overtreders W een zitplek voor veertig personen. De ontwerpers willen naar eigen zeggen 'ruimtes maken met een menselijke maat, die aangenaam zijn om in te verblijven'. Daarbij trachten Bakker en Van Dijk hun opgaven te vertalen in een helder en sterk beeld. De sociale pleisterplaats 'het dak dat opgaat in rook' koppelt *feel-good* aan functionaliteit en iconografie. Een rij picknickbanken zorgt ervoor dat er neergestreken kan worden. De blikvanger van het project betreft het dak, een groot wit luchtkussen dat boven de plek lijkt te zweven. Het dak heeft de contour van een rookwolk zoals een kind die tekent en houdt de bezoekers droog. Door het kussen van kunststoffolie te vullen met de hete lucht uit de kachel heeft het slechts minimale ondersteuning nodig. Acht ijle schragen houden het witte volume omhoog.

De warmte van de kachel maakt de plek geschikt voor een langer verblijf. Daarbij kan de kachel gebruikt worden voor het roosteren van kastanjes, het poffen van aardappels en het verwarmen van chocolademelk of soep. Aspecten die het verblijf onder het dak verder veraangenamen.

De ontwerpers hebben tevens goed over de assemblage nagedacht. Het dak dat opgaat in rook kan gemakkelijk opgebouwd en gedemonteerd worden. Het enige wat nodig is, is een bestelbusje, wat gereedschap en twee personen. De installatie is inmiddels ook opgedoken op de voormalige luchthaven Tempelhof in Berlijn tijdens het internationale design festival DMY. **RJdK**

Overtreders W – The Roof That Goes Up in Smoke

The creation of a place starts with offering protection from the elements. For the three-day Allerzielen (All Souls' Day) festival in Brabant, Reinder Bakker and Hester van Dijk of Overtreders W designed a seating area for 40 people. The designers wanted to, in their own words, 'create spaces with a human dimension, which are pleasant to be in'. Bakker and Van Dijk always try to produce a distinctive and strong image. 'The roof that goes up in smoke' is a social meeting place that couples a feel-good factor to functionality and iconography. A row of picnic benches provides seating, while the project's eye-catching element is the roof: a large white inflatable cushion that appears to float above the seats. The roof, sporting the contours of a cloud of smoke drawn by a child, keeps the visitors dry. Because the synthetic cushion is filled with hot air from the stove it requires only minimal support. Eight light-weight trestles keep the white object aloft.

The heat of the stove makes the place suitable for lingering. The stove itself can be used for roasting chestnuts and potatoes and for heating soup and hot chocolate, making a sojourn under the roof even more enjoyable.

The designers put a lot of thought into the assemblage. The roof that goes up in smoke is easily assembled and taken down again. All that is needed is a small delivery van, some tools and two people. The installation has since appeared at the DMY international design festival at the former Tempelhof Airport in Berlin. **RJdK**

Vorige / Previous
<< P 126

Volgende / Next
P 142, 150, 176 >>

Studio Glithero – Blueware Vases

Deze Blueware vazen en de volgens hetzelfde procédé ontstane tegels lijken te dateren uit midden negentiende eeuw, de begintijd van de fotografie. Niet is minder waar: ze komen uit 2010 en zijn in Londen met de hand gemaakt door het Brits-Nederlands ontwerpduo Glithero: Tim Simpson en Sarah van Gameren. Het klopt echter wel dat de reproductietechniek ouderwets aandoet. De blauwdruk werd ooit ook in niet-overdrachtelijke zin door architecten als een soort bouwtekening gebruikt. Op hun beurt zetten de ontwerpers planten, die ze buiten hun atelier plukten, volgens deze techniek over op porseleinen vazen. Ze volgden hierbij negentiende-eeuwse Britse fotografes die ook op deze manier planten en bloemen op de gevoelige plaat vastlegden.

Deze ambachtelijk-historische maar toch ook conceptuele aanpak waarmee Studio Glithero werkt, is niet alleen mooi om te zien. Ook nodigt het uit tot nadenken over de schoonheid van historische ornamentiek en de traditie van blauw en wit porselein. Doordat de ontwerpers de vazen stuk voor stuk maken, is ieder exemplaar uniek en blijft de productie zeer beperkt. Ook met de tegels refereert Studio Glithero aan de op oude (middeleeuwse!) waarden gestoelde ambachtstechnieken van William Morris, de invloedrijke Engelse ontwerper van de Arts & Craftsbeweging. Zoals bekend koos Morris als reactie op de door hem verafschuwde industrialisatie weer voor het nobele maar bewerkelijke handwerk, zoals dat in de Middeleeuwen beoefend werd door meesters en hun gezellen.

Designgalerie Vivid opende met een expositie van Studio Glithero haar nieuwe locatie in Rotterdam en verkocht later op kunstbeurzen in Rotterdam en Bazel hun werk aan geïnteresseerde privé-verzamelaars met een romantische inslag. **CR**

Studio Glithero – Blueware Vases

These Blueware Vases, and the tiles created by the same procedure, seem to date from the mid-nineteenth century or thereabouts, the period of early photography. Nothing is further from the truth: they are from 2010 and made by hand in London by the British Dutch designer duo Glithero: Tim Simpson and Sarah van Gameren. However, it's true that the reproduction technique has an old-fashioned air. At one time, architects used blueprints in the non-metaphorical sense, as a kind of floor plan. In their turn, the designers now use this technique by placing plants, which they pick outside their studio, on top of porcelain vases. They are following the example of the nineteenth-century British photographers who placed plants and flowers on light-sensitive photographic plates.

The result of this historical-artisanal and yet conceptual approach taken by Studio Glithero is not only beautiful to see, it also invites contemplation of the beauty of historical ornamentation and the tradition of blue-and-white porcelain. Since the designers make the vases one-by-one, each specimen is unique, and production remains extremely limited. With the tiles as well, Studio Glithero refers to the traditional techniques – based on old (medieval!) principles – of William Morris, the influential English designer from the Arts & Crafts movement. As is well-known, Morris, in reaction to the industrialization that he detested, returned to the noble but laborious handwork practiced in the Middle Ages by masters and their journeymen.

The Vivid design gallery opened their new location in Rotterdam with an exhibition of Studio Glithero and later sold the duo's work at art fairs in Rotterdam and Basel to interested private collectors with a romantic bent. **CR**

Product / Product

Ontwerper/Designer
Studio Glithero, Tim Simpson, Sarah van Gameren

Opdrachtgever/Client
Studio Glithero

Website
www.studioglithero.com

Foto's/Photos
Petr Krejci

Vorige / Previous
<< P 126, 140

Volgende / Next
P 150, 176 >>

Dirk Vander Kooij – Endless Chair

Een oude robotarm, afkomstig uit een Chinese fabriek, maakt een op zijn kant liggende stoel door het continue 'spugen' van een soort veter met gesmolten, gerecyclede kunststof in iedere kleur. De stoel krijgt zo laagje voor laagje zijn herkenbare maar technisch moeilijk thuis te brengen vorm. Als 'designuiting' past het in de recent opgekomen behoefte van ontwerpers om ook hun eigen productie-apparatuur te ontwikkelen.

Je zou die het best pre-industrieel kunnen noemen. Conceptuele ontwerpers raakten uitgekeken op tijdrovende ambachtstechnieken en ontwikkelen daarom machines, zoals met name op de expositie 'NIJVER|heden' in het Zuiderzeemuseum te zien was, waar deze stoel ook getoond werd.

Het gegeven dat de ontwerper een oud industrieel hulpmiddel een nieuwe functie geeft, zie je uiteraard niet terug aan het product. Maar als je het weet blijkt die ontwerpfilosofie erg interessant. Het maakt ook weinig uit dat voor deze, in wezen tamelijk gewone stoelvorm gekozen is. Als productiemodel zou het zitmeubel veel te duur zijn en daarom nooit in deze omslachtige laag-voor-laagtechniek gemaakt kunnen worden.

Voordeel van deze uitvoering als unicaat is dat je door het verwerken en smelten van steeds weer andere kunststofkorrels de stoel steeds weer in een tijdens het maakproces veranderde kleur kan laten spugen.

Niet verwonderlijk dat musea en een vermaarde architect-stoelenverzamelaar al exemplaren van de Endless Chair aankochten. Het zou zo maar eens kunnen dat deze stoel het designicoon van het jaar wordt en uiteindelijk onderdeel wordt van het rijtje vergelijkbaar technologische afwijkende stoelen van Bertjan Pot en Marcel Wanders. **CR**

Dirk Vander Kooij – Endless Chair

An old robot arm originating from a Chinese factory makes a sideways-lying chair by continually 'spitting out' a kind of string of melted, recycled plastic in all sorts of colours. Layer by layer, the chair assumes its recognizable but technologically unfamiliar shape. As a 'design expression' this fits in with a recent trend: designers wanting to develop their own production equipment.

You could best call this 'pre-industrial'. Conceptual designers are tiring of time-consuming handcraft techniques and therefore developing machines to do the job, namely such as were shown at the exhibition 'Industrious|Artefacts. The Evolution of Crafts' in the Zuiderzee Museum, where this chair was also exhibited.

Indeed, by simply looking at this product you cannot tell that the designer has given a new function to an old industrial device. But when you do know this, the design philosophy proves to be very interesting. It actually makes little difference that this essentially fairly ordinary chair shape was chosen. As a production model, such a chair would be much too expensive and therefore could never be made with this laborious layer-by-layer technique. The advantage of making this product as a one-of-a-kind is that by adding and melting different bits of plastic you can keep changing the colour of the chair as the device spits it out.

It's not surprising that museums and a renowned architect/chair collector have already bought examples of the Endless Chair. It could very well be that this chair becomes the design icon of the year, winding up in the row of comparable, technologically anomalous chairs by Bertjan Pot and Marcel Wanders. **CR**

Product / Product

Ontwerper/Designer
Dirk Vander Kooij

Website
www.dirkvanderkooij.nl

Ineke Hans – Ahrend 380

De eerste volledig kunststof stoel van Ahrend lijkt op zijn beroemde houten/metalen voorganger: de Revolt-stoel uit de jaren vijftig van Friso Kramer. Ontwerpster Ineke Hans combineert een rugleuning van recyclebare en gerecyclede kunststof met een contrasterende, versterkte kunststof voor zitting en poten, wat de goed zittende stoel een krachtig en fris silhouet geeft. Het 'two tone'-gebruik van twee contrastkleuren maakt de stoel extra onderscheidend.

De Ahrend 380-stoel en bijbehorende tafel passen in zakelijke projectomgevingen, maar ook binnen de privésfeer. Opmerkelijk is dat ontwerper Ineke Hans, die tot nu toe vooral meubels in kleine oplages ontwierp en produceerde, geen echte briefing kreeg van Ahrend. Uiteraard gaf Ahrend-topman Jacq de Bruin de vooral conceptueel werkende Hans wel enige praktische eisen mee. Zo moest de stoel mooi en karakteristiek maar ook stapelbaar zijn, en prima zitten – met en zonder korte armleuningen.

De hoogglans armlegger en rugleuning zijn in alle uitvoeringen wit; zitting en poten altijd gematteerd en leverbaar in wit, zwart en blauw. Voor de zitting en rugleuning worden twee verschillende soorten kunststof gebruikt. De flexibele rug is van Xenoy, een mix van polyester, polycarbonaat met daarin verwerkte gerecyclede polyurethaan (PET)-flessen. De zitting is gemaakt van met glasvezel versterkte polyamide.

De rug wordt als apart onderdeel in de zitting geschoven. Daardoor is de stoel comfortabel voor zowel dik, dun, groot of klein. Hans hield de poten zo dun mogelijk: en niet alleen voor een elegante aanblik, maar ook om de stoelen beter te kunnen stapelen. **CR**

Ineke Hans – Ahrend 380

The first totally plastic chair produced by Ahrend resembles its famous wood/metal predecessor, the Revolt chair from the 1950s designed by Friso Kramer. Designer Ineke Hans combined a back made of recycled plastic (itself also recyclable) with a contrasting, reinforced plastic for the seat and legs, which gives this comfortable chair a strong, fresh silhouette. The two-tone contrasting colours make this chair extra eye-catching.

The Ahrend 380 chair and the accompanying table are appropriate for business project environments, but also for the home. Of note is that Ineke Hans, who until now has primarily designed and produced furniture in small editions, received no actual briefing from Ahrend. However, Ahrend's top-ranking Jacq de Bruin did inform Hans, who usually works conceptually, of a few practical requirements. For example, the chair had to be good-looking and distinctive, but also stackable and comfortable to sit on – with or without the short armrests.

The shiny armrests and back are always executed in white, while the seat and legs are always matte, available in white, black or blue. For the seat and the back, two different kinds of plastics have been used. The flexible back is made of Xenoy, a mixture of polyester and polycarbonate processed with polyurethane (PET) bottles. The seat is made of polyamide reinforced with fibreglass.

The back is slipped into the seat as a separate component. This makes the chair comfortable for heavy or thin, big or small people. Hans kept the legs as thin as possible, not only for an elegant look, but also for better stacking. **CR**

Product / Product

Ontwerper/Designer
Ineke Hans

Opdrachtgever/Client
Koninklijke Ahrend BV

Website
www.inekehans.com

Foto's/Photos
Tim Johannis, Alexander van Berge (m)

Vorige / Previous
<<P 96

Volgende / Next
P 154, 156, 187 >>

Studio Job – Gothic Chair

De kunststof Gothic Chair knipoogt naar ouderwetse burgermansmeubels en is voor een aantrekkelijke verkoopprijs leverbaar in verschillende kleuren met contrasterende knopen aan de zijkanten. Met zijn speelse, bijna Disney-achtige uiterlijk, schertst deze typische Studio Job-stoel brutaal met de goede smaak.

Dat Studio Job vóór de huidige kostbare design-unica meer betaalbare meubels maakte, lijkt haast vergeten. Daarom is deze Gothic Chair erg welkom als bereikbaar Job-object voor hun groeiende schare liefhebbers.

De stoel naar ontwerp van Job Smeets en Nynke Tynagel (Studio Job) kent een tamelijk prozaïsche ontstaansgeschiedenis. Bij het herinrichten van het gerenoveerde Groninger Museum werd Studio Job gevraagd een lounge te ontwerpen en in te richten. Hiervoor ontwikkelden zij deze stoel. Dat de stoel een herinterpretatie van de gotische, zestiende-eeuwse stijl zou zijn – volgens de ontwerpers, die een dergelijke antieke stoel voor zichzelf aanschaften – valt trouwens te betwijfelen. Eigenlijk lijkt deze meer op nabootsingen uit de negentiende eeuw, die wel de betiteld wordt als de Lelijke Tijd.

Consequent maar in wezen functieloos zijn de knopen, eigenlijk pronte noppen, aan de zijkant van de rugleuning. Ze contrasteren de kleuren brutaal met rug en zitting.

De serie bestaat uit meerdere bepaald hippe kleurstellingen, waaronder een in ouderwets-gezellig bruin.

Met die vrolijkheid in redelijk lichtgewicht kunststof verloochenen de Gothic Chairs hun oorspronkelijke doel als projectstoel in de horeca niet. Maar ook kunnen ze uitstekend dienen als tuin- of balkonstoel voor mensen die graag wat meer rechtop zitten. Dat de stoel ten slotte zowel adoratie als afkeer oproept, is een typerende kwaliteit van het oeuvre van Studio Job. Goede smaak bestaat immers niet. Dogma's wel. **CR**

Studio Job – Gothic Chair

The plastic Gothic Chair gives a cheerful wink and a nod to old-fashioned bourgeois furniture and is available for an attractive price in various colours, with contrasting studs on the side. With its playful, almost Disney-like appearance, this typical Studio Job chair cheekily makes fun of good taste.

It almost seems forgotten that before their current line of expensive one-off designs, Studio Job made more affordable furniture. That's why this Gothic Chair is very welcome to their growing crowd of enthusiasts, as an attainable 'Job object'.

The story behind this chair by Job Smeets and Nynke Tynagel (Studio Job) is relatively prosaic. During the renovation and redecoration of the Groninger Museum, Studio Job was asked to design and furnish a lounge. This chair was developed for that project. The designers' claim that the chair is a reinterpretation of the sixteenth-century Gothic style – they acquired such an antique chair for themselves – is doubtful, however. Actually, it looks more like imitations from the nineteenth century, which in the Netherlands has been dubbed the 'time of ugliness'.

Stylistically consistent but in essence functionless are the studs (actually striking-looking knobs) on the edges of the seat and back. Their colour contrasts boldly with the rest of the chair. The series comprises several decidedly hip colour schemes, including a quaint brown and gold version in a nod to the past.

With their cheeriness and relatively light-weight plastic, the Gothic Chairs do not deny their original purpose as a chair for a catering project. But they can also excellently serve as garden or balcony furniture for people who like a chair with a slightly straighter back. Finally, the fact that the chair elicits both adoration and aversion is typical of Studio Job's oeuvre. After all, good taste doesn't exist – but dogmas do. **CR**

Product / Product

Ontwerper/Designer
Studio Job

Opdrachtgever/Client
Moooi

Website
www.studiojob.nl

Foto's/Photos
Nicole Marnati

Vorige / Previous
<< P 36, 38, 54, 116, 122

Volgende / Next
P 162 >>

Floor Wesseling – Blood in Blood out

Grafisch ontwerpen gaat over betekenis geven en het gebruik van symbolen. In een onderzoek naar de uitdrukking van culturele identiteit is Floor Wesseling teruggegaan naar de vroege voorlopers van de grafisch ontwerpers van nu, de middeleeuwse kenners van de heraldiek. In het langjarige project *Blood in Blood out* heeft hij gezocht naar een moderne en toegankelijke vorm om de relaties tussen Europese culturen te visualiseren. Wesseling wil laten zien hoe Europa's huidige multiculturele identiteit voortkomt uit oorlogen, huwelijken, allianties en verdragen.

In zijn project maakt Wesseling de analogie tussen de officiële tunieken van middeleeuwse herauten en moderne voetbalshirts. De wapenherauten van weleer kondigden de komst van hun heer aan en droegen daarom een jas met de heraldische tekenen van diens familie. Daarnaast toonde het geborduurde T-vormige tuniek vaak kenmerkende kleuren en tekenen van de religie, het land en de eer van de ridder.

Voetbalshirts zijn daar in zekere zin een moderne variant van, al vertegenwoordigen die per definitie maar één club, stad of land. Door de shirts van verschillende teams en landen volgens de heraldische principes met elkaar te combineren, brengt Wesseling de relaties tussen verschillende culturen in beeld. De kracht van dit concept zit in de eenvoud van de uiteindelijke vorm. De heraldische shirts roepen bij iedere beschouwer direct reacties op. Ze zijn een sterke grafische metafoor voor het actuele vraagstuk van de culturele identiteit. De gelaagdheid die eronder zit maakt het project des te sterker. In de voetbalwereld heeft het boek waarin *Blood in Blood out* wordt gepresenteerd bovendien indruk gemaakt met het idee om in voetbalshirts grafische tekens te verwerken die de positie van een speler op het veld weergeven. **BvL**

Floor Wesseling – Blood in Blood out

Graphic design is about giving meaning and using symbols. In a study into the expression of cultural identity, Floor Wesseling went back to the early precursors of today's graphic designers: the mediaeval scholars of heraldry. During the long-running project *Blood in Blood out*, he searched for a modern and accessible form to visualize the relationships between European cultures. Wesseling wants to show how Europe's current multicultural identity originates from wars, marriages, alliances and treaties.

In his project, Wesseling makes the analogy between the official tunics of mediaeval heralds and modern football jerseys. The heralds at arms of bygone times announced the arrival of their lord and therefore wore a jacket bearing the heraldic symbols of his family. In addition, the embroidered T-shaped tunic often displayed characteristic colours and signs relating to the religion, country and honour of the knight.

To some extent, football jerseys are a modern variant of this, although by definition they represent a single club, city or country. By combining the shirts from different teams and countries with each other according to heraldic principles, Wesseling illustrates the relationships between different cultures. The strength of this concept lies in the simplicity of the ultimate form. The heraldic shirts conjure up immediate reactions in every observer. They are a strong graphic metaphor for the topical question of cultural identity. The layering behind the idea makes the project even stronger. What's more, the book presenting *Blood in Blood out* made an impression in the football world with its concept of including graphic symbols on football jerseys to indicate the position of a player on the field. **BvL**

Communicatie / Communication

Ontwerper/Designer
Studio Ix Opus Ada, Floor Wesseling

Opdrachtgever/Client
Studio Ix Opus Ada, Floor Wesseling

Website
www.floorwesseling.nl

Foto's/Photos
Marques Malacia

Chang

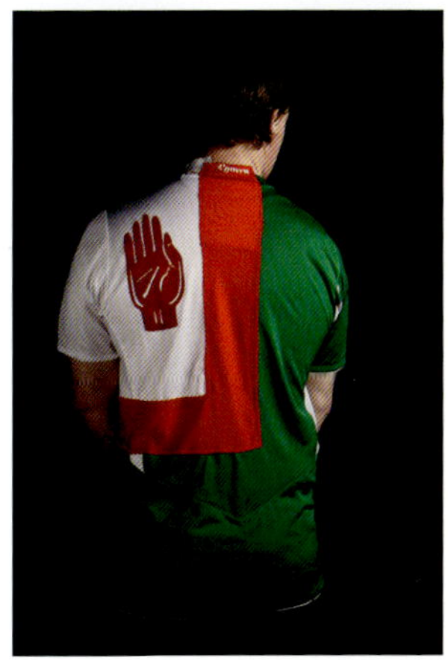

Vorige / Previous
<< P 126, 140, 142

Volgende / Next
P 176 >>

Sebastiaan Straatsma – Dustcollectors: Mangas en Daikaijus vazenserie

Het klassieke silhouet van de vazen is misleidend zogauw je het gebruikte materiaal, 'gehaakte kunststof', ontdekt. Ontwerper Sebastiaan Straatsma leent zijn decoraties namelijk uit de hedendaagse popcultuur – van My Little Pony tot manga-karakters – en gebruikt deze op een manier die teruggrijpt naar traditioneel Aziatische versieringen. In grote lijnen zijn er twee soorten vazen. Beide maken gebruik van de vormen van klassieke typen Chinese vazen van porselein: de trompetvorm en de ballustervorm met deksel. In decoratie en kleurgebruik bevestigt Straatsma soms zijn Chinese bron als in de blauwe en gele dustcollectors, soms maakt hij gebruik van wilde motieven uit onze consumptiemaatschappij. Stilistisch zorgt dit voor een spannende visuele contradictie.

Uiteraard kun je in de open kunststofweefsels geen water gieten. In dat opzicht zijn de vazen dus absoluut onbruikbaar, vandaar de geuzennaam dat ze alleen maar stof staan te verzamelen. Intrigerend is dat wanneer je de vazen van een afstand ziet, je niet meteen ontdekt dat de decoratie niet op de vaas zit, maar deze eigenlijk volledig de vaasvorm bepaalt.

Het duidelijk heen en weer springen tussen traditie en hip past uitstekend bij met name de hedendaagse Japanse popcultuur van dit moment. Als de eind twintigste-eeuwse term niet zo belegen zou zijn geraakt, zou je de vazen daarom als postmodern kunnen typeren. **CR**

Sebastiaan Straatsma – Dustcollectors: Mangas and Daikaijus Series

The classical silhouette of these vases is deceiving, which you realize as soon as you discover that they are made out of 'crocheted plastic'. It so happens that designer Sebastiaan Straatsma borrows his adornments from contemporary pop culture – ranging from My Little Pony to manga characters – and uses them in a way that refers to traditional Asian embellishments. There are two types of vases, both based on classic Chinese porcelain vases: the trumpet vase and the baluster vase with lid. Straatsma's decoration and use of colour, for instance in his blue and yellow 'dustcollectors', confirm his Chinese source of inspiration, although he sometimes uses wild motives from our consumer society. Stylistically, this makes for an exciting visual contradiction.

Needless to say, you cannot pour water into the open weave of this plastic. So in that sense, the vases are absolutely unusable, which is why they have been nicknamed 'dustcollectors'. Intriguingly, when you see these vases from a distance, you do not immediately realize that the decorations are not on the surface but actually determine the shape of the entire vase.

This approach, with its obvious jumping back and forth between tradition and hip, ties in particularly well with today's Japanese pop culture. Thus, if that late twentieth-century term was not so stale, you could call these vases postmodern. **CR**

Product / Product

Ontwerper/Designer
Sebastiaan Straatsma

Website
www.sebastiaanstraatsma.com

Foto's/Photos
Carmen Kemmink

PTOOM
POW!
BLAM!
KLUNK

WHACK!

Vorige / Previous
<< P 132

Volgende / Next
P 159 >>

Arnhem Mode Biënnale

Diverse locaties in Arnhem
3 juni – 3 juli 2011

De Arnhem Mode Biënnale is het grootste mode-evement van Nederland. De hoofdtentoonstelling beslaat een ruimte van 12.000 vierkante meter in het industriële AkzoNobelgebouw. Daar staan 86 outfits en 30 installaties van meer dan zestig nationale en internationale modemerken zoals Prada, Maison Martin Margiela, Jil Sander, Preen, Iris van Herpen, Rodarte, Klavers van Engelen en Thom Browne.

Artistiek directeur Joff (Joffrey Moolhuizen, 1976), de opvolger van Piet Paris, gaf deze vierde editie van de Arnhem Mode Biënnale de naam 'Amber'. 'Ik wil het fenomeen mode persoonlijker te maken', zegt hij. 'Als je "mode" zegt, heeft iedereen daar meteen associaties bij, veel mensen denken bijvoorbeeld meteen aan glamour. Amber is een naam en dat voelt als een persoon met verschillende karaktereigenschappen.' De deelnemende ontwerpers kregen van Joff de opdracht om vanuit hun kleding een totaalvisie neer te zetten. Groot verschil met de vorige edities in 2005, 2007 en 2009 is dat de ontwerpers zelf sterker betrokken zijn. Ze hebben zelf hun installaties vormgegeven. Joff maakte van de hoofdtentoonstelling een ontdekkingsreis door de wereld van Amber. De route begon bij de onderdelen 'Atmospheres' en 'Elements' met installaties over make-up, fotografie en geur (een installatie van het parfum Amber). Doel: het publiek de losse puzzelstukjes van mode laten ervaren.

In het hart van het onderdeel 'Visions' stonden de mode-installaties. Alle ontwerpers kwamen met een ander verhaal. Hoogtepunt was de installatie van de Belgische ontwerpers A.F. Vandevorst over de vergankelijkheid van mode. Zij maakten een kaars in de vorm van een slapend meisje op ware grootte. Tijdens de opening werd die kaars aangestoken, in de loop van de maand smolt het meisje langzaam weg.

Het Amerikaanse Ohne Titel maakte een 'ervaringstunnel' waarin mensen stemmen hoorden die vertellen over de collectie en inspiratie. In die tunnel zagen de bezoekers films en foto's van stofstructuren. Omdat de Zweedse Ann-Sofie Back vindt dat al haar ontwerpen porno zijn, bedacht ze een drie meter hoge transparante dildovorm – een 'fucking machine'. In de met vloeistof gevulde dildo zweefde een jurk. 'Kleding ontwerpen alleen is niet meer genoeg om succesvol te zijn', zei Joff. 'Een ontwerper moet vele disciplines beheersen en een totaalbeeld neerzetten. Ik zie steeds meer ontwerpers die andere wegen bewandelen om zich te uiten.' **GK**

Evenement en debat /
Events and Debate

Foto's/Photos
Team Peter Stigter

Arnhem Fashion Biennial

Various locations in Arnhem
3 June – 3 July 2011

The Arnhem Fashion Biennial is the largest fashion event in the Netherlands. The main exhibition covers a space of 12,000 m^2 in the industrial AkzoNobel building.

There stand some 86 outfits and 30 installations by more than 60 national and international fashion labels such as Prada, Maison Martin Margiela, Jil Sander, Preen, Iris van Herpen, Rodarte, Klavers van Engelen and Thom Browne.

Artistic director Joff (Joffrey Moolhuizen, b. 1976), the successor to Piet Paris, gave the name of 'Amber' to this fourth edition of Arnhem Fashion Biennial. 'I wanted to make the phenomenon of fashion more personal,' he says. 'When you say the word "fashion", everybody immediately makes associations; many people instantly think of glamour, for instance. Amber is a name that suggests a person with different character traits.' Joff gave the participating designers the assignment to present a total vision based on their clothing. A big difference with the previous editions in 2005, 2007 and 2009 is that the designers themselves were much more intensely involved. They designed their installations themselves. Joff turned the main exhibition into a voyage of discovery through the world of Amber. The route began with the 'Atmospheres' and 'Elements' sections, with installations about makeup, photography and scent (installation on the perfume Amber). Goal: to let the public experience the separate pieces of the puzzle of fashion.

In the heart of the 'Visions' section were the fashion installations. Each of the designers came up with a different story. The high point was the installation of the Belgian label A.F. Vandevorst, on the transience of fashion. They made a candle in the shape of a life-sized sleeping girl. During the opening, the candle was lit, and over the course of the month the girl slowly melted away.

The American Ohne Titel made an 'experience tunnel' in which people could hear voices speaking about the collection and inspiration. In the tunnel, visitors saw films and photographs of fabric structures. Since the Swedish Ann-Sofie Back considers all of her designs porno, she devised a 3-m-high transparent dildo shape – a 'fucking machine'. Floating in the fluid-filled dildo was a dress. 'To be successful, it's no longer enough to only design clothing,' said Joff. 'A designer has to have a command of many disciplines and present a total image. I see more and more designers taking different paths in order to express themselves.' **GK**

1 / Nicholas Kirkwood
2 / Juun.J

Vorige / Previous
<< P 96, 146

Volgende / Next
P 156, 187 >>

WeLL Design/ Omefa/PPG/ Millford Brand-id – Histor Paintcan

Geen gewrik – en gescheld – om met een schroevendraaier een verfbus open te wippen. Deze Histor 'paintcan' is zelfs geen blik maar een kunststof vierkant met afgeronde hoeken met lipjes erop die je makkelijk kunt openwippen. Handig, schoon en innovatief.

Na een niet geheel gelukt half rond, half vierkant: 'cirkant' alternatief, een jaar of twintig terug, lijkt deze vorm een eind te maken aan de sinds 1886 vrijwel onveranderd gemaakte verfblikken met afwipbaar deksel. WeLL Design ontwierp de Histor Paintcan als praktische verfverpakking voor 'oplosmiddelhoudende en watergedragen' lakken.

De vorm en het materiaal bieden meer voordelen dan alleen het openen en sluiten. Voor verfwinkels is het bijvoorbeeld handig dat de pot lichter en gemakkelijk op te stapelen is. Dit bespaart kosten bij het transport en al eerder bij het zogenaamde afvullen van de verf in de potten. In meer opzichten dus milieuvriendelijker.

In het voortraject wezen gebruikerstesten uit dat het standaardverfblik veel ergernis opwekt bij het openen en schenken. De Paintcan is met de hand, zonder gereedschap, te openen. Ook glijdt de vierkante vorm niet snel uit de hand en schenkt het goed dankzij een speciale tuit, die de ronde blikken node missen, en blijft geen verf achter de rand, want die er is gewoon niet meer. Aangezien de Paintcan voorlopig de enige in zijn soort is, valt de vorm ook op in de winkel, wat de zichtbaarheid en marketingwaarde van het ontwerp sterk vergroot.

De nieuwe verpakking is een geslaagde samenwerking tussen fabrikant, matrijsmakerij en spuitgietbedrijf met het ontwerpbureau. **CR**

WeLL Design/Omefa/ PPG/Millford Brand-id – Histor Paintcan

No prizing off the lid with a screwdriver – and cursing – to open a can of paint. This Histor Paintcan is not even a can, but a rectangle made of plastic with rounded edges and tabs that you can easily flip open. Handy, clean and innovative.

After the not-totally-successful semi-round, semi-square, 'cirquare' alternative introduced some 20 years ago, this shape seems to have finally put an end to the paint can with flip-off lid that had remained virtually unchanged since 1886. WeLL Design created the Histor Paintcan as a 'practical packaging for solvent-borne and water-based' coatings.

The shape and the material offer more advantages than just easy opening and closing. For paint stores, for example, the fact that the can is lighter and easy to stack on the shelves is handy. This saves costs in transport and even prior to that, filling the cans with paint at the factory. The can is more environmentally friendly in several respects, in other words.

User tests conducted during the preliminary phase indicated that the standard paint can is a source of great irritation when it comes to opening and closing the lid. The Histor Paintcan is opened by hand, without a tool. The rectangular shape also does not easily slip out of the hand and pours well, thanks to a special spout, which the round cans sorely miss, and paint no longer drips over the edge of the can, because there simply isn't one anymore. As the Paintcan is the only one of its kind, at least for now, its shape also stands out on the shelf in the store, which increases the design's visibility and marketing value.

The new packaging is the result of a successful collaboration between the manufacturer, the mould maker, the injection mould company and the design agency. **CR**

Product / Product

Ontwerper/Designer
WeLL Design, Omefa, PPG, Millford Brand-id

Opdrachtgever/Client
Histor

Website
www.welldesign.com
www.millford.nl
www.omefa.nl

SINCE 1949
HISTOR
Monodek
Lak/Laque
ZIJDEGLANS-
SATINÉE
Rijk
Riche
6765
Dekt in
één laag
Perfect Finish
HISTOR
Monodek
Lak/Laque

Vorige / Previous
<< P 96, 146, 154

Volgende / Next
P 187 >>

Scholten & Baijings – Colour Carpets

Het designersechtpaar Stefan Scholten en Carole Baijings bouwt met deze wollen karpetten en bedtextiel voor de Deense fabrikant HAY voort aan hun oeuvre met een 'eigen kleurgrammatica' dat blijft verrassen.

Technisch opmerkelijk aan de slopen en lakens zijn met name de in verschillende diktes geprinte rasters en de verschuivende banen in signaalkleuren die het patroon onderbreken. De kleurige karpetten zijn getuft met 100% wol uit Nieuw-Zeeland. Opvallend zijn de fijnzinnig afgewogen kleurgradaties die ervoor zorgen dat de karpetten toch een lichte, bijna transparante uitstraling blijven houden. De ontwerpers roepen voor de keuze en de toepassing van hun kleuren veelal de hulp in van een ervaren beeldend kunstenaar.

Wat beide projecten bindt, is de keus voor rasters en kleur – zowel in pasteltinten als in felle signaalkleuren – die de ambachtelijkheid een duidelijk eenentwintigste-eeuws uiterlijk geven.

Ordening en kleurstelling zijn echter niet dwingend maar vormen een houvast. Zo schromen Scholten & Baijings niet hun ordeningen ook weer met de nodige speelsheid vrolijk te verstoren. Die 'ontregelende kwaliteit' maakt dat met name de dessins de ogen van de gebruiker prettig prikkelen. Aantrekkelijk is ten slotte de prijsstelling, waardoor deze Scholten & Baijings-producten een groot koperspubliek kunnen bereiken. In artistiek opzicht trokken ze al de aandacht met hun indrukwekkend overzicht in het Stedelijk Museum in 's-Hertogenbosch. **CR**

Scholten & Baijings – Colour Carpets

With these woollen carpets and bed linens for Danish manufacturer HAY, designer couple Stefan Scholten and Carole Baijings continue working on their oeuvre with its 'own grammar of colour' that continues to surprise.

Technically, the pillow cases and sheets are remarkable for their grids printed in different thicknesses and their shifting bands of striking colours that break up the patterns. The colourful carpets are tufted, made of 100 per cent wool from New Zeeland. The subtly balanced colour gradations catch the eye while giving the carpets a light, almost transparent appearance. For the choice and use of colours, the designers often seek the help of an experienced visual artist.

The connecting factor between the two projects is the choice of grids and colour – both in pastel tones and bright fluorescent colours – which gives their craftsmanship a decidedly twenty-first-century appearance.

Yet structures and colours are not strictly prescribed; they simply provide something to go by. Scholten & Baijings do not hesitate to cheerfully disrupt their compositions with the necessary playfulness. This 'disruptive quality' of their designs is pleasantly appealing to the eye. And finally, also appealing is the price range, so that these Scholten & Baijings products can reach a large buying public. In the artistic sense, they have already done this with their impressive retrospective in the Stedelijk Museum in 's-Hertogenbosch. **CR**

Product / Product

Ontwerper/Designer
Scholten & Baijings

Opdrachtgever/Client
HAY

Website
www.scholtenbaijings.com

Amsterdam International Fashion Week

Westergasfabriek, Amsterdam
13 – 17 juli 2011

Het Arnhemse ontwerpduo Spijkers en Spijkers en de Amsterdammer Tony Cohen verzorgden de openingsshow van de vijftiende editie van de Amsterdam International Fashion Week (AIWF). Truus en Riet Spijkers toonden kleurrijke simpele zomerse jurkjes en shortjes uit hun tweede, goedkopere en meer commerciële SiS-lijn. Tony Cohen showde eveneens confectie, zijn zwierige korte jurkjes hadden ook letterlijk weinig om het lijf.

Interessanter was Fashion LAB, een vol dagprogramma met alleen shows van beginnende ontwerpers. Ontwerpster Pauline van Dongen mouleerde in haar collectie ongewone materialen als soepel geweven houtflinters en met garen omwikkelde koperdraden om het lichaam.

Het als nieuw aangekondigde Nederlandse high-end label Frank showde achterhaalde confectie. Achteraf bleek de show een stunt van de goedkope-kledingketen Zeeman. Mannenmodebelofte Quoc Thang showde comfortabele stoere jassen en dikke vesten. Als het enige buitenlandse label, en gesponsord door Volvo, showde het Scandinavische trendy label Edith & Ella.

Twee modeprijzen (elk € 10.000) werden uitgereikt. De zestiende Frans Molenaar Prijs ging naar Magnus Dekker met kleurrijke *color blocking*-truien en wervelende lange rokken van de Boliviaanse en Britse vlag. De vijfde Lichting 2011-prijs voor pas afgestudeerde studenten werd gewonnen door Sanne Schepers met een vrouwelijke collectie geïnspireerd op de twinset die Schepers uit elkaar had gehaald en verwerkt tot nieuwe ontwerpen. De innovatieve (afstudeer)collectie vormde het hoogtepunt van een dun programma dat de uitstraling van de AIFW veranderde van dynamisch tot lethargisch.

Voor talenten als Hyun Yeu, Oda Pausma en Bas Kosters was deze editie geen plaats. Ook het *off-schedule*-programma, met slechts een handvol presentaties van onder anderen couturier Edwin Oudshoorn, die strakke elegante jurken showde, bleef achter dit keer. De recente aanstelling van talentscout Carlo Wijnands als een van de nieuwe programmadirecteuren moet de zeventiende editie in januari 2012 naar een hoger niveau tillen en een internationaal karakter geven. **GK**

Amsterdam International Fashion Week

Westergasfabriek, Amsterdam
13 – 17 July 2011

The Arnhem designer duo Spijkers en Spijkers and the Amsterdammer Tony Cohen presented the opening show of the 15th edition of the Amsterdam International Fashion Week (AIWF). Truus and Riet Spijkers showed colourful, simple summer dresses and shorts from their second, cheaper and more commercial line, SiS. Tony Cohen likewise showed ready-to-wear; his jaunty short dresses literally had very little to them.

More interesting was Fashion LAB, a full day's programme of shows by beginning designers only. Designer Pauline van Dongen sculpturally employed unusual materials in her collection, like flexibly woven wood shavings and copper wires wrapped in thread and wound around the body.

Announced as being brand-new, the Dutch high-end label 'Frank' showed dated ready-to-wear. Afterward, the show turned out to be a stunt by Zeeman, the cheap clothing chain. Men's fashion promise Quoc Thang showed comfortable, macho jackets and thick cardigans. The only foreign label, sponsored by Volvo, was the trendy Scandinavian label Edith & Ella.

Two fashion awards (each worth € 10,000) were handed out. The 16th Frans Molenaar Award went to Magnus Dekker for his colourful sweaters with blocks of colours and swirling long skirts with Bolivian and British flag prints. The fifth Lichting 2011 award for just-graduated students was won by Sanne Schepers with a feminine collection inspired by the twin set, which Schepers separated and worked into new designs. Her innovative (graduating) collection was the high point of a meagre programme that turned the previously dynamic atmosphere of the AIFW into lethargy.

This edition had no place for talents like Hyun Yeu, Oda Pausma and Bas Kosters. Even the 'off-schedule' programme fell short this time, with only a handful of presentations, among others by couturier Edwin Oudshoorn, who showed form-fitting, elegant dresses. The recent appointment of talent scout Carlo Wijnands as one of the new programme directors should take the 17th edition of the AIFW in January 2012 to a higher level and give it an international flavour. **GK**

Foto's/Photos
1-3 Peter Stiger
4 Mike Nicolaasen

1

2

3

4

1 / Lichting 2011, Sanne Schepers
2 / Quoc Thang
3 / Magnus Dekker
4 / 'Frank', Zeeman

Vorige / Previous
<< P 36, 38, 54, 116, 122, 148

Jop van Bennekom/ Veronica Ditting – *The Gentlewoman*

Communicatie / Communication

Ontwerper/Designer
Jop van Bennekom, Veronica Ditting

Opdrachtgever/Client
Top Magazines

Website
www.thegentlewoman.com

Nadat grafisch ontwerper Jop van Bennekom en journalist Gert Jonker met *Butt* een volstrekt nieuw soort homotijdschrift hadden geïntroduceerd, besloten ze in 2005 ook het begrip mannenmodeblad te herdefiniëren. De makers stond een eigentijds blad voor ogen dat de kopers ervan niet als consument, maar als lezer zou aanspreken. Het tijdschrift *Fantastic Man* onderscheidt zich van de traditionele mannenmodebladen door de ingetogen vormgeving en de intelligente inhoud. Het halfjaarlijkse blad werd door een criticus omschreven als een 'opmerkelijk formeel en filosofisch mannenmodeblad dat zichzelf boven het commerciële gekrakeel plaatst met een unieke toon en elegant design'.

In 2010 lanceerde het duo een variant hiervan gericht op vrouwen, *The Gentlewoman*. Opnieuw een eigenzinnig blad over mode en stijl in de breedste zin van het woord. Opnieuw met grote precisie gemaakt en uiterst geraffineerd vormgegeven. *The Gentlewoman* portretteert inspirerende internationale vrouwen en richt de focus op de persoonlijke stijl van vrouwen. Het gaat daardoor over hoe vrouwen er echt uitzien, wat ze denken en hoe ze zich kleden. In dit blad geen erotisch geladen fotografie, perfectie uit Photoshop of commercieel gedreven aandacht voor modetrends. De sobere, uitgebalanceerde vormgeving, waarin bijna alleen gebruik wordt gemaakt van zwart-witfotografie, geeft het tijdschrift een prettig voorname uitstraling. Aan alles is te zien dat *The Gentlewoman* vrouwen serieus neemt, waarmee de makers andermaal een tijdschriftencategorie herformuleerden. Met *The Gentlewoman* maakt de *glossy* plaats voor de *classy* en dat is in vele opzichten een verademing te noemen. **BvL**

Jop van Bennekom/ Veronica Ditting – The Gentlewoman

After graphic designer Jop van Bennekom and journalist Gert Jonker had introduced a completely new sort of gay men's magazine with *Butt*, they decided to redefine the concept of men's fashion magazines as well. The makers had a contemporary magazine in mind that would appeal to the buyers as readers, not as consumers. The magazine *Fantastic Man* distinguishes itself from traditional men's fashion magazines by its subdued design and intelligent contents. The biannual magazine was described by a critic as a 'remarkably formal and philosophical men's fashion magazine that positions itself above the commercial squabbling with its unique tone and elegant design'.

In 2010, the duo launched a variant aimed at women: *The Gentlewoman*. Once again, a self-assured magazine about fashion and style in the broadest sense of the word. And once again, made with great precision and designed with immense refinement. *The Gentlewoman* paints portraits of inspiring international women and focuses on women's personal style. So it is about what women really look like, what they think and how they dress. There is no erotically tinted photography in this magazine, no Photoshop perfection or commercially driven attention for fashion trends. The sober, balanced design, with almost exclusively black-and-white photography, gives the magazine an attractively distinguished image. Everything about it makes it clear that *The Gentlewoman* takes women seriously, which means that the makers have once again reformulated a magazine category. With *The Gentlewoman*, the *glossy* makes room for the *classy* and that can be seen as a breath of fresh air in many respects. **BvL**

Apple

As it's the most familiar of all fruits, it can be easy to forget how handsome a good apple can be. Carefully developed over decades for maximum colour, uniformity and lustre, these wonders of mass production are available year-round to a vast audience that loves them as much for their looks as for their taste. Here, they are photographed during the day and at night in their natural habitat before being harvested and shipped to apple enthusiasts worldwide.

Photography by
Anuschka Blommers & Niels Schumm

74

62

the gentlewoman PROFILE issue n° 3

Fatima Bhutto

Insider critic of a condemned dynasty

Text by Emily King
Portraits by Paul Wetherell, styling by Nancy Rohde

63

Vorige / Previous
<< P 159

Volgende / Next
P 168 >>

Spijkers en Spijkers: 'The Mirror has Two Faces'

Tentoonstelling Museum Moderne Kunst Arnhem
7 mei – 16 oktober 2011

'The Mirror has Two Faces' is een terugblik op tien jaar Spijkers en Spijkers. Een sterke grafische vlakverdeling is typerend voor de ontwerpen van de tweelingzussen (1970, Hardenberg), die een jaar na hun masteropleiding al hun eerste collectie in Parijs presenteerden.

Net als de ruim twintig collecties die sinds 2001 volgden, is hun debuut gebaseerd op de gulden snede. Deze klassieke vlakverdeling leidt volgens de zussen ook in de mode tot de ideale vorm. In ieder geval levert het uitbundige ontwerpen op. Een topje uit de eerste collectie had als basisvorm een cirkel die met sierlijk geschulpte randen en ingeperste vouwen de vorm kreeg van een bloem.

Tien ontwerpen uit *Flawless*, Spijkers en Spijkers' meest uitbundige collectie uit 2009, staan op 'The Mirror has Two Faces' in de centrale ronde zaal. De wanden daarvan zijn bedekt met een scherven-patroon van spiegels. De bezoeker ziet zichzelf in de spiegels omringd door opzichtige vleeskleurige jurken met een overvloed aan frivole ruches. 'Flawless' verwijst naar opgelegde schoonheid en het zelf-opgelegde streven naar perfectie.

Een opstelling van vijf frisse jurkjes voor lente/zomer 2008 is geïnspireerd op de kleurrijke ontwerpstijl van het Italiaanse ontwerperscollectief Memphis, dat in de jaren tachtig beroemd werd met grillig en kleurig meubilair. Boekenkast Carlton van designer Ettore Sottsass prijkt in Arnhem feestelijk tussen speelse jurkjes met opgenaaide geometrische vormen in de felle kleuren die ook Carlton sieren.

Kunstig is een satijnen jurk uit 2006, met op borsthoogte twee decoratieve papagaaien waarin de coupe – die zorgt dat de stof het lichaam mooi volgt – is verwerkt volgens de stelregel uit de jaren twintig *form follows function*. Details moesten altijd functioneel zijn, een sluiting was tevens versiering. Spijkers en Spijkers' fascinatie voor de jaren twintig blijkt ook uit filmpjes van hun inspirerende muzes uit die periode, zoals actrice Louise Brooks en schrijfster Dorothy Parker.

Tentoonstellingsinrichter Maarten Spruyt borduurde in het museum voort op Spijkers en Spijkers' zoektocht naar de perfecte vorm. In de zeshoekige tentoonstellingszaal bedacht hij een ronde ruimte, met daaromheen zes kleinere. Samen werden er zo'n vijfenveertig ontwerpen getoond. **GK**

Spijkers en Spijkers: 'The Mirror has Two Faces'

Exhibition Museum of Modern Art Arnhem
7 May – 16 October 2011

'The Mirror has Two Faces' is a retrospective of ten years of Spijkers en Spijkers. A strongly graphic division of a surface is typical for the designs of the twin sisters (b. 1970, Hardenberg), who just one year after earning their Master's degrees presented their first collection in Paris.

Like the more than 20 collections that have followed since 2001, their debut was based on the golden section. According to the sisters, this classical division of a surface also leads to the ideal form in fashion. In any case, it results in exuberant designs. The basic shape of a top from the first collection was a circle, which with decoratively scalloped edges and pressed pleats ended up looking like a flower.

Ten designs from *Flawless*, Spijkers en Spijkers' most lavish collection from 2009, stood in the central, round room in 'The Mirror has Two Faces'. Its walls were covered with shards of mirrors. Visitors could see themselves in the mirrors surrounded by showy flesh-coloured dresses with an abundance of frivolous ruffles. 'Flawless' refers to veneered beauty and the self-imposed pursuit of perfection.

A line-up of five fresh dresses for Spring/Summer 2008 was inspired by the colourful design style of the Italian designers' collective Memphis, which became famous in the 1980s for its capricious and colourful furniture. In Arnhem, the Carlton bookcase by designer Ettore Sottsass festively stood between playful dresses with sewn-on geometrical forms in the same vivid colours that adorn the Carlton.

An ingenious satin dress from 2006 had two decorative parrots at chest level; the cut – making the fabric flow beautifully along the lines of the body – followed the maxim of the 1920s: form follows function. Details always had to be functional; and a fastening was also a decoration. Spijkers en Spijkers' fascination for the 1920s was also revealed in film clips of their muses from that period, such as actors Louise Brooks and author Dorothy Parker.

Exhibition designer Maarten Spruyt embroidered upon Spijkers en Spijkers' search for the perfect form. In the museum's hexagonal exhibition room, he created a round space with six smaller spaces around it. Altogether, some 45 designs were exhibited there. **GK**

Evenement en debat / Events and Debate

Foto/Photo
1 Erik Franssen

Vorige / Previous
<< P 64, 88, 90, 100, 128

Volgende / Next
P 178, 182 >>

Ontwerper/Designer
Doepel Strijkers Architects

Opdrachtgever/Client
VESTIA

Website
www.dsarotterdam.nl

Foto's/Photos
Ralph Kämena

Doepel Strijkers – HAKA-Recycle Office

Een oud gebouw een nieuwe functie geven betekent veel voor de omgeving. Het HAKA-gebouw in de Rotterdamse Vierhaven, een trots werkgebouw voor onder andere de kantoorklerken van de coöperatieve groothandelsvereniging 'De Handelskamer', gaat een nieuw leven tegemoet als bedrijfsverzamelgebouw. Het gebouw wordt in fasen ontwikkeld tot een pleisterplaats voor grote en kleine bedrijven uit de sector schoon water en energie. In de eerste fase werd de begane grond ingericht als collectieve werkruimte met publieke voorzieningen. Doepel Strijkers Architects greep het project aan om een alternatieve ontwikkelingsmethode in de praktijk te brengen. Het bureau wilde zo veel mogelijk lokale inbreng bij de uitvoering van hun ontwerp. Hiermee stimuleert de renovatie van het gebouw de plaatselijk economie en energie en raken omwonenden betrokken bij de nieuwe toekomst van gebouw en buurt. In het ontwerp is enkel gebruikgemaakt van afgedankte materialen zoals sloophout. Voor de uitvoering zijn onder meer mensen die reïntegreren op de arbeidsmarkt ingezet. Meest in het oog springend zijn de verrijdbare akoestische wanden die zijn opgebouwd uit acht ton kleding. Doepel Strijkers sorteerde deze op kleur en maakte een verfijnde compositie van horizontale kleurbanden. Daarnaast ontwierp het bureau een entreebalie van panlatten en materialen uit de kassenbouw, een houten podium met inklapbaar spreekgestoelte en houten banken, een vergaderruimte van oude deuren en een keukenblok dat tevens als bar dienst kan doen. Het bureau ontwierp ook een verlichtingsconcept met verticaal hangende tl-buizen. Door de ad-hoc-arbeid ontwikkelde Doepel Strijkers zeer simpele principes voor de uitvoering van het timmerwerk. Het niveau van de uitvoering heeft daarom niet te lijden gehad van de experimentele uitvoering. Het resultaat is een kale ruimte die door de plaatsing van karaktervolle objecten klaar is voor een nieuw gebruik. **RJdK**

Doepel Strijkers – HAKA-Recycle Office

The act of giving an old building a new function has a major impact on its surroundings. The HAKA building in Vierhaven in Rotterdam, a fine office block for the clerks of the cooperative wholesaler 'De Handelskamer', has been given a new lease of life as a mixed-use building. In a multiphase development, the building will be made into a port of call for bigger and smaller businesses from the clean water and energy sector. During the first phase, the ground floor was made into a collective workspace with public facilities. Doepel Strijkers Architects saw the project as an opportunity to implement an alternative development method. The practice wanted to get as much local input into the realization of their project as possible. The renovation would thus stimulate the local economy and energy and involve local residents in the future of both the building and the neighbourhood. The design uses only discarded materials such as scrap timber, while the work is carried out in part by people who are re-entering the job market. Most eye-catching here are the sliding acoustic walls made of eight tonnes of clothing. Having sorted them by colour, Doepel Strijkers created a sophisticated composition of horizontal bands of colour. The firm also designed a reception desk made of slating-and-tiling battens and other materials from greenhouse construction, a wooden podium with a fold-up lectern and wooden benches, a meeting room made of old doors and a kitchen unit that doubles as a bar. The firm's lighting design features vertically suspended fluorescent tubes. Because the work was done on an ad-hoc basis, Doepel Strijkers developed extremely simple principles for the carpentry, so that it did not suffer from the experimental setup. The result is a bare space with distinctive objects that is ready to be reused. **RJdK**

Piet Hein Eek dorp

De *talk of the town* van de Dutch Design Week 2010 was het nieuwe onderkomen van Piet Hein Eek in de voormalige keramische werkplaats van Philips. In het immense hallencomplex op Strijp R zijn de showroom, het kantoor en de werkplaatsen van de firma Eek & Ruijgrok ondergebracht. In een van de gebouwen op het één hectare grote terrein zit een groot restaurant, dat deels is ingericht met de sloopresten van de fabriek zelf. Hoewel er weinig tijd was voor de verbouwing, zijn er forse ingrepen gedaan. Op diverse plaatsen is het dak doorgebroken om daklichten aan te brengen. Hierdoor zijn er binnen lichtstraten ontstaan. Bezoekers kunnen vanaf een galerij bekijken hoe hun stoel, tafel of kast gemaakt wordt. Zelf zegt Eek over zijn pand: 'Waar je ook bent, je hebt zicht op waar de producten bedacht, gemaakt, verkocht en gedistribueerd worden. Een van de meest kenmerkende eigenschappen van ons bedrijf is de transparantie waarmee we opereren.'

Eek was al langer op zoek naar een andere huisvesting voor zijn bedrijf. Hij kreeg een deel van de voormalige weverij De Ploeg in Bergeijk aangeboden. De locatie van de door Gerrit Rietveld ontworpen fabriek vond hij echter iets te ver van Geldrop en Eindhoven, waar de meeste van zijn veertig medewerkers wonen. Bovendien wilde Eek over het hele complex beschikken, wat niet mogelijk was.

Het Eek-complex op Strijp R biedt ook onderdak aan collega-ontwerpers, onder wie de Britse ontwerper Tom Dixon, Studio Job, Dick van Hoff, Arnout Visser en de jonge Nederlandse ontwerpers Floris Hovers, Lotty Lindeman en Wouter Scheublin. Het Zwitserse tassenlabel Freitag en het tijdschrift *Eigen Huis & Interieur* zijn er ook gevestigd. Daarnaast wordt het gebruikt voor concerten en andere opvoeringen, en het werkt Eek samen met het Van Abbe-museum aan tentoonstellingen ter plekke. Het belang van Eeks initiatief strekt verder dan de één hectare van het oude fabriekscomplex. Het is het hart van een nieuwbouwproject met ruim zeshonderd huizen. **MV**

Piet Hein Eek Village

The talk of the town at the Dutch Design Week 2010 was Piet Hein Eek's new accommodation in the old Philips ceramics factory – an immense complex of halls on Strijp R that now houses the showroom, offices and workshops of Eek & Ruijgrok. A large restaurant, partially fitted out with salvaged elements from the factory itself, also occupies one of the buildings on this one-hectare site. Although there was little time for remodelling, major changes were made to the halls whose roofs were pierced in various places to accommodate skylights, thereby creating light streets in the interior. Visitors can watch their chair, table or cabinet being made from a gallery. Eek himself has said of his new premises. 'Wherever you are, you have a view of where the products are conceived, made, sold and distributed. One of the most characteristic features of our company is the transparency with which we operate.'

Eek had been looking for new accommodations for his company for some time. He was offered part of De Ploeg, a former weaving mill in Bergeijk, designed by Gerrit Rietveld, but decided its location was too far from Geldrop and Eindhoven, where the majority of his 40 employees live. Moreover, he wanted to occupy the entire complex, which was not possible.

The Eek complex on Strijp R also houses fellow designers, including British designer Tom Dixon, Studio Job, Dick van Hoff, Arnout Visser and the young Dutch designers Floris Hovers, Lotty Lindeman and Wouter Scheublin. The Swiss bag label Freitag and the magazine *Eigen Huis & Interieur* are also based there. The complex is additionally used for concerts and other performances, and as a venue for exhibitions organized by Eek in collaboration with the Van Abbemuseum. The importance of Eek's initiative extends far beyond the old factory complex's one-hectare site, as it also forms the heart of a new building project with more than 600 dwellings. **MV**

Foto/Photo
Nob Ruijgrok

FREITAG

Vorige / Previous
<< P 119, 130

Part of a Bigger Plan, Christian Borstlap – Shawn Lee, *World of Funk* promo

'Het lijkt soms zo simpel allemaal...', verzuchtte Willem van Roosmalen op zijn designblog Fontanel.nl, nadat hij de promo had gezien voor het nieuwe album *World of Funk* van de Amerikaans-Britse multi-instumentalist Shawn Lee. Daarmee sloeg hij de spijker op zijn kop, want de kracht van deze clip zit in de ontwapenende eenvoud van het idee. Of hoe je met acht stills toch een verrassend bewegend filmpje kunt maken.

Art director Christian Borstlap, die na een carrière bij KesselsKramer, *Wallpaper** en FHV BBDO 2011 zijn eigen bureau Part of a Bigger Plan oprichtte, heeft vaker bewezen dat een simpel idee de communicatiekracht ten goede komt. Zijn poster voor de Stripdagen in 2006, waarin hij de beeldtaal van de strip naar de echte wereld vertaalde, is daar een voorbeeld van.

Een simpel idee is echter niet altijd even makkelijk uitgevoerd. De kunst is om het er dan toch uit te laten zien of de productie geen enkele moeite heeft gekost. In de *World of Funk*-promo is dat uitstekend gelukt.

Voor het filmpje is een serie foto's gemaakt van een model tegen de achtergrond van de prettig geometrische gevel van De Nederlandsche Bank op het Frederiksplein in Amsterdam. Acht foto's uit de serie zijn op doeken geprint, die vervolgens voor de videocamera zijn vervormd om beweging te suggereren. Sublieme editing door Photo Booth Works zorgt voor een perfecte aansluiting van beeld en geluid. De clip duurt maar 54 seconden, maar het concept zou moeiteloos uit te werken zijn tot een complete muziekvideo.

Maar het punt is al gemaakt: dit is een briljante en jaloersmakende innovatie in motion design. Inderdaad, het lijkt zo simpel allemaal. **BvL**

Part of a Bigger Plan, Christian Borstlap – Shawn Lee, World of Funk *Promo*

'Sometimes it all seems so simple . . .' sighed Willem van Roosmalen on his design blog Fontanel.nl, after he had seen the promo for the new album *World of Funk* by American-British multi-instrumentalist Shawn Lee. And he hit the nail on the head, because the power of this clip lies in the disarming simplicity of the idea. In other words, how to make a rather surprising short moving film with eight stills.

Art director Christian Borstlap, who founded his own bureau Part of a Bigger Plan in 2011 after a career at KesselsKramer, *Wallpaper** and FHV BBDO, has proved more than once that a simple idea benefits the power of communication. His poster for the Stripdagen in 2006, where he translated the imagery of the comic strip into the real world, is one example.

However, a simple idea is not always easy to implement. The art is to make it look as if it cost no effort at all. It has worked extremely well in the *World of Funk* promo.

A series of photos was made for the film of a model against the background of the attractively geometrical façade of the Nederlandsche Bank on Frederiksplein in Amsterdam. Eight photos from the series were printed on canvas and then distorted for the video camera to suggest movement. Sublime editing by Photo Booth Works created the perfect tie-up of image and sound. The clip only lasts for 54 seconds, but the concept could be developed effortlessly to make a complete music video.

But the point has already been made: this is a brilliant and envy-arousing innovation in motion design. Indeed, it all seems so simple. **BvL**

Communicatie / Communication

Ontwerper/Designer
Part of a Bigger Plan, Christian Borstlap

Opdrachtgever/Client
Ubiquity Records

Website
www.partofabiggerplan.com

SHAWN LEE
WORLD OF FUNK

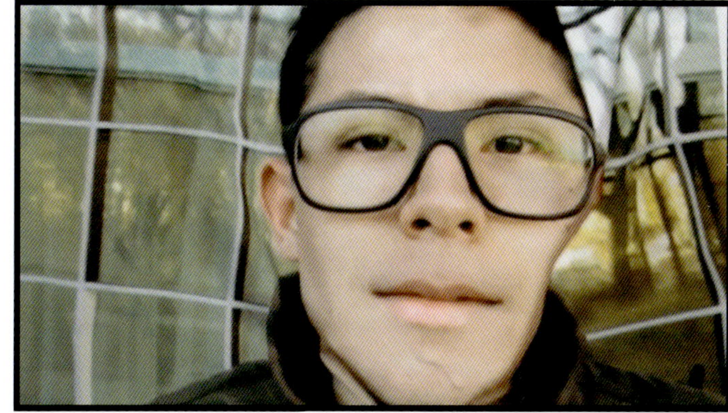

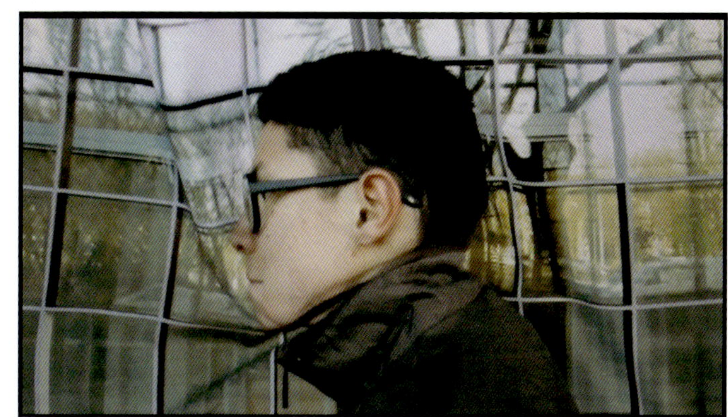

Fotograferende ontwerper Bas Princen wint prijs op Architectuurbiënnale

De internationale toppositie van de Nederlandse architectuur werd vorig jaar weer eens bevestigd bij de uitreiking van de prijzen op de Architectuurbiënnale van Venetië. De belangrijkste prijs, de Gouden Leeuw, ging naar Rem Koolhaas. Landschapsontwerper Piet Oudolf kreeg een eervolle vermelding voor zijn Giardino delle Vergini. Fotograaf Bas Princen kreeg de Zilveren Leeuw, de prijs voor veelbelovend talent, die hij deelde met het Belgische architectenbureau Office.

Bas Princen (1975) studeerde Public Space aan de Design Academy Eindhoven en architectuur aan het Berlage Instituut. Hij kijkt als ontwerper met een andere blik naar de omgeving dan de meeste mensen. Voor hem bestaat naast de bestaande ruimte, de ruimte voor verbetering en de ruimte voor verbeelding. Princen noemt zich 'ontwerper van openbare ruimten' en beschouwt de camera als een ontwerpinstrument, waarmee hij zijn ideeën over de ruimte kan weergeven. Dat lijkt een paradox, want een foto legt vast wat ontworpen is. Maar Princen stelt dat als hij als fotograaf de keuze maakt wat hij wel of niet laat zien, een nieuw zicht op de omgeving kan bieden. Dat maakt hem tot ontwerper. 'Ik probeer beelden te vinden met een ruimtelijke kwaliteit die je alleen kunt zien als je ontwerper bent', verklaart Princen. 'Ik probeer ruimte te scheppen met mijn fototoestel.' Die ruimte ontstaat vaak door zaken weg te laten op een foto, waardoor ze een zekere abstractie krijgen en als model kunnen gaan dienen.

Twee jaar geleden brak Bas Princen internationaal door met het boek *Refuge. Five Cities*. Hij laat erin zien hoe de steden Caïro, Amman, Beiroet, Istanboel en Dubai zich zonder duidelijk planologisch concept min of meer organisch ontwikkelen. Op de foto's zijn de afzonderlijke steden nauwelijks herkenbaar vanwege de universele architectuur van de stadsuitbreidingen. Princen beschouwt deze uitbreidingen als een soort eilanden waarop de mensen zich terugtrekken of waar ze naartoe vluchten. **MV**

Photographing Designer Bas Princen Wins Award at Architecture Biennale

The top international position of Dutch architecture was confirmed once again last year during the awards presentation at the Venice Architecture Biennale. The most important award, the Golden Lion, went to Rem Koolhaas. Landscape designer Piet Oudolf received an honourable mention for his Giardino delle Vergini. Photographer Bas Princen received the Silver Lion, the award for promising talent, which he shared with the Belgian architecture firm Office.

Bas Princen (b. 1975) studied Public Space at the Design Academy Eindhoven and Architecture at the Berlage Institute. As a designer, he looks at his surroundings with different eyes than most people. Besides the space all around us, he feels that there is also space for improvement and space for the imagination. Princen calls himself a 'designer of public spaces' and considers the camera a design instrument with which he can convey his ideas about space. This would seem to be a paradox, because a photograph of a design records what has been designed. But Princen contends that by choosing what he wants to show or not show as a photographer, he can offer a new view of the surroundings. That makes him a designer. 'I try to find images with a special quality that you can see only when you are designer,' explains Princen. 'I try to create space with my camera.' That space often comes about by leaving things out in a photograph, so that it gains a certain abstraction and can serve as a model.

Two years ago, Princen had his international breakthrough with the book *Refuge. Five Cities*. In it, he shows how the cities of Cairo, Amman, Beirut, Istanbul and Dubai are developing more or less organically without any clear urban planning concept. In the photographs, the individual cities are barely recognizable as such because of the universal architecture of urban expansion. Princen sees this expansion as a kind of island on which people can take refuge. **MV**

Evenement en debat / Events and Debate

Foto's/Photos
Bas Princen

Vorige / Previous
<< P 172

Volgende / Next
P 184 >>

'EMMY+GIJS+ ALDO. Generaties in vormgeving'

Tentoonstelling Zuiderzeemuseum, Enkhuizen
31 oktober 2010 – 29 mei 2011

Voor het eerst – en daarna nooit meer – vroegen Gijs en Aldo Bakker zich publiekelijk af in hoeverre hun werk door elkaar en door Emmy van Leersum (1930–1984), Gijs' vrouw en Aldo's moeder, is beïnvloed. Ambachtelijkheid lijkt de grootste overeenkomst, al streefden Gijs en Emmy rond 1967 juist naar een *industrial look*, die zij bereikten door... ambachtelijk te werken.

In een theatraal verduisterde expositieruimte waren niet alleen de vormen, maar via een soort videoclips ook het gebruik ervan te zien. Centraal stonden de tafelvoorwerpen van Aldo Bakker, die op grote beeldschermen met bijna religieuze eerbied werden gebruikt: van het (uit)strooien van zout tot het uiterst behoedzaam schenken van olie en azijn. Bedenker van deze opmerkelijke multimediapresentatie is de Vlaming Jan Boelen, designtheoreticus en tevens Aldo Bakkers collega-docent aan de Eindhovense Design Academy.

Aldo Bakker voerde enige tijd door zijn ouders ontworpen sieraden uit, zonder zich zelf aan het ontwerpen te wagen. Hij noemt sieraden te vrijelijk, omdat hij juist bij de beperking van een duidelijke functie gedijt. Zo raakte hij geboeid door tafelvoorwerpen die door de vormgeving leken te zijn vergeten. De meest mysterieuze transformatie kreeg een waterkan – icoon van de expositie. Bakker gaf hem vorm als een letter D met een krul, tegelijk de schenktuit. In gebruik blijkt dat je druppel voor druppel uitschenkt.

Emmy van Leersum ging in haar oeuvre uit van streng geometrische vormen. Armbanden – eigenlijk een soort kachelpijpen – tekende en rekende zij centimeter voor centimeter uit. Strategische inzagingen of knikken bepalen de vorm. Een daarentegen welvende armband ligt op de expositie, met daarnaast de schaduw van een arm.

Gijs Bakker schrijft Emmy een dogmatische compromisloosheid toe, die hijzelf mist maar die hij wel weer bij Aldo signaleert. Aldo daarentegen heeft minder op met het conceptuele van zijn vader en van Droog Design. Opmerkelijk genoeg staan Gijs Bakkers recente ornamentele sieraden stilistisch bijna diametraal tegenover zijn oudere werk, toen hij dergelijke *fashion jewellery* verafschuwde. Technisch zijn die vreemde vormen mogelijk dankzij stereolithografie. Zo belandde Bakker dan toch nog in de opsmuk, lichtjaren verwijderd van Aldo's pure ornamentiek. **CR**

Evenement en debat / Events and Debate

Foto's/Photos
Paul van Riel

'EMMY+GIJS+ ALDO'

Exhibition Zuiderzeemuseum, Enkhuizen
31 October 2010 – 29 May 2011

Gijs and Aldo Bakker publicly reflected for the first – and only – time on the extent to which their work has been influenced by each other, and by Emmy van Leersum (1930–1984), Gijs's wife and Aldo's mother. Traditional craftsmanship emerged as their chief interface, despite the industrial look Gijs and Emmy had aimed to obtain around 1967, for they had sought to achieve this through... traditional, craft-based techniques.

A theatrically darkened exhibition space presented the forms, together with their function, demonstrated in a series of video clips. A central element in the exhibition was Aldo Bakker's tableware, shown on the large screens being used with almost religious reverence: for scattering salt to pouring out oil and vinegar with extreme care. This extraordinary multimedia presentation was the brainchild of Flemish-born Jan Boelen, design theoretician and fellow tutor of Aldo Bakker, at the Eindhoven Design Academy.

Aldo Bakker produced jewellery designed by his parents for some time without venturing into design himself. He regards the field of jewellery design as too unrestrained for him, for he actually flourishes in the restrictions imposed by a clear function. This is how he became fascinated by tableware whose purpose his designs seem to obscure. Bakker has subjected a water jug – the exhibition icon – to the most mysterious transformation, creating a vessel in the form of a 'D', with an extended curlicue spout, from which the water is served drop by drop.

Emmy van Leersum based the objects in her oeuvre on strict geometric forms. She drew and calculated her bracelets, which resemble stovepipe sections, centimetre by centimetre, with strategic cutouts or kinks determining the form. The exhibition conversely featured a curving bracelet, alongside the shadow of an arm.

Gijs Bakker credits Emmy with a rigorous refusal to compromise, which he himself lacks but identifies in their son. Aldo, on the other hand, has less affinity with the conceptual nature of his father's work and Droog Design. It is curious that Gijs Bakker's recent ornamental jewellery is almost diametrically opposed stylistically to his older work, from the period in which he despised such *fashion jewellery*. Stereolithography has facilitated these bizarre forms. So in spite of himself Bakker has descended to gaudery, light years removed from Aldo's pure ornamentalism. **CR**

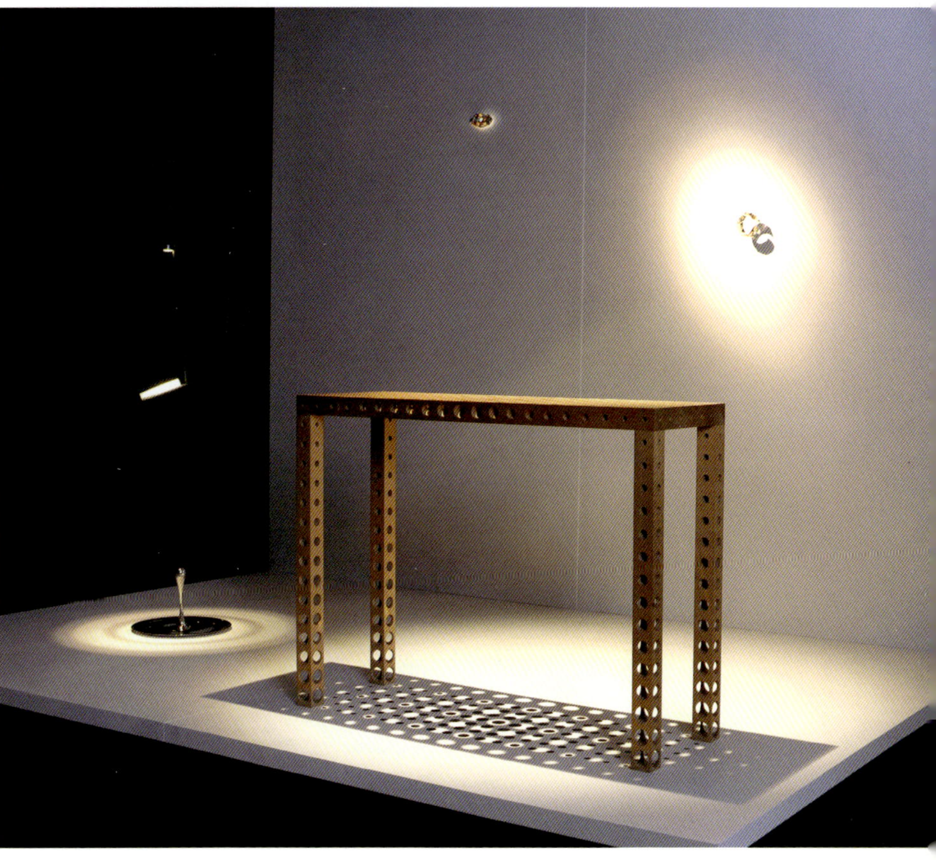

Vorige / Previous
<< P 126, 140, 142, 150

Chris Kabel – Wood Ring

Waar ligt de grens tussen kunst in de openbare ruimte en een opvallende zitbank, gemaakt door een vormgever? Eigenlijk doet het antwoord er niet toe. Wie wil kan de cirkelvormige bank uitproberen bij het kunstcentrum Witte de With en TENT. in Rotterdam, waar het deel uitmaakt van een installatie *Shared Space III*. Ondanks het weinig kinderachtige formaat zit je met een paar of met veel personen op een intieme wijze bij elkaar. Je vergeet de buitenwereld en voelt je omarmd door de boom, stelt de ontwerper.

Kabel, bekend van lampen en een kanten parasol, ging als volgt te werkt. Hij nam een tien meter lange houten balk, zaagde deze vervolgens in trapeziumvormige stukken en zette deze uiteindelijk weer aan elkaar met metalen ring eromheen. En kijk, o wonder: de houtnerf van deze fijnzinnige buitenbank is gewoon op zijn plaats gebleven. De eenvoud van het ontwerp impliceert echter niet dat de maakwijze ook simpel is. Versgehakt hout is namelijk nog vochtig. De buitenkant zal sneller drogen en krimpen dan de binnenkant. Daardoor kan het hout barsten, vervormen en niet meer passen. Met dit Canadese Oregon pine-hout zal dat niet gebeuren. De honderd gebruikte onderdelen behielden na twee jaar droging hun vorm en konden daarom in deze cirkel ingepast worden. De ontwerper voerde de bank uit met een ervaren timmerman die eerder met grootheden als de kunstenaar Ai Wei Wei en de designers Ettore Sottsass en Ron Arad samenwerkte. **CR**

Chris Kabel – Wood Ring

Where do you draw the line between art in public space and a striking bench made by a designer? Actually, it doesn't really matter. Whoever so desires can try out the ring-shaped bench at the Rotterdam art centre Witte de With and TENT., where it is part of an installation titled *Shared Space III*. Despite its dimensions, which you wouldn't exactly call small, sitting on the ring with a few or with many people produces a feeling of intimacy. According to the designer, you forget the outside world and feel as though you are being embraced by the tree.

Kabel, known for his lamps as well as a lace parasol, proceeded as follows. He took a 10-m-long wooden beam, sawed it into trapezoid pieces and then stuck these pieces back together, putting a metal ring around them. And lo and behold: the grain of the wood in this discerning outdoor bench remained precisely in place. The simplicity of the design does not imply, however, that its making was also simple. Fact is, freshly cut wood is still moist. The outside will dry and shrink more quickly than the inside. This can cause the wood to crack, warp and no longer fit properly. With Canadian-Oregon pinewood, this will not happen. After two years of drying, the 100 sections that were used retained their shape, and accordingly could be fit into this ring. The designer realized the bench with an experienced carpenter who had previously worked with celebrities like the artist Ai Wei Wei and the designers Ettore Sottsass and Ron Arad. **CR**

Product / Product

Ontwerper/Designer
Chris Kabel

Opdrachtgever/Client
Witte de With, center for contemporary art & TENT. Rotterdam

Website
www.chriskabel.com

Foto's/Photos
Studio Chris Kabel

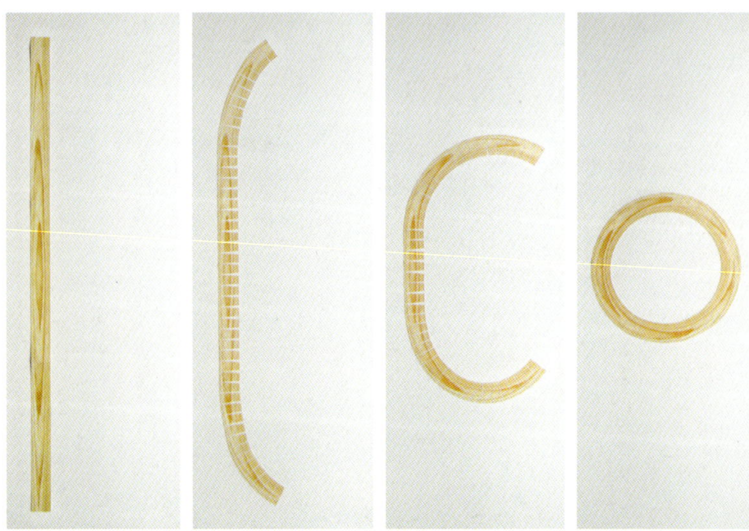

Vorige / Previous
<< P 64, 88, 90, 100, 128, 166

Volgende / Next
P 182 >>

Interieur en publieke ruimte / Interior and Public Space

Ontwerper/Designer
Opera Amsterdam

Opdrachtgever/Client
Victoria & Albert Museum, Londen

Website
www.opera-amsterdam.nl

Foto's/Photos
Richard Waite

Opera – Tentoonstellingsontwerp V&A Ceramic Study Galleries

Klassieke musea bestaan uit twee werelden: de publiekskant en de collectiezijde. De laatste is een besloten wereld waarin onderzoekers en curatoren de kennis van het museum uitbouwen. Er vindt pas een link tussen beide werelden plaats als curatoren daartoe beslissen en delen van de collectie hun gang maken van depot naar tentoonstellingszaal. Om deze scheiding minder strikt te maken, opende het Victoria & Albert Museum in Londen de Ceramic Study Galleries (CSG). De collectie van het museum is wereldberoemd door haar omvang en wetenschappelijke waarde, maar was sinds 2004 niet meer voor het grote publiek toegankelijk. De CSG is in feite een zichtbaar depot. Door de normaliter voor het publiek onzichtbare objecten – de oudste dateren uit 3000 voor Christus – aan het publiek te tonen, vervaagt de grens tussen depot en tentoonstellingszaal.

Ontwerpbureau Opera maakte een ruimtelijke indeling bestaande uit twee cirkelvormige en twee rechte glazen kasten, waarin 26.000 keramische objecten staan. De kasten onderscheiden zich door hun transparantie, ondanks de zware belasting van de keramische objecten. Het publiek kan zo zelf de collectie aanschouwen. Het museum ging nog een stap verder door mogelijk te maken dat het publiek, op aanvraag, toegang krijgt tot de vele vazen, borden en schalen. Zo ontstaat een 'achter de schermen'-ervaring in het gebied tussen conservatie en expositie. Dit is ook voor Nederlandse musea relevant, nu er in het nieuwe cultuurbeleid minder geld beschikbaar is voor kennisontwikkeling. Musea zouden zich daardoor meer dan voorheen moeten afvragen in hoeverre hun collectie als zodanig ingezet kan worden voor publieksdoeleinden. **RJdK**

Opera – Exhibition Design V&A Ceramic Study Galleries

Traditional museums consist of two worlds: the public side and the collection side. The latter is a closed world in which researchers and curators develop the museum's knowledge. The two worlds remain separate until the curators decide to move parts of the collection from the depot to the exhibition room. To make this separation a little less rigid, the Victoria & Albert Museum in London opened the Ceramic Study Galleries (CSG). The museum's collection, which is world-famous for its size and scientific value, had not been open to the public since 2004. The CSG is in fact a visible depot. The display of these objects that are not usually available to the public – the oldest date from 3000 BC – dissolves the boundaries between depot and exhibition room.

Design studio Opera devised a layout consisting of two circular and two rectangular glass cabinets, housing a total of 26,000 ceramic objects. Despite the heavy load of the ceramic objects the cabinets are remarkably transparent, so that the public can actually see the collection. The museum has taken this one step further by granting the public, on request, access to the many vases, plates and dishes. The resulting 'behind-the-scenes' experience straddles the areas of conservation and exposition. With less money earmarked for research and development under the new arts policy, Dutch museums should take note of this. Now more than ever before museums should ask themselves how they can deploy their collections for public ends. **RJdK**

Vorige / Previous
<< P 64, 88, 90, 100, 128, 166, 178

Interieur en publieke ruimte / Interior and Public Space

Ontwerper/Designer
Curator: Rietveld Landscape
Ontwerpteam/Design Team: Ronald Rietveld, Erik Rietveld, Jurgen Bey, Joost Grootens, Saskia van Stein, Claus Wiersma, Barbara Visser

Opdrachtgever/Client
NAi en/and Ministerie OC&W

Website
www.rietveldlandscape.com

Foto's/Photos
Rob 't Hart

Rietveld Landscape – 'Vacant NL, Where Architecture Meets Ideas'

De Architectuurbiënnale in Venetië is het moment om internationaal naar buiten te treden met agendapunten voor architectuur. In tijden van voorspoed maken de aanwezige landen doorgaans reclame voor de nieuwste, liefst grootschalige projecten. Het huidige tijdsgewricht vraagt om iets anders: een inspirerende visie. Precies dat heeft Rietveld Landscape geboden als curator van het Nederlandse paviljoen. Met het project 'Vacant NL' presenteerde landschapsarchitect Ronald Rietveld, samen met Jurgen Bey, Joost Grootens, Saskia van Stein, Erik Rietveld, Barbara Visser en Claus Wiersma, een driedimensionaal manifest waarin de omvang van leegstaande (rijks)gebouwen inzichtelijk gemaakt werd. Het Nederlands paviljoen staat zelf, door het zeer beperkte gebruik, 8,5 maand per jaar leeg. Rietveld liet de begane grond daarom leeg en maakte, door het spannen van staalkabels, een tussenverdieping in het paviljoen. Op de staalkabels waren 4.326 schaalmodellen van lege gebouwen geplaatst. Het bestand heeft met talloze watertorens, fabrieken, bunkers, scholen een diverse verschijningsvorm. 'Vacant NL' roept associaties op met 'Colonizing the Void', de Nederlandse bijdrage aan de Biënnale van 1996, waarin landschapsarchitect Adriaan Geuze de grootschalige ontwikkeling van de Randstad onder vuur nam door de ruimte te vullen met duizenden houten huisjes.

De tentoonstelling viert de leegstand als een kans. De zee van blauw piepschuim, die tegelijkertijd een nieuw plafond van de begane grond vormt, maakt heel helder het punt dat de kwantiteit van de leegstaande gebouwen zorgelijk is. Door de uiteenlopende gebouwen heel precies te configureren, benadrukt Rietveld dat de opgave ook een ontwerpopgave is. Rietveld stelt voor om het ruimtelijk potentieel volledig toe te wijzen aan de creatieve-kenniseconomie. De lege gebouwen, die de overheid veel geld kosten, kunnen onderdak bieden aan 'de innovatieve start-ups van morgen'. **RJdK**

Rietveld Landscape – 'Vacant NL, Where Architecture Meets Ideas'

The Architecture Biennale in Venice is the occasion to put points on the international architecture agenda. In prosperous times, the countries represented tend to advertise their latest, often large-scale projects. The current climate, however, demands something different: an inspirational vision. And that is exactly what Rietveld Landscape offered as curator of the Dutch pavilion. Together with Jurgen Bey, Joost Grootens, Saskia van Stein, Erik Rietveld, Barbara Visser and Claus Wiersma, landscape architect Ronald Rietveld presented the project 'Vacant NL', a three-dimensional manifesto revealing the extent of vacant (public) buildings. Given its extremely limited use, the Dutch pavilion itself is vacant for 8.5 months a year. Rietveld left the ground floor empty and created a mezzanine in the pavilion by suspending steel cables. On top of these steel cables he placed 4326 scale models of vacant buildings. With its many water towers, factories, bunkers and schools, the collection is quite diverse. 'Vacant NL' calls to mind 'Colonizing the Void', the Dutch contribution to the 1996 Biennale, in which landscape architect Adriaan Geuze tackled the extensive development of the Randstad conurbation by filling the space with thousands of small models of houses.

The exhibition celebrates vacancy as an opportunity. The sea of blue polystyrene foam, which constitutes a new ceiling for the ground floor, makes it abundantly clear that the sheer quantity of vacant buildings is alarming. With his precise configuration of this variety of buildings, Rietveld stresses that the task is in part a design commission. Rietveld proposes to put the free space at the creative industry's disposal. The empty buildings, which are costing the government a lot of money, can accommodate 'tomorrow's innovative start-ups'. **RJdK**

Vorige / Previous
<< P 174

Volgende / Next
P 186 >>

'NIJVER | heden'

Tentoonstelling Zuiderzeemuseum, Enkhuizen
27 mei 2011 – 12 februari 2012

De door Studio Makkink & Bey ontwikkelde groepstentoonstelling 'NIJVER|heden' in het Zuiderzeemuseum vormt een aanzet tot een minder clichématige benadering van het ambacht. Ambachtelijkheid wordt immers nu veelal voorgesteld als een langzaam proces van oudere, geduldige handwerkslieden die vernieuwing schuwen. Dat is een misvatting, menen Makkink en Bey. De scheepsbouw van 400 jaar geleden was een goed geolied proces van met elkaar verbonden ambachtslieden: de blokmaker hoorde bij de touwslager, de mastenbouwer bij de zeilmaker, enzovoorts. Zo haalde men het beste uit materiaal en menskracht. De kennisoverdracht van meester op gezel leidde tot een collectief van systemen van scholing en orde, die de industrie van dat moment bepaalde.

Vanuit een vergelijkbaar idee ontwikkelen jonge ontwerpers nu zelf apparatuur om hun producten efficiënt in een kleine oplage te kunnen maken. De 'elektronische ambachtsman' van Tim Knapen met de Belgische Studio Unfold bijvoorbeeld: een apparaat waarmee een vorm uit zachte klei laagje voor laagje wordt 'geprint', zoals al in kunststof gebeurt. De Pool Oscar Zieta blaast letterlijk gelaste staalplaten op tot stoelen. Merel Karhof ontwikkelde een windmolen die een breimachine aandrijft en zo een leegstaand pand verandert in een onbemande breifabriek. Wanneer het waait tenminste.

Ook aan bod kwam de maakbaarheid van het land – het polderen – met grondstoffen als basis. Keramiek uit lokale kleisoorten van Atelier NL, Raw Color: inkt uit groentesappen, gebruiksvoorwerpen van met kruiden en schellak versterkt brood van Studio Forma Fantasma.

Studio Glithero, een Brits-Nederlands ontwerpersduo, gebruikt oude blauwdruk-reproductietechnieken van architecten. Zij dekken een lichtgevoelige laag op een vaas af met planten, die zo hun onbelichte silhouet achterlaten. Greetje van Helmond maakt sieraden van kristalsuiker. De Engelse meubelontwerper/maker Will Shannon voert op zijn fiets een mobiele meubelwerkplaats mee en maakt zo met een emmer water, stijfsel en papier kastjes van papier-maché. **CR**

'Industrious | Artefacts. The Evolution of Crafts'

Exhibition Zuiderzeemuseum, Enkhuizen
27 May 2011 – 12 February 2012

The 'Industrious|Artefacts' group exhibition in the Zuiderzeemuseum, developed by Studio Makkink & Bey, provided the impulse for a less clichéd approach to crafts and trades. Makkink & Bey believes it is a misconception to represent traditional crafts as slow procedures, engaged in by patient, older artisans who shun innovation. Shipbuilding was a well-oiled process 400 years ago, executed by interconnected craftsmen: block makers worked with rope makers, mast builders with sail makers, and so forth, deriving maximum advantage from manpower and material. Transfer of knowledge from master to assistant engendered a collective of training and order systems which determined the character of industry during this period.

Young designers are currently applying a similar principal to design equipment for the efficient production of a small run of their products. Tim Knapen's *l'artisan electronique*, for example, developed in collaboration with Studio Unfold in Belgium, is a virtual potting wheel and ceramic printer which 'prints' a form from soft clay, a technique already employed in plastics. Polish designer Oscar Zieta literally inflates welded steel plates into chairs. Merel Karhof has developed a windmill that drives a knitting machine, thereby turning an empty building into an unmanned knitting factory, whenever the wind blows.

Another exhibition theme was the exploitation of land, often created by inpoldering, with the products of this land providing base materials. Among the pieces on display were ceramics from local clay sorts by Atelier NL, Raw Color's vegetable juice inks and utensils made of herb and shellac-reinforced bread by Studio Forma Fantasma.

The British-Dutch duo of designers at Studio Glithero use architects' old blueprint reproduction techniques; by covering a light-sensitive layer on a vase with plants, they have imprinted this layer with the plants' unexposed silhouettes. Greetje van Helmond makes jewellery from granulated sugar. English furniture designer and maker Will Shannon transports a mobile furniture workshop on his bike, producing little cabinets of papier-mâché with a bucket of water, paste and paper. **CR**

Foto's/Photos
1, 3, 4 Erik & Petra Hesmerg
2 Maarten Schets

1 / Zaal Nijver|heden, presentatie van historische schilderijen en hedendaagse foto's van vissers/presentation of historic paintings and contemporary photographs of fishermen

2 / Merel Karhof – Wind Knitting Factory, campagnebeeld NIJVER|heden/promotional image for the exhibition

3 / Zaal Grond|heden, presentatie van historische objecten van ondermeer kaasmakerij en melkhandel/presentation of historical tools from the cheese-making and milk-processing trades

4 / Zaal Klei|fabriek, deze kleitafel vormt de grondstof en is het land dat de bezoeker zelf mag bewerken, vormen en inrichten/this clay sculpting table allows visitors to work, form and mold chunks of clay into landscape models

1

2

3

4

Overijsselse Erfgoed Design Award 2010

Provinciale initiatieven op het gebied van design zijn in Nederland dun gezaaid. De provincie Noord-Brabant, in het bijzonder de regio Eindhoven, is actief en Zuid-Holland heeft de Zuid-Hollandse Vormgevingsprijs. In Limburg ontplooit men initiatieven met partners in Duitsland en België, wat men de Euregio is gaan noemen. Gelderland had ooit de Gelderse Vormgevingsprijs, maar deze is jaren geleden gesneuveld als gevolg van bezuinigingen.

Overijssel verbindt design met erfgoed in de Overijsselse Erfgoed Design Award, die vorig jaar voor de tweede keer werd uitgereikt. In oktober van dit jaar vindt de uitreiking van de derde editie plaats. Doel van de prijs, die zich richt op jonge ontwerpers en studenten vormgeving, is het Overijsselse erfgoed beter onder de aandacht te krijgen binnen en buiten de provincie. Met name jongeren hoopt men via de prijs te betrekken bij het erfgoed.

Tot zover verschilt de Overijsselse Erfgoed Design Award niet zo veel van andere designprijzen. Wat deze prijs bijzonder maakt, is begeleiding die de geselecteerde ontwerpers krijgen bij de uitvoering van hun voorstel. De organisator van de prijs, Kunst & Cultuur Overijssel, brengt de bedenkers van de bekroonde ontwerpen in contact met het bedrijfsleven en ondersteunt hen bij pitches en presentaties.

In 2010 waren er drie genomineerden: het project M.L.K. van Nynke Boelens, dat de cultuur rond het product melk heeft verwerkt in een serie gebruikskeramiek; het Rijksmonumentenspel van Jasper Hilkhuijsen, dat op een laagdrempelige manier jongeren in contact brengt met erfgoed; en Allodium van Nicolette Klerk, een object waarmee erfgoed kan worden gemarkeerd en dat ook in digitale media toegepast kan worden. De winnaar was het Rijksmonumentenspel, omdat dit volgens de jury de beste kansen heeft om succesvol te worden gerealiseerd. **MV**

Overijssel Heritage Design Award 2010

In the Netherlands, provincial initiatives in regard to design are few and far between. The province of North Brabant is active, particularly the Eindhoven region, and South Holland has the South Holland Design Award. Limburg is developing initiatives with partners in Germany and Belgium, which has been baptized the 'Euregion'. Gelderland used to have the Gelder Design Award, but this year it got killed due to cutbacks.

Overijssel combines design with heritage in the Overijssel Heritage Design Award, presented for the second time last year. In October of this year, the third annual presentation will take place. The objective of the award, which is aimed at young designers and design students, is to focus more attention on Overijssel's heritage both inside and outside the province. The idea is to get young people involved with heritage through the award.

As such, the Overijssel Heritage Design Award is not so very different from other design awards. What makes this prize special is the guidance that the selected designers receive when implementing their proposal. The organizer of the award, Art & Culture Overijssel, brings the devisers of the award-winning designs in contact with the business world and supports them in their pitches and presentations.

In 2010, there were three nominees: the M.L.K. project by Nynke Boelens, which adapted the culture surrounding the product of milk in a series of utilitarian ceramics; the *Rijksmonumentenspel* by Jasper Hilkhuijsen, a game that brings young people in contact with national heritage in a low-threshold manner; and Allodium by Nicolette Klerk, an object with which heritage can be marked and that also can be applied in digital media. The winner was the *Rijksmonumentenspel*, because this had the best chances of being successfully realized, according to the jury. **MV**

npk design – Minifietspomp

Deze handzame fietspomp voor racefietsen is een Nederlands ontwerp van npk, dat al twee eerdere versies hiervoor ontwikkelde. Het Raceday hogedruk-handfietspompje is geschikt voor semi-professionele wielersportrecreanten en past op Presta/Sclaverand-ventielen. Eenmaal vastgeklikt op het fietsframe is het opvallend in zijn functionaliteit en zijn lichte gewicht: 101 gram. Bovendien is het door deze terughoudende vormgeving beschermd tegen vuil en water.

De derdegeneratie-uitvoering van de Raceday, een bestseller onder de sportieve hogedruk-fietspompjes voegt zich qua vormgeving bij de racefiets zelf. De pomp zit minder in de weg en blijft in de goede positie op de fiets. En springt door de onopvallende vormgeving wellicht ook minder in het oog bij 'ongewilde fietspompleners'.

Prettig aan de SKS Raceday is de symmetrische vorm, waarbij zowel kop als handgreep aan de uiteinden licht zijn gebogen. Dat heeft een reden. Het gebogen vlak van de handgreep zorgt ervoor dat de pomp tijdens het handmatig pompen comfortabel aanvoelt en goed in de hand ligt en het biedt extra grip. **CR**

npk design – Mini Bicycle Pump

This handy bicycle pump for racing bikes is a Dutch design by npk, which had already developed two prior versions. The Raceday high-pressure hand bicycle pump is suitable for semi-professional racing cyclists and fits onto Presta/Sclaverand air valves. Clicked to the frame of the bike, it is noteworthy for its functionality and light weight: 101 grams. Moreover, its streamlined design protects it from dirt and water.

The shape of the third generation of the Raceday, a bestseller among high-pressure pumps for racing bikes, fits the shape of the bike itself. The pump is less 'in the way' and remains in the correct position on the bicycle. And its unobtrusive design could very well prevent its being immediately spotted by 'unwanted bicycle pump borrowers'.

A fine aspect of the SKS Raceday is its symmetrical shape, with both the head and the handle being slightly curved at the ends. There is a reason for this. The curved surface of the handle makes it comfortable to hold while you are pumping and offers extra grip. **CR**

Product / Product 

Ontwerper/Designer
npk design, Janwillem Bouwknegt, Marte den Hollander, Martijn van Gelderen

Opdrachtgever/Client
SKS Germany

Website
www.npk.nl

Foto/Photo
npk design

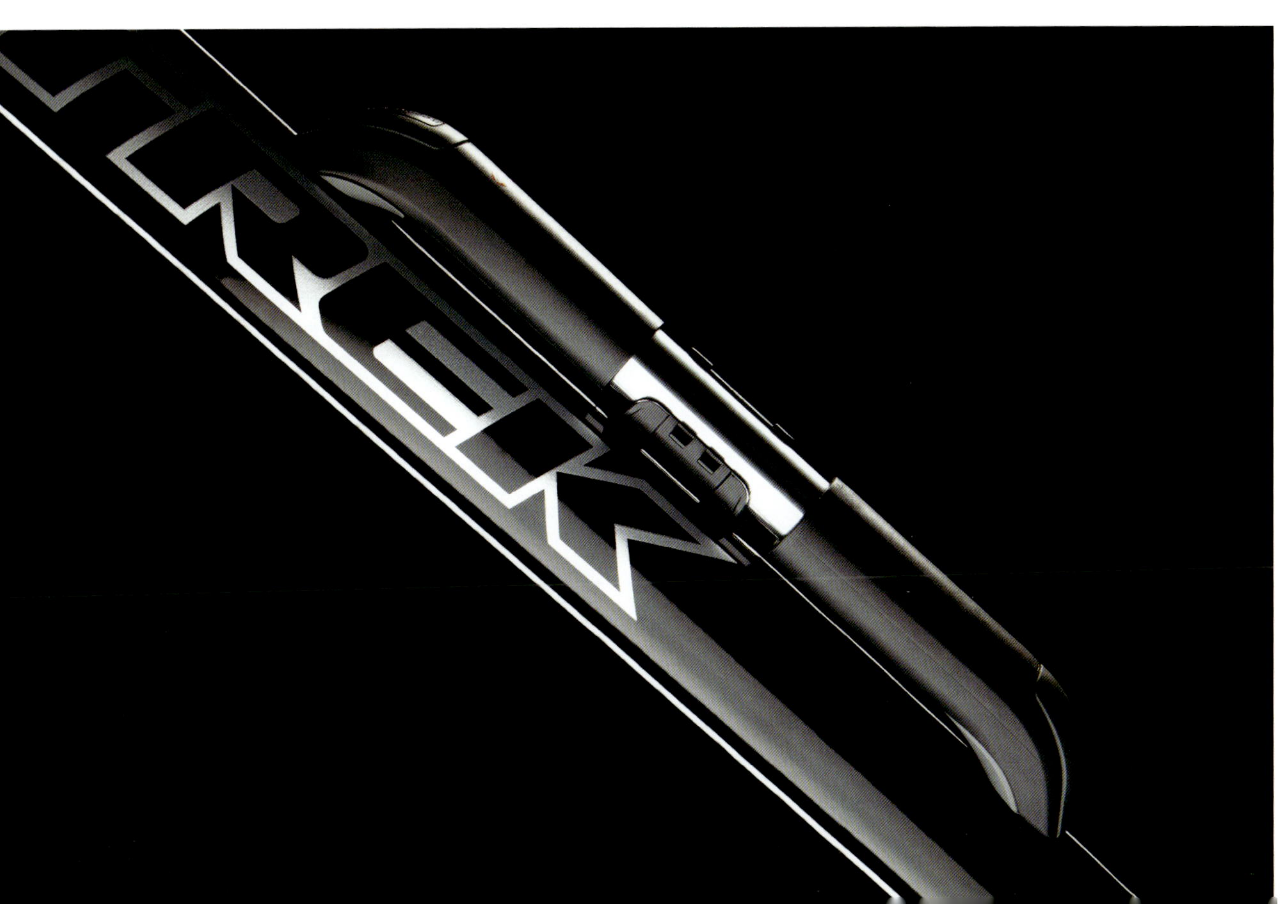

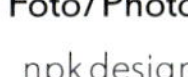

Vorige / Previous
<< P 72, 94, 136, 144

Volgende / Next
P 190 >>

VanBerlo – VelopA-Citystyle Easylift+

Nederlanders fietsen en organiseren zich bij voorkeur in kleine clubs: politieke partijen of omroepverenigingen. Voeg deze typische kenmerken en behoeftes samen en je begrijpt meteen waarom fietsend Nederland in de volle binnensteden bij transferia (bus/treinstations of instellingen) zo'n behoefte heeft aan geordende parkeersystemen voor het trouwe stalen ros. Voilà: het fietsparkeersysteem Easylift+ van VelopA-Citystyle, dat ruimtebesparend en gebruikersvriendelijk is door het hefsysteem en de lichtgewicht aluminium bandengoot.

Dit hefsysteem dient ervoor om de fietsen eenvoudig op de bovenste etage te parkeren. Hierbij steunt het uiteinde van de bandengoot van deze etage op het straatoppervlak. Voordeel daarvan is dat de gebruiker hierdoor zijn fiets nauwelijks hoeft op te tillen om deze in de goot te rijden. Door het dubbellaagse karakter biedt de onderhoudsarme Easylift+ een verdubbeling van de fietsparkeercapaciteit. Het stallingsysteem is geschikt voor praktisch alle fietstypen en beschikbaar in modules van acht of twaalf fietsplaatsen. Verder kan men kiezen tussen een enkelzijdige of dubbelzijdige opstelling, ook in onbewaakte buitenomgevingen, hetgeen de allround inzetbaarheid van het systeem vergroot.

De eerlijkheid gebiedt te zeggen dat de Easylift+ al in eerdere versies bestond, maar met deze uitvoering naar ontwerp van bureau VanBerlo nu stilaan de perfectie nadert. Design is immers een voortdurend proces van nieuwe inzichten en praktische eisen. CR

VanBerlo – VelopA-Citystyle Easylift+

Dutch people prefer to bicycle and organize themselves in small clubs, whether that be political parties or broadcasting corporations. Put these typical characteristics and desires together and you immediately understand why the bicycling country of the Netherlands has such a need of a well-organized parking system for its trusty metal steeds at transfer areas (bus/train stations or facilities) in the packed inner cities. Voilà: the Easylift+ bicycle parking system by VelopA-Citystyle, space-saving and user-friendly due to its lifting system and lightweight aluminium groove for the tires.

This lifting system makes it easy to place bicycles on the upper level. The end of the tire groove rests on the ground. The advantage is that the user hardly has to pick up his or her bicycle in order to place the tires in the groove. The double-layer nature of the low-maintenance Easylift+ means a doubling of the bicycle parking capacity. The storage system is suitable for practically all types of bikes and available in modules of 8 or 12 places for bicycles. Furthermore, you can choose between a single-sided or double-sided setup, also in unguarded outdoor environments, which increases the all-around usability of the system.

In all honesty, it must be admitted that the Easylift+ already existed in earlier versions, but with this design created by VanBerlo, perfection is now gradually drawing closer. After all, design is a continual process of new insights and practical demands. CR

Product / Product

Ontwerper/Designer
VelopA/VanBerlo

Opdrachtgever/Client
VelopA-Citystyle

Website
www.velopa.com
www.vanberlo.nl

Vorige / Previous
<< P 72, 94, 136, 144, 188

Van der Veer Designers – VDL Futura touringcar

De in Valkenswaard geproduceerde VDL Futura is een klassieke hoogdekker touringcar, bestemd voor de Europese reizigersmarkt. Extra aandacht is besteed aan het comfort van de passagiers. Zij kunnen zelf hun stoel in comfortabele standen afstellen. De chauffeursplaats is een 'cockpit' met optimale ergonomie: een luxe stoel met groot verstelbereik en een ruim verstelbaar stuurwiel. Het rechterdeel van het tweekleurige dashboard loopt schuin af om goed zicht op de rechtervoorzijde te bieden. Daarbij zijn alle bedieningselementen en schakelaars gemakkelijk bereikbaar, terwijl genoeg ruimte overbleef om de werkplek een persoonlijk en gezellig tintje te geven.

Anders dan personenauto's – 'luxe wagens' in transporttaal – lijken autobussen (touringcars en coaches) minder modegevoelig. Vaak verraadt de detaillering – gestroomlijnde achteruitkijkspiegels, de welving van de voorruit of, zoals hier de koplampen – de hand van designer. Dat heeft een reden. Autobussen moeten er namelijk niet agressief uitzien, dat kan de passagiers afschrikken, die immers een comfortabele reis verwachten. Daarbij worden autobussen door hun formaat op de snelweg door de veelal kleinere medeweggebruikers vaak als intimiderend ervaren.

Terughoudendheid is dus op zijn plaats. Bij deze bus ligt de nadruk vooral op het aerodynamische front met het grote VDL-logo en de koplampen. Een maal weer thuis is de bus goed door de wasstraat te laveren. **CR**

Van der Veer Designers – VDL Futura Coach

Produced in Valkenswaard, the Netherlands, the VDL Futura is a classic high-deck coach designed for the European touring market. Extra attention has been paid to the comfort of the passengers, who can individually adjust their seats to the most comfortable position. The driver's area is a cockpit with optimal ergonomics: a luxurious chair with a wide variety of settings and a steering wheel with many adjustment possibilities. The two-tone dashboard slants down on the right in order to provide a good view on that side. All of the controls and switches are easily accessible, while enough space remains for the driver to give the workplace a personal, cosy touch.

Unlike passenger cars – 'sedans' in transport jargon – buses and coaches are a less trendy branch of the automotive sector. Often it is the details – streamlined rear-view mirrors, the curvature of the windscreen or, like here, the headlights – that reveal the hand of the designer. There's a reason for that. Coaches should not look aggressive: that could scare off the passengers, who after all expect to go on a comfortable journey. Moreover, because of their size, coaches are often experienced as intimidating by the drivers of other, mostly smaller vehicles on the road.

Restraint is thus appropriate. With this coach, the emphasis is primarily on the aerodynamic front with the large VDL logo and the headlights. Once back home, the coach can be easily cleaned in the car wash. **CR**

Product / Product

Ontwerper/Designer
Van der Veer Designers

Opdrachtgever/Client
VDL Bus & Coach

Website
www.vanderveerdesigners.nl

Foto's/Photos
Workhouse/VDL Bus & Coach

FUTURA

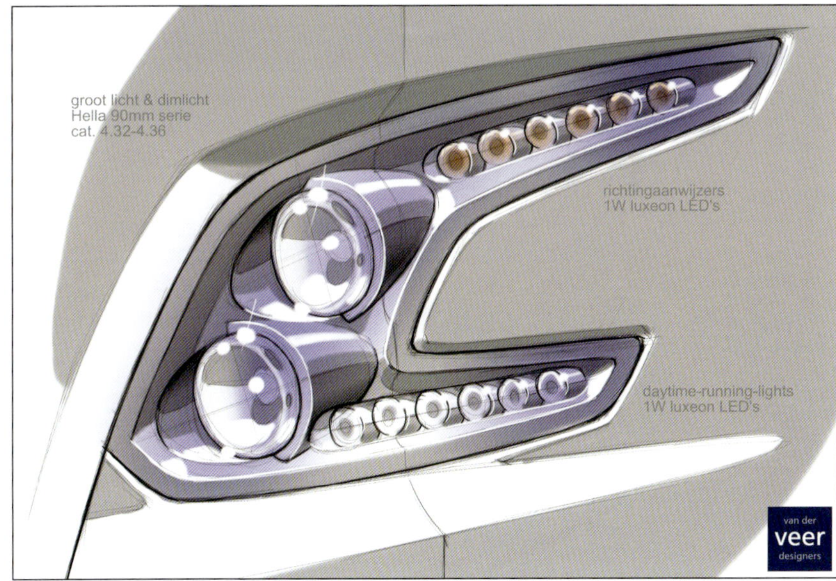
groot licht & dimlicht
Hella 90mm serie
cat. 4.32-4.36
richtingaanwijzers
1W luxeon LED's
daytime-running-lights
1W luxeon LED's
van der
veer
designers

Vorige / Previous
<< P 186

Volgende / Next
P 194 >>

The Perfect Cut

Lezingen en interviews over mode en film in Rotterdam en Maastricht
28 januari – 10 juni 2011

Modemerken, gevestigde en beginnende, realiseren zich dat mode verder gaat dan kleding en fotografie. De variatie in modefilms is groot: van artistieke weergaves van collecties, modeshowfilms tot promovideo's die de sfeer voorafgaand aan een modeshow neerzetten. Modebladen tonen op hun websites steeds vaker *behind-the-scene-movies*. Ook de kunstwereld neemt het genre serieus. Een belangrijke aanwinst in 2011 van het Centraal Museum in Utrecht is de video *White Swan*, waarin Sil van der Woerd mode, film en theater combineert.

Het thema van het International Film Festival Rotterdam (IFFR) was dit jaar 'Out of Fashion'. Premsela organiseerde in samenwerking met het festival het onderdeel 'The Perfect Cut', over mode en film. Het programma verkende de groeiende wisselwerking tussen de mode-industrie en onafhankelijke filmkunst en liet zien hoe modehuizen film, video en online media gebruiken om hun ontwerpen en visie vorm te geven, te verspreiden en te verkopen.

Fotograaf Ari Versluis interviewde internationale filmmakers en experts, onder wie filmmaker Zach Gold. Hij sprak over de film *String Theory*, die hij in 2010 maakte voor het Belgische modehuis A.F. Vandevorst. Alexander Fury is redacteur van SHOWstudio.com, een digitaal platform dat onder meer is opgezet voor de verspreiding van dergelijke films. Fury verzorgde een presentatie in De Unie en liet meerdere films zien waaronder Gareth Pughs film voor zijn zomercollectie 2011, gemaakt door de Britse Ruth Hogben.

Marc Ascoli, in de modewereld een van de meest gerenommeerde artdirectors, vertelde hoe hij vanaf de jaren tachtig imago's ontwikkelde voor belangrijke modemerken zoals Yohji Yamamoto, Jil Sander, Chloé, Calvin Klein en Versace. Ascoli wees op het belang van art direction en zei dat hij minimodefilms marketingtechnisch erg slim vond, mits ze gemaakt worden door mensen met een duidelijke visie, zoals bijvoorbeeld fotograaf David Sims. 'Het gaat dan niet om de film, maar over mode. Het is toch fantastisch om een lichaam op muziek te zien bewegen in kleding. Al die elementen spreken tot verbeelding.' Modemerken laten volgens Ascoli massaal modefilmpjes maken, omdat ze deel willen zijn van een ontwikkeling, en om mensen aan te trekken. 'Dat is toch het doel van communicatie: hou van ons, hou van ons, wij zijn zó speciaal, wij weten hoe het moet, hou van ons.'

Voor 'The Perfect Cut: Maastricht'-edition interviewde Ari Versluis de Britse ontwerpster van vrolijke *streetwear* Carrie Munden over haar kleurrijke films in relatie tot haar kleding. **GK**

The Perfect Cut

Lectures and Interviews on Fashion and Film in Rotterdam and Maastricht
28 January – 10 June 2011

Fashion labels, established and start-up, realize that fashion goes further than clothing and photography. The variety among fashion films is great: from artistic portrayals of collections to films of fashion shows and promotional videos that set the tone of a fashion show before it begins. Fashion magazines more and more often show behind-the-scene movies on their websites. The art world is also taking the genre seriously. One of the important acquisitions made by the Centraal Museum in Utrecht in 2011 was the video *White Swan*, in which Sil van der Woerd combines fashion, film and theatre.

The theme of this year's International Film Festival Rotterdam (IFFR) was 'Out of Fashion'. In collaboration with the festival, Premsela organized the section on fashion and film, 'The Perfect Cut'. The programme explored the growing exchange between the fashion industry and independent art films and shows how these fashion houses use film, video and online media to give form to, distribute and sell their designs and vision.

Photographer Ari Versluis interviewed international filmmakers and experts, including the filmmaker Zach Gold. He spoke about the film *String Theory*, which he made in 2010 for the Belgian couturier A.F. Vandevorst. Alexander Fury is the editor of SHOWstudio.com, a digital platform that among other things was set up to distribute such films. Fury gave a presentation in De Unie and showed several films, including Gareth Pugh's film for his 2011 summer collection, made by the British filmmaker Ruth Hogben.

Marc Ascoli, one of the most renowned art directors in the fashion world, told how he since the 1980s has developed the marketing images of important fashion labels such as Yohji Yamamoto, Jil Sander, Chloé, Calvin Klein and Versace. Ascoli pointed out the importance of art direction and said that he considered mini fashion films a very clever marketing technique, as long as they are made by people with a clear vision, such as for instance photographer David Sims. 'That way it's not about the film, but about fashion. After all, it's fantastic to see clothing on a body moving to the music. All of those elements stir the imagination.' According to Ascoli, fashion labels are making fashion clips en masse, because they want to be part of a new development and to attract people. 'That's the whole purpose of communication: Love us, love us, we are so special, we know how to do things, love us.'

For the Maastricht edition of 'The Perfect Cut', Ari Versluis interviewed the British designer of cheerful streetwear, Carrie Munden, about her colourful films in relation to her clothing. **GK**

ela
NATIONAL
FESTIVAL
TERDAM
THE
ERFECT
CUT
—REFLECTIONS
ON FASHION
AND FILM
28.01—05.02.11

Talks & Films by
Dino Dinco
Zach Gold
Alexander Fury
Marc Ascoli
Interviews by
Ari Versluis
For tickets, dates,
venues and details see
premsela.org

premsela
.org/
naim/
bureau
europa
NAiM/Bureau Europa
Avenue Céramique 226
Maastricht
Next to Bonnefantenmuseum
entrance at Daemslunet
THE
PERFECT
CUT
—REFLECTIONS
ON FASHION
AND FILM
—PART TWO

Ari Versluis
interviews:
Carri Munden
a.k.a. Cassette
Playa (UK)
Friday 27.05.2011
20.00—21.00 hrs.
Michael James
O'Brien (US)
Friday 10.06.2011
16.30—17.30 hrs.
Free entrance
More info at premsela.org

Salone del Mobile 2011

Milaan
13–17 april 2011

Met de opkomst van vele nieuwe galeries en blogs is Milaan van minder belang dan bijvoorbeeld in de eerste jaren van Dutch Design, maar nog steeds presenteren veel ontwerpers hun nieuwe ideeën eerst hier. Studio Job toonde dit keer vooral betaalbaar design, zoals de veelkleurige Gothic Chair in het indrukwekkende pand van Moooi (zie ook p. 138) en een kast bij Lensvelt, die door het toevoegen van een forse sleutel van een saaie documentenkast in een blikvanger veranderde. Job en Edward van Vliet waren beiden met mooie glasontwerpen vertegenwoordigd bij het roemruchte glashuis Venini. Studio Formafantasma (twee Italianen gevestigd in Eindhoven) toonde drie tapijtontwerpen voor Nodus, gebaseerd op de ongelofelijke negentiende-eeuwse vogeltekeningen van Audubon, voor Dilmos Gallery ontwierpen ze de archetypisch Italiaanse stoel Domestica en voor de Italiaanse stichting Plart ontwikkelden de ontwerpers met de veelvormige collectie Botanica een blikvanger. Sebastiaan Straatsma maakt steeds meer furore met zijn verzameling soms uitzinnig gekleurde Dustcollectors, waarvan hij een nieuwe selectie presenteerde in de Galleria Luisa delle Piane (zie ook p. 142). Aldo Bakker werkt aan een verfijnd oeuvre van organisch gevormde producten in koper, keramiek en hout met dit keer de Urushi Series en Stool bij 'pop-up gallery' Particles. Richard Hutten, de artistiek directeur van NgispeN, selecteerde oud en nieuw werk van Maarten Baas, Dick van Hoff, James Irvine, Jerszy Seymour en Michael Young. Het inmiddels ook bij Gispen gelande thema 'spelen met traditie' demonstreerde Hutten zelf in zijn 'nieuwe' Zuiderzeestoel. Droog Design kwam met de resultaten van het grote Design for Download'-onderzoek, waarbij het label een downloadplatform voor later dat jaar aankondigde. De Design Academy toonde op een nieuwe locatie, maar traditiegetrouw, een grote selectie afstudeerwerk. De school organiseerde samen met het Nederlandse sectorinstituut voor design en mode Premsela, de Milan Breakfast Talks, waar de maatschappelijke betekenis van design als gespreksonderwerp centraal stond. **TdR**

Evenement en debat / Events and Debate

Foto's/Photos
Yves Krol

Salone del Mobile 2011

Milan
13–17 April 2011

With the advent of many new galleries and blogs, Milan has become less important than in the early years of Dutch Design; but many designers still present their new ideas here first. Studio Job primarily showed affordable design this time, such as the colourful Gothic Chair in Moooi's impressive building (also see p. 138) and a cabinet by Lensvelt, who by adding an outsized key turned a boring document cabinet into an eye-catcher. Job and Edward van Vliet were both represented at the renowned glass establishment Venini with beautiful glass designs. Studio Formafantasma (two Italians vested in Eindhoven) showed three carpet designs for Nodus, based on the incredible nineteenth-century bird drawings by Audubon; for Dilmos Gallery, they designed Domestica, the archetypical Italian chair, and for the Italian foundation Plart, the designers developed the arresting, variously shaped collection called Botanica. Sebastiaan Straatsma is causing more and more of a furore with his collection of at times deliriously coloured Dustcollectors, of which he presented a new selection in the Galleria Luisa delle Piane (also see p. 142). Aldo Bakker has been working on a sophisticated oeuvre of organically shaped products in copper, ceramic and wood, this time with the Urushi Series and Stool at the 'pop-up gallery' Particles. Richard Hutten, the artistic director of NgispeN, selected old and new work by Maarten Baas, Dick van Hoff, James Irvine, Jerszy Seymour and Michael Young. Hutten himself demonstrated the 'playing with tradition' theme, which has also now come to Gispen, in his 'new' Zuiderzeestoel. Droog Design brought out the results of the major 'Design for Download' research, with the label announcing a download platform for later this year. Appearing at a new location while staying true to tradition, the Design Academy showed a large selection of graduating work. The school collaborated with Premsela, the sector institute for Dutch design and fashion, to organize the Milan Breakfast Talks, with the central topic being the social significance of design. **TdR**

1 / Presentatie / Presentation Design Academy
2 / Studio Job
3 / Aldo Bakker, The Urushi Series & Stool
4 / Studio Formafantasma collectie/ collection Botanica

Finalisten Dutch Design Awards 2011

Finalists Dutch Design Awards 2011

Communicatie / *Communication*

Digitale media / Digital Media

Money & Speed: Inside the Black Box (VPRO) – Catalogtree, Daniel Gross & Joris Maltha
Website Pete Philly – Momkai, Harald Dunnink
Website Anne Frank Stichting – LBI Lost Boys
flitser.org – Roel Wouters, Jonathan Puckey i.s.m./with Dirk van Oosterbosch

Grafisch ontwerp / Graphic Design

Illustraties prentenboek/Illustrations children's book 'Wilde Dieren' – Rop van Mierlo
Kinderpostzegels 2010 – Niels Schumm/Anuschka Blommers & Experimental Jetset
The Gentlewoman – Jop van Bennekom/ Veronica Ditting
Blood in Blood out – studio Ix Opus Ada, Floor Wesseling
Selfridges etalages/shop windows – Lernert & Sander
Affiches/Posters Schrank8 Home Gallery – Hansje van Halem
Matter of Monument posterserie/poster series – Michiel Schuurman

Motion design

Videoclip 'Elektrotechnique', De Jeugd van Tegenwoordig – Lernert & Sander
Shawn Lee 'World of Funk' promo – Part of a Bigger Plan, Christian Borstlap
Moleskine – Rogier Wieland

Product / *Product*

Product autonome vormgeving / Autonomous Design Products

Blueware Vases – Studio Glithero, Tim Simpson & Sarah van Gameren
Dustcollectors: Mangas & Daikaijus series – Sebastiaan Straatsma
Endless Chair – Dirk Vander Kooij
Wood Ring – Chris Kabel
Jug + Cup – Aldo Bakker voor collectie Particles/for Particles Collection

Consumentenproduct / Consumer Product

Heracleum – ontwerp/design Bertjan Pot, techniek/technique Marcel Wanders
Colour Carpets – Scholten & Baijings
HISTOR Paint Can – WeLL Design, OMEFA, PPG, Millford Brand-ID
SKS Raceday – Mini pomp voor racefietsers/Mini Bicycle Pump – npk design, Janwillem Bouwknegt, Marte den Hollander, Martijn van Gelderen
Gothic Chair – Studio Job

Professioneel product / Professional Products

Ahrend 380 – Ineke Hans
KLM business class serviesgoed en bestek/Tableware and Cutlery – Studio Marcel Wanders
RESQTEC ProFix Max Air Operated Struts – VanBerlo
Philips FreeStreet, straatverlichting/ Street Lighting – Philips Design
VelopA-Citystyle Easylift+ – VelopA/ VanBerlo
VDL Futura – Van der Veer Designers

Ruimtelijk / *Spatial*

Exterieur / Exterior

Warten auf den Fluss – Observatorium
MAS Museum aan de Stroom – Neutelings Riedijk Architecten
Walstroomkasten Drechtsteden – VHP stedebouwkundigen + architekten + landschapsarchitekten bv, Dirry de Bruin
Madrid Rio – West 8/MRIO
Bunker 599 – Rietveld Landscape | Atelier de Lyon, Erick de Lyon & Ronald Rietveld
Het dak dat opgaat in rook/The Roof That Goes Up in Smoke – Overtreders W, Reinder Bakker, Hester van Dijk
Voetgangersbrug/Pedestrian Bridge, Fort de Roovere, Halsteren – RO&AD architecten

Interieur / Interior

Vacant NL, where architecture meets ideas – Rietveld Landscape (curator), ontwerp team: Ronald Rietveld, Erik Rietveld, Jurgen Bey, Joost Grootens, Saskia van Stein, Claus Wiersma, Barbara Visser
The Tradition of Future – The Future of Tradition – morePlatz, Caro Baumann, met/with Samir El Kordy & Carla van Beurden
HAKA-RECYCLE OFFICE – Doepel Strijkers Architects
Emma Kinderziekenhuis/Children's Hospital - Opera Amsterdam/OD 205 architectuur
Synagoge LJG, Amsterdam/Synagogue – SeARCH
Temporary Museum (Lake) – Anne Holtrop
V&A Ceramic Study Galleries – Opera Amsterdam
Black Pearl – Studio Rolf.fr i.s.m./with Zecc Architecten, Rolf, Marnix van der Meer & Yffi van den Berg

Speciale prijzen / *Special Awards*

MINI Young Designer Award / *MINI Young Designer Award*

BCXSY
Bart Hess
Sander Veenhof

BNO Piet Zwart Prijs / *BNO Piet Zwart Award*

Marijke van der Wijst

Beste opdrachtgever Award / *Best Client Award*

Ahrend
Koninklijke Auping B.V.
Muziekgebouw Eindhoven
PostNL

Selectiecommissies *Selection Committees*

Communicatie / Communicatie
Antoine Achten (voorzitter/chair)
Emmy van Gool
Peter Kentie
Angela Lidderdale
Anne Miltenburg
Jurriënne Ossewold
Ruud van der Peijl
Paul Postma
Martin Pyper
Garech Stone

Product / Product
Timo de Rijk (voorzitter/chair)
Jan-Erik Baars
Jolanda Branderhorst
Mirjam van Coillie
Annemoon Geurts
Jos Holtkamp
Danny Klein
Aad Krol
Bruno Ninaber van Eyben
Jos Oberdorf
Marieke Sonneveld
Jeroen Verbrugge

Ruimtelijk / Spatial
Hans van der Markt (voorzitter/chair)
Pieter Aarts
Paulien Berendsen
Marina van den Bergen
Frans Bevers
Iris Derks
Frans Parthesius
Gesina Roters
Eline Strijkers

Future Concepts
Cees de Bont (voorzitter/chair)
Matthijs van Dijk
Berry Eggen
Irene Fortuyn
Francine Houben
Timo de Rijk
Daan Roosegaarde

Beste Opdrachtgever Award / Best Client Award
Joop Sistermans (voorzitter/chair)
Walter Amerika
Rita van Hattum
Diana Krabbendam
Robert Jan Marringa
Marcel Speller
Joffrey Walonker
Renee Wever

MINI Young Designer Award
Jan Carel Diehl
Berry Eggen
Anne Mieke Eggenkamp
Mary Hessing
Dimitri Nieuwenhuizen
Lena Shafir

Internationale jury / International Jury
Hedy d'Ancona (voorzitter/chair)
Antoine Achten
Ruedi Baur
Beth Gali
Mikko Koria
Ross Lovegrove
Hans van der Markt
Cara McCarty
Ravi Naidoo
Timo de Rijk
Sudir Sharma
Paul Stamper
Patricia Urquiola
Robert Wong
Christoph Zellweger

BNO Piet Zwart Prijs / BNO Piet Zwart Award – Life Time Achievement Award / DDA
Martijn Sanders (voorzitter/chair)
Hans Dirken
Reinier Gerritsen
Trude Hooykaas
Rob Huisman
Paul Mijksenaar
Bruno Ninaber van Eyben
Tet Reuver

Designprijzen in Nederland 2010 – 2011

ADCN Lampenwinnaars 2011

Print en Buitenreclame

Categorie Dagbladadvertentie

TBWANEBOKO – *Social Networks.* Gouden Bekroning Jury Print & Buitenreclame/Ledenjury

Categorie Tijdschriftcampagne

Wieden+Kennedy Amsterdam – *Write the Future.* Gouden Bekroning Jury Print & Buitenreclame/Ledenjury

Categorie Buitenreclame

N=5 – *Live interactief billboard tegen agressie.* Gouden Bekroning Jury Print & Buitenreclame/Ledenjury

DDB – *Scherm kapot.* Zilveren Bekroning Ledenjury/Vermelding Jury Print & Buitenreclame

Commercials

Categorie tv-commercial

Wieden+Kennedy Amsterdam – *Write the Future.* Gouden Bekroning Jury Commercials/Ledenjury Alfred International – *Calvé/Pietertje.* Gouden Bekroning Jury Commercials/Ledenjury

TBWANEBOKO – *Agent.* Gouden Bekroning Jury Commercials/Ledenjury

ETCETERA – *bol.com Mummiepak.* Gouden Bekroning Jury Commercials/Ledenjury

DDB – *Oud vrouwtje.* Zilveren Bekroning Jury Commercials/Vermelding Ledenjury

DDB – *Muis.* Zilveren Bekroning Ledenjury/Vermelding Jury Commercials

TBWANEBOKO – *Kortste reclameblok ooit.* Zilveren Bekroning Jury Commercials/Vermelding Ledenjury

TBWANEBOKO – *Men With Talent.* Zilveren Bekroning Jury Commercials/Vermelding Ledenjury

TBWANEBOKO – *Chicken Saté.* Zilveren Bekroning Jury Commercials

Categorie Internetcommercial

TBWAPHS Helsinki – *Drama Queen.* Zilveren Bekroning Ledenjury/Vermelding Jury Commercials

CCCP – *Hi-tec Liquid Mountaineering.* Zilveren Bekroning Jury Commercials/Vermelding Ledenjury

Categorie Radiocommercial

TBWANEBOKO – *Rode Ogen.* Zilveren Bekroning Jury Commercials/Vermelding Ledenjury

Doom&Dickson – *WK Afvalzak.* Zilveren Bekroning Jury Commercials

Geïntegreerde communicatie

Wieden+Kennedy Amsterdam – *Write the Future.* Gouden Bekroning Jury Geïntegreerd/Ledenjury

Tribal DDB Amsterdam, One Voice – *Wake up the town.* Zilveren Bekroning Jury Geïntegreerd

Selmore, Don't tell Mumm, Erikpas.nl, ACHTUNG!, Supertrash, X-ingredient – *Bavaria DutchDress.* Zilveren Bekroning Ledenjury/Vermelding Jury Geïntegreerd

Interactief

Categorie Websites

Tribal DDB Amsterdam – *Wake up the town.* Zilveren Bekroning Jury Interactief

Categorie Interactieve film

N=5 – *Live interactief billboard tegen agressie.* Zilveren Bekroning Jury Interactief

Categorie Andere interactieve toepassingen

ACHTUNG! – *Vodafone Madame Tre-Sesti.* Zilveren Bekroning Jury Interactief/Vermelding Ledenjury

Actiemarketing

Categorie Direct marketing

New Message – *Arthur's ADCN Nominatielijst.* Zilveren Bekroning Jury Actiemarketing/Vermelding Ledenjury

Categorie Sales promotion

Selmore, Don't tell Mumm, Erikpas.nl, ACHTUNG!, Supertrash, X-ingredient – *Bavaria DutchDress.* Gouden Bekroning Jury Actiemarketing/Ledenjury

Categorie Virale marketing

CCCP – *Hi-tec Mountaineering.* Zilveren Bekroning Ledenjury/Vermelding Jury Actiemarketing

Grafische vormgeving

Categorie Affiches

FHV BBDO – *Reclame Klassiekers.* Gouden Bekroning Jury Grafische Vormgeving/Ledenjury

Categorie Huisstijlen

Thonik – *VPRO.* Zilveren Bekroning Jury Grafische Vormgeving/Vermelding Ledenjury

Categorie Winkels/Showrooms/Restaurants e.d.

Motif Concept & Design – *Pomm's.* Zilveren Bekroning Jury Grafische Vormgeving/Vermelding Ledenjury

Categorie Andere grafische toepassingen

Part of a Bigger Plan – *Suzy Menkes Cyber Craft.* Zilveren Bekroning Jury Grafische Vormgeving

Verpakkingen

SOGOOD – *Koffieverpakkingen voor Koffiebranderij G. Peeze.* Gouden Bekroning Jury

dBOD – *STR bottle.* Zilveren Bekroning Jury Verpakkingen/Vermelding Ledenjury

Bekroning Jury Jong Talent

Justin Leung & Ruben Beijer – *Dankzij K&C*

Deelbekroningen

Categorie Actualiteit

DDB – *Scherm kapot*

Categorie Filmregie

Alfred International – *Pietertje*

Categorie Young Director

TBWAPHS Helsinki – *Drama Queen*

Categorie Geluid

Wieden+Kennedy Amsterdam – *Write the Future*

Categorie Illustratie

STUDIO JONA – *Privacy online*

Beste Opdrachtgever Award – Dutch Design Awards 2010

RoyalVKB

De Best Verzorgde Boeken 2010

Literatuur

Roald Triebels, Studio Jan de Boer, Annelies Dollekamp (Zilverster Media), Jan Johan ter Poorten (Aperta) – *Het diner / Zolang er leven is… / 1.000 dingen doen in Nederland*

Anneke Germers – *Ilias. Wrok in Troje*

Kinderboeken

Bockting Ontwerpers – *Ik leer je liedjes van verlangen, en aan je apenstaartje hangen*

me studio – *Vervoersdingen / Amsterdamse dingen*

Special interest

Irma Boom – *Steven Aalders. Cardinal Points*

Julia Born – *A not B.*

Coppens Alberts – *Piet Paris Fashion Illustrations*

Edwin van Gelder (Mainstudio), m.m.v. Karen van de Kraats en Suzanne Dreu – *Stills. Wiel Arets. A Timeline of Ideas, Articles & Interviews*

Anneke Germers – *Verborgen wildernis. Ruige natuur & kaarten in Nederland*

Marloes de Laat – *Intensive Care*

Janna & Hilde Meeus (Meeus Ontwerpt) – *Rob Voerman. Aftermath*

Mevis & Van Deursen – *Goede bedoelingen en modern wonen*

Mevis & Van Deursen m.m.v. Julie Peeters – *Alexander van Slobbe, and… and… and…*

Rob van den Nieuwenhuizen (drawswords) – *Betsabeé Romero. Cars and Traces*

Ontwerpwerk – *Gerd Arntz, Graphic Designer*

Joost Overbeek – *Net niet verschenen boeken*

Wendy Panders – *Roodkapje was een toffe meid*

René Put – *Bemoeizorg. Eenvoudige tips voor moeilijke zorg*

Stephan Saaltink – Ben Joosten. *Tussen brons en lood*

Brigitte Slangen – *Leo Vroman. Tekenaar*

Studio Joost Grootens (boek- en kaartontwerp, kaartbewerking), m.m.v. Barbara Hoffmann, Tine van Wel, Annemarie van

Design Awards in the Netherlands 2010 – 2011

ADCN Lamp Awards 2011

Print and Outdoor Advertising

Category Newspaper Advertisement

TBWANEBOKO – *Social Networks.* Gold Jury Print & Outdoor Advertising/ Honourable Mention Member Jury

Category Magazine Campaign

Wieden+Kennedy Amsterdam – *Write the Future.* Gold Jury Print & Outdoor Advertising/Member Jury

Category Outdoor Advertising

N=5 – *Live interactief billboard tegen agressie.* Gold Jury Print & Outdoor Advertising/Member Jury

DDB – *Scherm kapot.* Silver Member Jury/Honourable Mention Jury Print & Outdoor Advertising

Commercials

Category TV Commercial

Wieden+Kennedy Amsterdam – *Write the Future.* Gold Jury Commercials/Member Jury

Alfred International – *Calvé/Pietertje.* Gold Jury Commercials/Member Jury

TBWANEBOKO – *Agent.* Gold Jury Commercials/Member Jury

ETCETERA – *bol.com Mummiepak.* Gold Jury Commercials/Member Jury DDB – Oud vrouwtje. Silver Jury Commercials/ Honourable Mention Member Jury

DDB – *Muis.* Silver Member Jury/Honourable Mention Jury Commercials

TBWANEBOKO – *Kortste reclameblok ooit.* Silver Jury Commercials/Honourable Mention Member Jury

TBWANEBOKO – *Men With Talent.* Silver Jury Commercials/Honourable Mention Member Jury

TBWANEBOKO – *Chicken Saté.* Silver Jury Commercials

Category Internet Commercial

TBWAPHS Helsinki – *Drama Queen.* Silver Member Jury/Honourable Mention Jury Commercials

CCCP – *Hi-tec Liquid Mountaineering.* Silver Jury Commercials/Honourable Mention Member Jury

Category Radio Commercial

TBWANEBOKO – *Rode Ogen.* Silver Jury Commercials/Honourable Mention Member Jury

Doom&Dickson – *WK Afvalzak.* Silver Jury Commercials

Integrated Communication

Wieden+Kennedy Amsterdam – *Write the Future.* Gold Jury Integrated/Member Jury Tribal

DDB Amsterdam, One Voice – *Wake up the town.* Silver Jury Integrated

Selmore, Don't tell Mumm, Erikpas.nl, ACHTUNG!, Supertrash, X-ingredient – *Bavaria DutchDress.* Silver Member Jury/Honourable Mention Jury Integrated

Interactive

Category Websites

Tribal DDB Amsterdam – *Wake up the town.* Silver Jury Interactive Category Interactive Film

N=5 – *Live interactief billboard tegen agressie.* Silver Jury Interactive Category Other Interactieve Applications

ACHTUNG! – *Vodafone Madame TreSesti.* Silver Jury Interactief/Honourable Mention Member Jury

Action Marketing

Category Direct Marketing

New Message – *Arthur's ADCN Nominatielijst.* Silver Jury Action Marketing/ Honourable Mention Member Jury

Category Sales Promotion

Selmore, Don't tell Mumm, Erikpas.nl. ACHTUNG!, Supertrash, X-ingredient – *Bavaria DutchDress.* Gold Jury Action Marketing/Member Jury Category Viral Marketing

CCCP – *Hi-tec Mountaineering.* Silver Member Jury/Honourable Mention Jury Action Marketing

Graphic Design

Category Posters

FHV BBDO – *Reclame Klassiekers.* Gold Jury Graphic Design/Member Jury Corporate Identities

Thonik – VPRO. Silver Jury Graphic Design/Honourable Mention Member Jury *Shops/Showrooms/Restaurants and so forth*

Motif Concept & Design – *Pomm's.* Silver Jury Graphic Design/Honourable Mention Member Jury

Category Other Graphic Applications

Part of a Bigger Plan – *Suzy Menkes Cyber Craft.* Silver Jury Graphic Design

Packaging

SOGOOD – *Koffieverpakkingen voor Koffiebranderij G. Peeze.* Gold Jury

dBOD – *STR bottle.* Silver Jury Packaging/ Honourable Mention Member Jury

Young Talent Jury Award

Justin Leung & Ruben Beijer – *Dankzij K&C*

Special Mention

Category Topicality

DDB – *Scherm kapot*

Category Film Direction

Alfred International – *Pietertje*

Category Young Director

TBWAPHS Helsinki – *Drama Queen*

Category Sound

Wieden+Kennedy Amsterdam – *Write the Future*

Category Illustration

STUDIO JONA – *Privacy online*

Best Client Award – Dutch Design Awards 2010

RoyalVKB

The Best Designed Books 2010

Literature

Roald Triebels, Studio Jan de Boer, Annelies Dollekamp (Zilverster Media), Jan Johan ter Poorten (Aperta) – *Het diner / Zolang er leven is… / 1.000 dingen doen in Nederland*

Anneke Germers – *Ilias. Wrok in Troje*

Books for Children

Bockting Ontwerpers – *Ik leer je liedjes van verlangen, en aan je apenstaartje hangen*

me studio – *Vervoersdingen / Amsterdamse dingen*

Special Interest

Irma Boom – *Steven Aalders. Cardinal Points*

Julia Born – A not B.

Coppens Alberts – *Piet Paris Fashion Illustrations*

Edwin van Gelder (Mainstudio), with Karen van de Kraats and Suzanne Dreu – *Stills. Wiel Arets. A Timeline of Ideas, Articles & Interviews*

Anneke Germers – *Verborgen wildernis. Ruige natuur & kaarten in Nederland*

Marloes de Laat – *Intensive Care*

Janna & Hilde Meeus (Meeus Ontwerpt) – *Rob Voerman. Aftermath*

Mevis & Van Deursen – *Good intentions and modern housing*

Mevis & Van Deursen with Julie Peeters – *Alexander van Slobbe, and… and… and…*

Rob van den Nieuwenhuizen (drawswords) – *Betsabeé Romero. Cars and Traces*

Ontwerpwerk – *Gerd Arntz, Graphic Designer*

Joost Overbeek – *Net niet verschenen boeken*

Wendy Panders – *Roodkapje was een toffe meid*

René Put – *Bemoeizorg. Eenvoudige tips voor moeilijke zorg*

Stephan Saaltink – *Ben Joosten. Tussen brons en lood*

Brigitte Slangen – *Leo Vroman. Tekenaar*

Studio Joost Grootens (book and map design, map adaptations), with Barbara Hoffmann, Tine van Wel, Annemarie van den Berg, Christiaan Drost, Adam Farlie, Margriet Hogenbirk, Arthur Roeloffzen, Manuel Wesely; Malkit Shoshan (maps and data) – *Atlas of Conflict. Israel–Palestine*

den Berg, Christiaan Drost, Adam Farlie, Margriet Hogenbirk, Arthur Roeloffzen, Manuel Wesely; Malkit Shoshan (kaarten en data) – *Atlas of Conflict. Israel–Palestine*
Studio Joost Grootens, m.m.v. Arthur Roeloffzen, Barbara Hoffmann, Annemarie van den Berg, Manel Di Tolve – *Shanghai New Towns*
Robin Uleman, m.m.v. Sandra Rabenou – *en Willem. Documentatie van een jeugd*
Joost van de Woestijne – *Frits Lugt 1884–1970. Leven voor de kunst*

Institutionele publicaties
Irma Boom i.s.m. Julia Neller – *Represent Koninklijke Tichelaar Makkum*
Hans Gremmen – *Quickscan NL #01*
Hans Gremmen – *Sideways. Reflections on Changing Contexts in Art*
Raw Color – *Nest 1, 2 & 3*

Academiepublicaties
Yolanda Huntelaar (Werkplaats Amsterdam) – *A changing view from Amsterdam. Where next with book history*
Dianne Rijnbende, Nick Topp – *ArtEZ Art & Design Arnhem Eindexamencatalogus 2009–2010*

Publicaties in eigen beheer
Cox & Grusenmeyer – *Open Impact Channel. Your limit is our imagination!*
Willem van Zoetendaal – *Johan van der Keuken. Quatorze Juillet*
Willem van Zoetendaal – *Koos Breukel. Faire Face*

BNO – Piet Zwart Life Time Achievement Award 2010 – Dutch Design Awards
Willem Diepraam

Design & Duurzaamheid Prijs 2010
(Gemeente Eindhoven)
Dwars ontwerp – *Pipe bottles*

De DOEN | Materiaalprijs 2010
Claudy Jongstra

De DOEN | Aan moedigingsprijs 2010
Simon Akkaya

Dutch Design Awards 2010
Categorie Communicatie
Beste digitale media
Jonathan Puckey, Roel Wouter – *video C-Mon & Kypski - More Is Less*
Beste motion design
Paul Postma, Christian Borstlap, Jasper Boeke – *kinderpostzegelanimatie*
Beste grafisch design
Job Wouters a.k.a. Letman i.s.m. Yvo Sprey e.a. – *serie posters voor Undercoverfeesten*
Beste visuele identiteit
75b – *logo Ro Theater*
Beste illustratie
Piet Parra – *Nike-illustraties*

Categorie Product
Best consumer product
Van Moof – *Vanmoof No 5 citybike*
Beste product industrieel
Lely i.s.m. Flex the innovation lab – *Balen Lely Welger RP245*
Beste product autonoom design
Scholten & Baijings – *Paper Table*
Beste product wonen
Jeroen Vinken – *Mazzo curtaining*
Beste verpakking
FHV BBDO; Mark Muller, Gijs Sluijters, Joris Tol, Demy Sapthu, Thomas Aberson, Joris van Elk – *Mars Messages*

Categorie Ruimtelijk
Beste interieur privaat
Studio Roelof Mulder & bureau Ira Koers – *Universiteitsbibliotheek Amsterdam*
Beste interieur commercieel
Architectenbureau Koen van Velsen – *Revalidatiecentrum Groot Klimmendaal*
Beste interieur cultureel
Merkx + Girod, Hans van Heeswijk architecten, Michael van Gessel – *Hermitage Amsterdam*
Beste exterieur openbaar
John Körmeling – *Happy Street*
Beste product openbare ruimte
NIO Architecten; Sean Matsumoto, Maurice Nio – *'Prayer of Shadow Protection', brug Vrouwenakker*
Beste autonome ruimtelijke ontwerp
Muurbloem design studio; Gonnette Smits, Astrid Stoltenborg – *Sand Carpets*

Dutch Design Awards Publieksprijs
Architectenbureau Koen van Velsen – *Revalidatiecentrum Groot Klimmendaal*

The Golden Eye Award 2010 – Dutch Design Awards
John Körmeling – *Happy Street*

Dutch Fashion Accessory Award 2010
Iris van Herpen

Dutch Incubator Award 2010
Iris van Herpen

Golden European Design Awards 2011
Huisstijl G2K – *Grand Theatre Groningen*
Identiteit Studio Dumbar – *Transat Ag2R La Mondiale*
Jury prijs WOUW! & subsoda – *Altijd wat wijzer*
Poster Florian Mewes / Arjan Groot – *Net Echt*

Frans Molenaar Couture Award 2011
Magnus Dekker

G-star RAW Lichting 2011
Sanne Schepers

Grand Seigneur 2011
ArtEZ Hogeschool voor de Kunsten, Arnhem

Green Fashion Competition 2010
Elsien Gringhuis

HEMA ontwerpwedstrijd 2010
1e prijs Astrid Bontenbal – tjielp
2e prijs Vivian Baas – foto safari
3e prijs Owen Thijssen – verkeersbord-basket

Infographics Jaarprijs 2010
Remy Jong Ming en Wouter Kroese

International Fashion Incubator Award 2010
Bas Kosters

Lensvelt de Architect interieurprijs 2010
Concrete Architectural Associates – *De Nieuwe Bibliotheek, Almere*

Marie-Claire Prix de la Mode 2010 Best National Designers
Spijkers en Spijkers

Mercedes-Benz Dutch Fasion Award 2010
Iris van Herpen

Overijsselse Erfgoed Design Award 2010
Jasper Hilkhuijsen

Rado Young Designer Award 2010 – Dutch Design Awards
Iris van Herpen

Thonet Mart Stam prijs 2010
Tiddo de Ruiter – *Spanstoel*

Toon van Tuijl Designprijs 2010
Studio Smeets – *Hampi Leaf Plate*

Studio Joost Grootens, with Arthur Roeloffzen, Barbara Hoffmann, Annemarie van den Berg, Manel Di Tolve – *Shanghai New Towns*
Robin Uleman, with Sandra Rabenou – and Willem. Documentation of a Youth
Joost van de Woestijne – *Frits Lugt 1884–1970. Leven voor de kunst*

Institutional Publications
Irma Boom with Julia Neller – *Represent Koninklijke Tichelaar Makkum*
Hans Gremmen – *Quickscan NL #01*
Hans Gremmen – *Sideways. Reflections on Changing Contexts in Art*
Raw Color – *Nest 1, 2 & 3*

Academic Publications
Yolanda Huntelaar (Werkplaats Amsterdam) – *A Changing View from Amsterdam. Where Next with Book History?*
Dianne Rijnbende, Nick Topp – *ArtEZ Art & Design Arnhem Eindexamencatalogus 2009–2010*

Independent Publications
Cox & Grusenmeyer – *Open Impact Channel. Your Limit Is Our Imagination!*
Willem van Zoetendaal – *Johan van der Keuken. Quatorze Juillet*
Willem van Zoetendaal – *Koos Breukel. Faire Face*

BNO – Piet Zwart Life Time Achievement Award 2010 – Dutch Design Awards
Willem Diepraam

De DOEN | Materiaalprijs 2010
Claudy Jongstra

De DOEN | Aanmoedigingsprijs 2010
Simon Akkaya

Design & Sustainability Prize 2010 (City of Eindhoven)
Dwars ontwerp – *Pipe bottles*

Dutch Design Awards 2010
Category Communication
Best Digital Media
Jonathan Puckey, Roel Wouter – *video C-Mon & Kypski - More Is Less*
Best Motion Design
Paul Postma, Christian Borstlap, Jasper Boeke – *Children's Stamp Animation*
Best Graphic Design
Job Wouters a.k.a. Letman with Yvo Sprey et al. – *Poster series for under cover parties*
Best Visual Identity
75b – *Ro Theater logo*
Best Illustration
Piet Parra – *Nike illustrations*

Category Product
Best Consumer Product
Van Moof – *Vanmoof No 5 citybike*
Best Industrial Product
Lely with Flex the innovation lab – *Balen Lely Welger RP245*
Best Product Autonomous Design
Scholten & Baijings – *Paper Table*
Best Product Living
Jeroen Vinken – *Mazzo curtaining*
Best Packaging
FHV BBDO; Mark Muller, Gijs Sluijters, Joris Tol, Demy Sapthu, Thomas Aberson, Joris van Elk – *Mars Messages*

Category Spatial
Best Private Interior
Studio Roelof Mulder & bureau Ira Koers – *University of Amsterdam Library*
Best Commercial Interior
Architectenbureau Koen van Velsen – *Groot Klimmendaal Rehabilitation Centre*
Best Cultural Interior
Merkx + Girod, Hans van Heeswijk architecten, Michael van Gessel – *Hermitage Amsterdam*
Best Public Exterior
John Körmeling – *Happy Street*
Best Product Public Space
NIO Architecten; Sean Matsumoto, Maurice Nio – *'Prayer of Shadow Protection', Vrouwenakker bridge*
Best Autonomous Spatial Design
Muurbloem design studio; Gonnette Smits, Astrid Stoltenborg – *Sand Carpets*

Dutch Design Awards Public Award
Architectenbureau Koen van Velsen – *Groot Klimmendaal Rehabilitation Centre*

The Golden Eye Award 2010 – Dutch Design Awards
John Körmeling – *Happy Street*

Dutch Fashion Accessory Award 2010
Iris van Herpen

Dutch Incubator Award 2010
Iris van Herpen

Golden European Design Awards 2011
House Style G2K – *Grand Theatre Groningen*
Visual Identity Studio Dumbar – *Transat Ag2R La Mondiale*
Jury Prize WOUW! & subsoda – *Altijd wat wijzer*
Poster Florian Mewes/Arjan Groot – *Net Echt*

Frans Molenaar Couture Award 2011
Magnus Dekker

G-star RAW Lichting 2011
Sanne Schepers

Grand Seigneur 2011
ArtEZ Institute of the Arts, Arnhem

Green Fashion Competition 2010
Elsien Gringhuis

HEMA Concours de Design 2010
1st Prize Astrid Bontenbal – *tjielp*
2nd Prize Vivian Baas – *foto safari*
3rd Prize Owen Thijssen – *verkeersbord-basket*

Infographics Year Award 2010
Remy Jong Ming and Wouter Kroese

International Fashion Incubator Award 2010
Bas Kosters

Lensvelt de Architect Interior Award 2010
Concrete Architectural Associates - *De New Library, Almere*

Marie-Claire Prix de la Mode 2010 Best National Designers
Spijkers en Spijkers

Mercedes-Benz Dutch Fashion Award 2010
Iris van Herpen

Overijssel Heritage Design Award 2010
Jasper Hilkhuijsen

Rado Young Designer Award 2010 – Dutch Design Awards
Iris van Herpen

Thonet Mart Stam prijs 2010
Tiddo de Ruiter - Spanstoel

Toon van Tuijl Design Prize 2010
Studio Smeets – Hampi Leaf Plate

Designtentoonstellingen in Nederland 2010 – 2011

Design Exhibitions in the Netherlands 2010 – 2011

Liberation of Light
Designhuis, Eindhoven
25 september 2010 – 30 januari 2011
25 September 2010 – 30 January 2011

UnCOVERing Women
Graphic Design Museum, Breda
25 september 2010 – 29 mei 2011
25 September 2010 – 29 May 2011

Collectie H+F Fashion on the Edge
Museum Boijmans Van Beuningen, Rotterdam
16 oktober 2010 – 30 januari 2011
16 October 2010 – 30 January 2011

De Best Verzorgde Boeken 2009 *The Best Dutch Book Designs 2009*
Stedelijk Museum Amsterdam
16 oktober 2010 – 10 januari 2011
16 October 2010 – 10 January 2011
Museum Meermanno|Huis van het Boek, Den Haag/ The Hague
2 november 2010 – 14 februari 2011
2 November 2010 – 14 February 2011

Dutch Design Awards 2010
Stadhuisplein, Eindhoven
22 – 30 oktober 2011
22 – 30 October 2011

Dutch Design Week 2010
Eindhoven
23 – 31 oktober 2010
23 – 31 October 2010

EMMY+GIJS+ALDO. Generaties in vormgeving *EMMY+GIJS+ALDO*
Zuiderzeemuseum, Enkhuizen
31 oktober 2010 – 29 mei 2011
31 October 2010 – 29 May 2011

Hella Jongerius. Misfit
Museum Boijmans Van Beuningen, Rotterdam
13 november 2010 – 14 februari 2011
13 November 2010 – 14 February 2011

Het ideale boek. Honderd jaar private press in Nederland, 1910 – 2010
Museum Meermanno|Huis van het Boek, Den Haag/ The Hague
19 november 2010 – 20 februari 2011
19 November 2010 – 20 February 2011

Cubics. Cubic Constructions Collection Graatsma
Galerie VIVID, Rotterdam
9 januari – 6 maart 2011
9 January – 6 March 2011

Design It Yourself!
Graphic Design Museum, Breda
15 januari 2011 – 15 april 2012
15 January 2011 – 15 April 2012

Soms ontsnapt er kunst *Sometimes Art Escapes*
Centraal Museum, Utrecht
29 januari – 21 augustus 2011
29 January – 21 August 2011

Object Rotterdam
Galerie VIVID, Rotterdam
9 – 13 februari 2011
9 – 13 February 2011

De vijfde wand. Werk van Diek Zweegman (1937 – 2004)
Audax Textielmuseum, Tilburg
12 februari – 29 mei 2011
12 February – 29 May 2011

Vitra Design Museum. Hidden Heroes
Designhuis, Eindhoven
15 februari – 16 mei 2011
15 February – 16 May 2011

Virtual
Galerie VIVID, Rotterdam
13 maart – 1 mei 2011
13 March – 1 May 2011

Nijntje in de mode. Modevormgevers ontwerpen voor Nijntje *Miffy in Fashion. Fashion Designers Create Outfits for Miffy*
Centraal Museum, Utrecht
1 april 2011 – 23 januari 2012
1 April 2011 – 23 January 2012

Richard Hutten. Bezeten van stoelen *Richard Hutten. Chairisma*
Zuiderzeemuseum, Enkhuizen
2 april – 10 oktober 2011
2 April – 10 October 2011

Scholten & Baijings. Blush – design in full colour
Stedelijk Museum, 's-Hertogenbosch
1 mei – 29 augustus 2011
1 May – 29 August 2011

The Mirror Has Two Faces. Reflections of 10 Years Spijkers en Spijkers
Museum voor Moderne Kunst, Arnhem
7 mei – 16 oktober 2011
7 May – 16 October 2011

TextielLab. Highlights 2010
Audax Textielmuseum, Tilburg
26 mei – 25 september 2011
26 May – 25 September 2011

NIJVER | heden *Industrious | Artefacts. The Evolution of Crafts*
Zuiderzeemuseum, Enkhuizen
27 mei 2011 – 12 februari 2012
27 May 2011 – 12 February 2012

Material World. Kunst, design en mode *Material World. Art, Design and Fashion*
Groninger Museum, Groningen
28 mei – 28 augustus 2011
28 May – 28 August 2011

Arnhem Mode Biënnale. Get Real/Real Self
Museum voor Moderne Kunst, Arnhem
1 juni – 18 september 2011
1 June – 18 September 2011

Door Thomassen. Jubileumexpositie
Tassenmuseum/ Museum of Bags and Purses, **Amsterdam**
7 juni – 10 juli 2011
7 June – 10 July 2011

De Best Verzorgde Boeken 2010
The Best Dutch Book Designs 2010

Stedelijk Museum Amsterdam
11 juni – 18 juli 2011
11 June – 18 July 2011

We Make Carpets

Graphic Design Museum, Breda
11 juni – 28 augustus 2011
11 June – 28 August 2011

The Making Of? Projects from the TextielLab

Audax Textielmuseum, Tilburg
11 juni – 11 september
11 June – 11 September

Graphic Detour

Graphic Design Museum, Breda
11 juni – 27 november 2011
11 June – 27 November 2011

Omslag! 85 jaar VPRO Gids

Graphic Design Museum, Breda
13 juni – 28 augustus 2011
13 June – 28 August 2011

Helly Oestreicher. Kleine werken
Helly Oestreicher. Small Works

Museum Boijmans Van Beuningen, Rotterdam
25 juni 2011 – 25 september 2011
25 June 2011 – 25 September 2011

Hisakazu Shimizu

Galerie VIVID, Rotterdam
3 juli – 21 augustus 2011
3 July – 21 August 2011

Gabriella Ingram. De tas als kunstvorm

Tassenmuseum/ Museum of Bags and Purses, **Amsterdam**
11 juli – 9 oktober 2011
11 July – 9 October 2011

Crazy Design. De wereld van hergebruik

Gorcums Museum, Gorinchem
2 juli – 29 augustus 2011
2 July – 29 August 2011

Index

Index

Over de samenstellers en de auteurs

Antoine Achten is sinds mei 2009 werkzaam als manager bij Cultuur-Ondernemen, vestiging Rotterdam. Daarvoor was hij onder meer adviseur visuele communicatie bij TNT Post. In 1998 richtte hij *Tubelight* op, een recensieblad voor beeldende kunst. Daarnaast is hij onder andere lid van de Raad van Advies van de Master of International Communication Management van de Haagse Hogeschool, was hij tot 2011 lid van de Rotterdamse Raad voor Kunst en Cultuur en bekleedt hij diverse adviesfuncties in de culturele sector.

Max Bruinsma is hoofdredacteur van *Items*, tijdschrift over design. Als onafhankelijk design- en kunstcriticus, curator, editorial designer publiceert hij regelmatig kritieken en essays in Nederlandse kunst- en ontwerptijdschriften en in internationale designbladen als *Eye, Idea, ID, The AIGA Journal, Étappes* en *Form*. In 2003 verscheen zijn boek *Deep Sites, intelligent innovation in contemporary webdesign*. In 2005 kreeg Max Bruinsma de Pierre Bayleprijs voor Vormgevingskritiek.

Victor van der Chijs is manager en vennoot van architectenbureau OMA. Hij startte in 2005 bij OMA en stelde zich ten doel om van het bureau het meest vernieuwende creatieve bedrijf ter wereld te maken. In 2007 kreeg Van der Chijs voor het uitbreiden van de buitenlandse activiteiten van OMA de ABN AMRO Jan Huygen van Linschoten Prijs. Zijn specialiteit is het vertalen van creativiteit in commercieel levensvatbare ideeën. Hij houdt zich vooral bezig met de creatieve cultuur in Nederland en is onder meer lid van de Raad van Toezicht van Kennisland. Begin 2011 is Van der Chijs door de Nederlandse regering benoemd tot leider van een 'topteam' dat de opdracht heeft om manieren te bedenken om innovatie en creatief ondernemerschap in Nederland te bevorderen.

Georgette Koning (GK) is als modejournalist werkzaam voor *nrc.next, Het Financieele Dagblad, Het Parool* en modebladen als *Elsevier Thema, L'Offi-ciel NL* en *LINK*. Koning studeerde mode aan de Gerrit Rietveld Academie. Ze maakt deel uit van de redactie van *Morf, tijdschrift voor vormgeving*.

Robert-Jan de Kort (RJdK) is architect. Gedreven door een journalistieke interesse in zijn vakgebied schrijft hij sinds 2005 in verscheidene media over architectuur en stedenbouw. Als redacteur en correspondent is hij betrokken bij het tijdschrift *AWM* en de website *ArchiNed*. Tevens was hij jurysecretaris van de Hedy d'Ancona-prijs voor excellente zorgarchitectuur. Sinds 2008 werkt hij als zelfstandig architect aan verscheidene ontwerpopdrachten. In 2010 richtte hij samen met Sander van Schaik het architectenbureau SUMoffice op.

Bas van Lier (BvL) is freelance schrijver en designjournalist. Hij werkte voor *NRC Handelsblad*, schreef over design voor het reclamevakblad *Adformatie* en is medewerker van *Items*. Hij schrijft boeken en andere publicaties in opdracht van bedrijven en organisaties en is de auteur van een serie non-fictiekinderboeken. Recent verscheen zijn boek *Grafisch geluk* over Steendrukkerij de Jong & Co.

Hans van der Markt is ontwerper en adviseur openbare ruimte en culturele planologie. Hij is ontwerpdocent bij de afdeling Public Space op de Design Academy Eindhoven. Hij is lid van de Commissie Ruimtelijke Kwaliteit van de gemeente Eindhoven. Hij publiceerde in de tijdschriften de *Architect, Bouw* en *Items* over stadsinrichting en design en was redacteur van de publicaties *Visies en verhalen. Stadsbeeld Eindhoven* (1999) en *Afhankelijk van de legenda kan alles een kaart zijn* (2007). Van der Markt was curator en vormgever van de Designexposities 'Michele De Lucchi' en 'Straatmeubilair en famille'.

Chris Reinewald (CR) studeerde beeldende kunst aan de Gerrit Rietveld Academie en volgde daarna de School voor Journalistiek. Hij publiceerde vanaf 1978 in tal van tijdschriften en kranten over beeldende kunst en vormgeving. Van 1998 tot 2000 was Reinewald hoofdredacteur van Items, daarna hoofdredacteur van het vakblad *Museumvisie*. Hij publiceert onder andere in *Items, Het Financieele Dagblad, Tableau, EOS, Het Parool* en *Elegance*. Onlangs publiceerde hij *Op basis van Bas Oudt. Grafisch ontwerpers brengen een hommage aan hun voormalige docent* (2009).

Timo de Rijk (TdR) is universitair hoofddocent/associate professor aan de Faculteit Industrieel Ontwerpen van de TU Delft en bijzonder hoogleraar Design Cultures aan de Vrije Universiteit in Amsterdam. Hij is hoofdredacteur van *Morf* en publiceerde onder andere *Norm=Vorm. Over standaardisatie en design* (2010), *The World According to Concrete* (2007), *Under Cover* (samen met Ed van Hinte, 2006), *Haagse stijl. Art deco in Nederland* (2004) en *Designers in Nederland. Een eeuw productvormgeving* (2004). Verder was hij, samen met Aad Krol, samensteller van het *Jaarboek Nederlandse vormgeving 03/04* en *05*.

Daan Roosegaarde is kunstenaar en architect. Hij maakt interactieve landschappen die intuïtief reageren op geluid en beweging. Zijn vernieuwende kunstwerken zijn een dynamische fusie van architectuur, mensen en technologie. Deze verbinding tussen design en inhoud, tussen ideologie en technologie, noemt Roosegaarde 'techno-poëzie'. In 2009 won Roosegaarde de Dutch Design Award voor beste autonoom ruimtelijk ontwerp met zijn werk *Flow 5.0*. Zijn werk is onder meer te zien geweest in de Tate Modern, het Nationaal Museum in Tokio, het Victoria & Albert Museum in Londen en op diverse openbare plekken in Rotterdam en Hongkong.

Marc Vlemmings (MV) is freelancejournalist en -redacteur van *Items* (sinds 1993). Hij schrijft regelmatig over design, designmanagement en ontwerponderwijs voor publicaties in Nederland en het buitenland (onder andere Frankrijk en de VS). Daarnaast adviseert hij bedrijven en organisaties over designbeleid.

About the Editors and Authors

Antoine Achten has been the manager of the Rotterdam branch of Cultuur-Ondernemen since May 2009. Prior to that he was a visual communications advisor at TNT Post. In 1998, he founded *Tubelight*, a critical magazine for visual art. Additionally, he is a member of the Advisory Council for the Master's in International Communication Management at The Hague University, was a member of the Rotterdam Council for Art and Culture until 2011 and fulfils various advisory functions in the cultural sector.

Max Bruinsma is editor-in-chief of *Items*, a magazine on design. As an independent design and art critic, curator, editorial designer, he regularly publishes reviews and essays in Dutch design and art periodicals and in international design magazines like *Eye, Idea, ID, The AIGA Journal, Étappes* and *Form*. 2003 saw the publication of his book *Deep Sites, intelligent innovation in contemporary webdesign*. In 2005, Max Bruinsma received the Pierre Bayle Prize for Design Criticism.

Victor van der Chijs is managing director and partner at OMA. He joined the firm in 2005 with a mission to make OMA the most inventive creative company in the world. In 2007, Van der Chijs was personally recognised for his success in expanding OMA's business abroad by the ABN AMRO Jan Huygen van Linschoten Award for business excellence. Van der Chijs's particular specialism is turning creativity into commercially viable propositions. Currently focused on the broader creative culture in the Netherlands, he is a member of the Supervisory Board of Kennisland ('Knowledgeland'). In early 2011, the Dutch government appointed Van der Chijs to lead a 'top team' charged with exploring ways of stimulating innovation and creative entrepreneurship in the Netherlands.

Georgette Koning (GK) is a fashion journalist for *nrc.next, Het Financieele Dagblad, Het Parool* and various fashion magazines, including *Elsevier Thema, L'Officiel NL* and *LINK*. She studied fashion at the Gerrit Rietveld Academy in Amsterdam. Koning is a member of the editorial team of *Morf, tijdschrift voor vormgeving*.

Robert-Jan de Kort (RJdK) is an architect. Driven by a journalistic interest in his profession, he has written in various media on architecture and urban development since 2005. As an editor and correspondent, he is involved on a regular basis with the magazine *AWM* and the *ArchiNed*. He has also served as secretary for the jury of the Hedy d'Ancona Award for Excellence in Health Architecture. Since 2008, De Kort has worked as a freelance architect on various design assignments. In 2010, he cofounded the architectural firm SUMoffice with Sander van Schaik.

Bas van Lier (BvL) is a freelance writer and design journalist. He has worked for the newspaper *NRC Handelsblad*, written about design for the advertising trade journal *Adformatie* and is on the staff of *Items*. Van Lier writes books and other publications on commission for many companies and organizations and is the author of a series of non-fiction children's books. Recently he published *Grafisch geluk*, a book about the lithographic printing office De Jong & Co.

Hans van der Markt is a designer and an advisor on public space and cultural planning. Besides teaching design at the Public Space Department of Design Academy Eindhoven, he is a member of the Committee for Spatial Quality of the City of Eindhoven. He has published articles in the journals de *Architect, Bouw* and *Items* on urban planning and design and was editor of the publications *Visies en verhalen. Stadsbeeld Eindhoven* (1999) and *Afhankelijk van de legenda kan alles een kaart zijn* (2007). Van der Markt curated and designed the design exhibitions 'Michele De Lucchi' and 'Straatmeubilair en famille'.

Chris Reinewald (CR) studied fine art at the Gerrit Rietveld Academy, followed by the School for Journalism. He has been publishing since 1978 in various periodicals and newspapers on art and design. Reinewald was editor-in-chief of *Items* from 1998 to 2000, and has been editor-in chief of *Museumvisie* since 2000. He regularly publishes in *Items, Het Financieele Dagblad, Tableau, EOS, Het Parool, Elegance* and elsewhere. His most recent publication is *Op basis van Bas Oudt: Grafisch ontwerpers brengen een hommage aan hun voormalige docent* (2009).

Timo de Rijk (TdR) is a senior lecturer/associate professor at the Faculty of Industrial Design, Delft University of Technology and a special professor for Design Cultures at VU University Amsterdam. He is editor-in-chief of *Morf*. De Rijk's publications include: *Haagse stijl: art deco in Nederland* (2004), *Designers in Nederland: Een eeuw productvormgeving* (2004), *Under Cover* (with Ed van Hinte, 2006), *The World According to Concrete* (2007) and *Norm=Form: A Book About Standardization, Efficiency and Progress* (2010). He co-edited the *Jaarboek Nederlandse vormgeving 03/04* and *05* with Aad Krol.

Daan Roosegaarde is an artist and architect. He creates interactive landscapes that instinctively respond to sound and movement. Roosegaarde's remarkable works of art function as a documentation of the dynamic relation between architecture, people, and technology. This connection, established between ideology and technology, results in what Roosegaarde calls 'techno-poetry'. In 2009, Roosegaarde won the Dutch Design Award for Best Autonomous Spatial Design with his work *Flow 5.0*. He has been the focus of exhibitions at the Tate Modern, the National Museum in Tokyo, the Victoria & Albert Museum in London, and various public spaces in Rotterdam and Hong Kong.

Marc Vlemmings (MV) is a freelance journalist and editor of *Items* (since 1993). He writes regularly on design, design management and design education for publications in the Netherlands, France, the USA and elsewhere. Vlemmings is a consultant on design policy to companies and organizations.

Colofon

Credits

Deze publicatie is geproduceerd in samenwerking met de Dutch Design Awards en kwam mede tot stand dankzij financiële ondersteuning en sponsoring door: de Mondriaanstichting, MINI, DutchDFA, Drukkerij Lecturis, Studio Dumbar, Igepa papier Nederland, Boekbinderij Patist en de advertenties van Graphic Design Museum, Hollandse Hoogte, Igepa Nederland B.V., PROUDdesign, Spinhex & Industrie, Streamtime, Wacom Europe Gmbh en Zwaan Printmedia.

This publication is produced in collaboration with the Dutch Design Awards en was made possible through the financial support and sponsoring by: the Mondriaan Foundation, MINI, DutchDFA, Drukkerij Lecturis, Studio Dumbar, Igepa papier Nederland, Boekbinderij Patist and through advertisements by Graphic Design Museum, Hollandse Hoogte, Igepa Nederland B.V., PROUDdesign, Spinhex & Industrie, Streamtime, Wacom Europe Gmbh and Zwaan Printmedia.

STUDIO DUMBAR

Samenstellers/Editors
Antoine Achten, Hans van der Markt, Timo de Rijk (eindredacteur/editor-in-chief) i.s.m./with Barbera van Kooij

Teksten/Texts
Max Bruinsma, Bas van Lier, Georgette Koning, Robert-Jan de Kort, Chris Reinewald, Timo de Rijk, Marc Vlemmings, Twan Hofman.

Beeldredactie / Image Research
Elianne Wiersma, Marianne Aarnoudse/Dutch Design Awards
Maaike Delemarre, Chantal Pieters, Mehgan Sellers – NAi Uitgevers/Publishers

Vormgeving/Design
Studio Dumbar

Vertaling/Translation
(Dutch – English) Jane Bemont (Introduction, Essay Georgette Koning, Product, Event), Christine Gardner (Communication), Laura Vroomen (Essay Timo de Rijk, Spatial)

Tekstredactie/Text Editing
Els Brinkman, D'Laine Camp

Projectleiding/Project Coordinator
Barbera van Kooij, NAi Uitgevers/Publishers

Uitgever/Publisher
NAi Uitgevers/Publishers

Druk en lithografie/Printing and Lithography
Lecturis, Eindhoven

Binder/Binding
Boekbinderij Patist, Tiel

Papier/Paper
Hello Silk 135 grs
Lessebo Design 130 grs

Advertenties/Advertisments
RSM Groep, Eerste Jan Steenstraat 101
1072 NG Amsterdam
T +31 (0)20-3050550
F +31 (0)20-3050551
mail@rsminfo.nl, www@rsminfo.nl

NAi Uitgevers is een internationaal georiënteerde uitgever, gespecialiseerd in het ontwikkelen, produceren en distribueren van boeken over architectuur, beeldende kunst en verwante disciplines. www.naipublishers.nl

NAi Publishers is an internationally orientated publisher specialized in developing, producing and distributing books on architecture, visual arts and related disciplines. www.naipublishers.nl

Available in North, South and Central America through Artbook/D.A.P., 155 Sixth Avenue 2nd Floor, New York, NY 10013-1507, tel +1 212 627 1999, fax +1 212 627 9484, dap@dapinc.com

Available in the United Kingdom and Ireland through Art Data, 12 Bell Industrial Estate, 50 Cunnington Street, London W4 5HB, tel +44 208 747 1061, fax +44 208 742 2319, orders@artdata.co.uk

Printed and bound in the Netherlands
ISBN 978-90-5662-831-4

Dutch Design Awards
Dutch Design Awards zijn de gerenommeerde prijzen voor het beste op het gebied van Nederlandse vormgeving, en bestaan uit de wedstrijd, de internationaal reizende tentoonstelling en de productie van het Dutch Design Jaarboek 2011. Zo wordt een platform geboden waar jaarlijks het beste van de Nederlandse vormgeving – in de volle breedte – wordt gewaardeerd en geëtaleerd. www.dutchdesignawards.nl
Dutch Design Awards wordt mogelijk gemaakt door: ABN AMRO, Gemeente Eindhoven, Brainport Development, MINI, Studio Dumbar, Cultuur-Ondernemen, Dutch Design Week, Lecturis printing company. Capital D is verantwoordelijk voor het projectmanagement van de Dutch Design Awards, in opdracht van de Gemeente Eindhoven. Capital D, de Design Coöperatie van de Brainport regio Eindhoven, stimuleert en verbindt creatieve initiatieven ter versterking van de (inter)nationale reputatie op het gebied van toptechnologie en -design.

Dutch Design Awards
Dutch Design Awards are the prestigious awards for the best Dutch design available. The annual event comprises the competition, the international travelling exhibition, and the production of the Dutch Design Yearbook 2011. These activities ensure a platform for the presentation and recognition of the best of Dutch design – across the full width of the design field.
Dutch Design Awards is made possible by: ABN AMRO, Municipality Eindhoven, Brainport Development, MINIi, Studio Dumbar, Cultuur-Ondernemen, Dutch Design Week, Lecturis printing company. Capital D has been commissioned by the City of Eindhoven to take on the project management of the Dutch Design Awards. Capital D is the Design Cooperation in the Brainport Eindhoven Region. It aims to stimulate and connect creative initiatives that strengthen the region's (inter)national reputation in the field of top technology and design.

deze foto werd mede mogelijk gemaakt door hollandse hoogte

NEW
COOKING
CREAM
GARLIC
FLAVOUR
certified
organic
ROYAL
GREEN
SPICES
PROVENCE

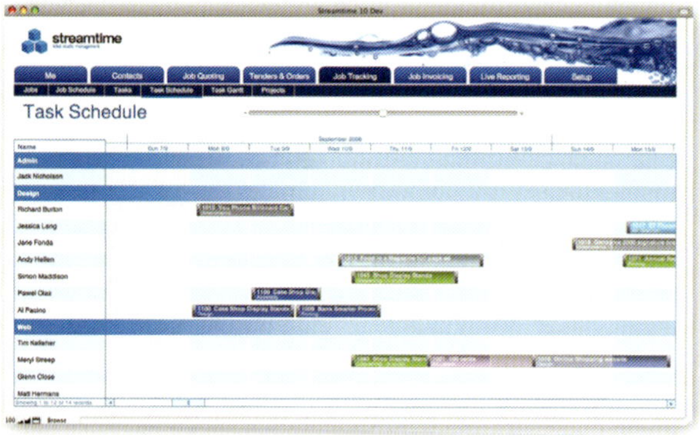